川大考古文博系列精品教材

西藏史前考古

李永宪　吕红亮／著

科学出版社

北　京

内 容 简 介

本书以西藏自治区历年来的田野考古资料为依据，以较新的专业认知和前沿研究为目标方向，对西藏旧石器时代、新石器时代及"早期金属时代"等吐蕃政权时期之前的考古学文化、历史特征、社会发展进行了梳理和讨论，主要内容涉及考古学在西藏的发展历程、青藏高原地理环境、早期人类在青藏高原的拓展与扩散、西藏农业的起源、高原畜牧业及早期金属器的出现与发展、高原史前文化的区域性、西藏"岩石艺术"的精神含义，以及西藏高原与相邻文化的交流互动等多个方面，揭示了西藏古代历史研究中的诸多未知领域，对于认识西藏史前史在整个中华民族古代史中的意义与特点，提供了最新的专业读本。

本书可供从事考古学、历史学、民族学等学科研究学习的相关院校师生阅读参考。

图书在版编目(CIP)数据

西藏史前考古 / 李永宪，吕红亮著 . —北京：科学出版社，2024.4
ISBN 978-7-03-063527-3

Ⅰ.①西… Ⅱ.①李… ②吕… Ⅲ.①文物-考古-概论-西藏
Ⅳ.① K872.75

中国版本图书馆 CIP 数据核字（2019）第 264785 号

责任编辑：柴丽丽 / 责任校对：邹慧卿
责任印制：赵 博 / 封面设计：美光设计

科学出版社 出版

北京东黄城根北街 16 号
邮政编码：100717
http://www.sciencep.com

北京厚诚则铭印刷科技有限公司印刷
科学出版社发行 各地新华书店经销
*
2024 年 4 月第 一 版 开本：787×1092 1/16
2025 年 1 月第二次印刷 印张：11 3/4
字数：275 000

定价：150.00 元
（如有印装质量问题，我社负责调换）

引　言

本书作者在某次国际学术会议听到一位考古学家讲了一句话，他说一个国家或地区考古学的发展取决于三个要素：人文思想、科技水平、专业教育。对此与会者颇以为然。同事们也曾议论过，西藏的考古事业要不断推进和发展，在"考古中国"中发挥其应有的作用，必须重视这个领域的专业教育和人才培养。作为从事西藏考古教研工作多年的大学教师，除了在自己的学校传道授业，还应当为更多关注中国考古特别是西藏考古的人们提供类似"通论"或"综论"的读本。最近习近平总书记有关"要积极培养壮大考古队伍，让更多年轻人热爱、投身考古事业，让考古事业后继有人、人才辈出"[①]的讲话，更是指出了培养和造就强大的中国考古队伍的重要性，这也是我们这代考古人责无旁贷的使命。

考古学最早源起欧洲，进而传播到了世界其他国家和地区，其中的重要原因就是考古学为人们认知古代文明提供了一条不可替代的科学途径，而认知古代当然是为了更好建设与发展人类的文明。七十年来西藏考古日益受到公众的关注，表明人们希望更多地了解中国西藏在特殊的高原环境中她的古代文化经历了怎样的一个历史进程，期待能读到一个有别于史籍文献记述的高原古代史。基于这样的认识，我们撰写本书的目的，一是希望能为有志于了解、学习西藏考古知识的学生提供一个比较专业的读本，同时也希望为更为广泛的人群提供一个了解古代西藏的窗口，即从考古学的视域了解古代西藏。因此，我们自感压力巨大，因为西藏的科学考古起步较晚，至今所积累的基本材料和研究成果还不能说十分丰厚，而西藏自治区又是一片比绝大多数省区面积都大得多的高原，囿于高海拔的自然环境与交通条件，考古学田野工作与学术研究的覆盖面仍然有限，很多重要的基础研究尚处于积累与充实之中，要形成一部完善的西藏考古的"教科书"，无疑需要不断补充和消化日新月异的考古材料、回答和讨论更多的问题、深化和扩展更多的研究领域。

不过，学习与研究都是一件不容等待的事情，我们拟定以吐蕃政权建立之前的

---

① 习近平：《建设中国特色中国风格中国气派的考古学　更好认识源远流长博大精深的中华文明》，《求是》2020 年第 23 期，第 9 页。

"西藏史前时期"作为本书的论述时段和主要内容,这主要是基于对考古学在西藏古史研究中的重要意义的考虑。由于藏文文字创制时代相对较晚,吐蕃政权之前的西藏史前时期正是考古学在发现史料与问题研究等方面发挥重要作用的时段,如霍巍教授所言"考古学总体介入藏学研究领域,所做出的最为重要的历史性贡献,首先在于从根本上颠覆了旧史学中有关西藏早期历史的认识,全面重塑了西藏史前史"①。提出"重塑西藏史前史"这一命题,是从中国少数民族地区历史学科建设的这个层面来认识的。简言之,西藏的"史前史"是指以藏、汉文文字记述之前的高原古代史,它既不同于阐述人类早期社会发展阶段的"原始社会史",也有别于单一民族历史研究的"族别史",在很大程度上它是以地域性的史前遗物、遗迹、遗址和考古学文化作为基本概念来进行阐释和论述的西藏早期历史。中国是多民族共存共发展的国家,各个民族地区的早期历史(包括史前史)可能有一定的差异或特殊性,而这种差异或特殊性的形成过程往往是构成其族群、文化、习俗等地域性历史特征的"基因期",其主根是文化传统的形成与传承。西藏史前史是西藏古代史的一部分,因而西藏史前考古的任务便是发现、认识、研究、阐明西藏高原文化"基因期"的构成及其诸种特征。

作为考古学读本,本书力求保持考古学的学科规范,从考古学的专业角度出发,书中论及的若干问题皆以田野考古资料为主要论据,努力以最新的专业分析和前沿研究(包括文献研究)成果作为讨论基础,基本不涉及由神话传说引发的推测和演绎。同时,为了使很少接触考古学的读者减少因专业名词和概念带来的茫然与不解,我们尽量使用比较通俗的词语和文法介绍和论述西藏考古的基本材料、时空概念,以及由此涉及的研究主题及学术观点,期望读者在阅读中能对考古学的基本理论、田野工作、材料依据、问题聚焦、研究思路、知识结构等各个方面有一个渐进式的了解,最终熟悉和掌握考古学的"文本语境"。

最后,还要提醒广大读者,本书所列举的材料数据若需引用,敬请查阅原文并以公开发表、出版的文献为准。同时,作为考古学的讨论,所提供的皆是当下认知与探究的结果,远非最终的结论,因此真切希望所有读者能在阅读中去发现和寻觅更多的信息源点,对书中描述的西藏古代遗物、遗迹、遗址的背后的"人与文化"有更多的思考,从而可以借用考古学的眼光和思路去观察、探究西藏高原古代文化的各个方面,包括通过不断的实践成为一名西藏考古的参与者。

谨向所有阅读本书的读者致以谢意!

---

① 霍巍:《近 70 年西藏考古的回顾与展望(1951—2019)》,《中国藏学》2019 年第 3 期,第 31~38 页。

目　　录

插 图 目 录

第一章　西藏考古的背景

西藏考古的"背景"，在这里是我们了解西藏考古由来和主要特点的"关键词"，它包括三个方面：一是西藏的高原环境特征，即西藏考古的地缘背景；二是考古学在西藏发生、发展的基本历程，即西藏考古的学科史背景；三是西藏考古与西藏历史的关系，也就是西藏考古在西藏古代史研究中的意义。

一、地　缘　背　景

现代考古学的一个重要特征，就是在解读古代文化的过程中十分重视对"地缘背景"和"人地关系"的分析。"地缘背景"指构成地域性文化的"地理缘由"，它主要表现在三个方面：一是自然地理单元的形态和类型，也就是古代文化所处地理单元的地貌特征，如高原、山区、丘陵、平原、岛屿等，这是较大的地貌单元，也可以是较小的地貌单元如河谷、盆地、湖滨、冲积扇等。地理单元的地貌特征是自然属性，其形态无论大小、属何种类型，在人类数百万年的生存史中，基本上是不可改变的。二是地理单元的自然环境，主要由资源环境（动植物资源、水文资源、土地 / 土壤资源等）、气候环境（日照、气压、气温、降水、风向等）、地质环境（如沉积物、地质结构等）构成，它们是人类赖以生存发展的自然要素，其中或有部分可能或因人类活动的长期干预、改造，发生不同幅度的变化或异化，但制约人类的自然属性仍是不可改变的。三是人文地缘要素，即在地理和环境因素作用下形成的人文历史状况，主要包括交通条件、人口聚散模式、生业经济模式等方面的地域性特征，它是地缘历史、文化、政治、社会、宗教、艺术等各个方面的观察背景。在总体上，三个方面的地缘要素是相互作用、相互制约的，世界上任何一种文化都有其特定的"地缘背景"。

青藏高原是地球陆相地貌中极为特殊的一个大型地理单元，总面积300多万平方千米，其中国境内面积约250万平方千米，包括西藏自治区和青海省全部、四川省西部、新疆维吾尔自治区南部及甘肃、云南两省的一部分。西藏是整个青藏高原的重要部分，政区面积约占整个青藏高原的40%，其地理特征在整个青藏高原中具有代表性。在长达46亿年之久的地球历史中，青藏高原的快速隆升始于地球历史上最晚的

"新生代"后期，即距今 360 万年的新近纪末，这个时间段落在地球 46 亿年的历史长河中可以说是"瞬间而过"，但就人类历史的时间刻度而言，青藏高原的快速隆升和样貌的形成却是一个十分漫长的过程。青藏高原从快速隆升到成为世界之巅的整个过程，与生物界中灵长类动物完成"从猿到人"转变的关键时期大致同时，并且与之相伴直至今日，所以说青藏高原的形成是人类"亲眼目睹"的地质事件，也是在这个意义上，青藏高原被称为地球历史上"最年轻的高原"。随着人类及其文化发展，青藏高原的隆升不仅深刻检验了人类的生存能力和环境适应性，同时也极大地影响了高原南、北、东、西等相邻地理区的文化格局，因此青藏高原既是连接东亚与西亚、中亚与南亚等大区域的地理板块，同时也成为横亘在亚洲几大文化区之间的天然屏障和阻隔。那么，青藏高原有哪些地理特性对人类及其文化发生了大的影响或是有较大的制约性？概言之主要有三个方面。

1. 高原的地势地形

青藏高原的整体地势和地形是地壳构造的营力作用所塑造的，因而在地理结构上具有关联组合的整体性。根据地质科学的理论，青藏高原的出现是古地中海（特提斯海）在中生代期间由北至南渐次"海退陆升"的结果，而这一地质事件的动因是南方"古冈瓦纳板块"（古印度板块）向北俯冲导致"古欧亚板块"局部的迅速抬升。在"脱海成陆"的过程中，由于高原西北部在上升幅度和速度上都大于东南部，所以青藏高原的总地势是自西向东倾斜，在青海省境内总地势是西南高、东北低，而西藏自治区境内的总地势则是西北高、东南低。因此，青藏高原的核心区由"藏北高原"（羌塘高原）、"阿里高原"和"青南高原"（"三江源区"及可可西里）构成，它们被称为"世界屋脊的屋脊"。此外，由于来自南北方向两大板块的挤压和撞击，青藏高原从北至南的祁连山、昆仑山、巴颜喀拉山、唐古拉山、冈底斯-念青唐古拉山、喜马拉雅山等一系列山系皆为近东西向展布，在这些纬向展布的山脉之间，从北至南分布着大大小小的湖盆与谷地，显示了地质构造线与高原地形之间的组合关联。

同样，因为地质构造，青藏高原与南、北、西、东四面相邻地理单元的衔接过渡也各有不同。高原南缘从西到东是弧形的喜马拉雅山脉，它以 6000 米以上的平均海拔耸立在直线距离不到 200 千米的恒河平原北侧，成为南亚平原北望的一道万仞高墙，地理阻隔作用十分明显。高原北面的西段，藏西、藏北高原以 4000 多米的落差迅速降到平均海拔 1000 米的新疆塔里木盆地，致使两地气候环境形成了极大反差；在高原东部的"三江源区"，地势则从平均海拔 4500 米河源区渐次过渡到青海湖盆地、河湟谷地等海拔 1500～2000 米的"东北季风区"（黄河上游流域），成为青藏高原与相邻地理单元最为平缓的衔接地带。高原东南部一系列沿地质构造线形成的山脉及河谷，则由原来的西—东走向突然转为北西—南东走向或北西—南南走向，构成了连接川西、滇西北高原的横断山区北、中段，它与相邻的四川盆地和滇西高地之间虽然仍有较大高差，但由于高原东部纵横交错的深切河谷发育密集，其地理阻隔作用明显小于高原南缘喜马拉雅山脉与南亚平原之间的状况。而在青藏高原的西端，与之相连的则是世界著名的"帕米尔山结"（亦称"亚洲山结"）的五大山系汇集处，连接中亚和西亚的天山、兴都库什山与连接东亚、南亚的喜马拉雅山、昆仑山、喀喇昆仑山等在此汇集，构成了整个亚洲的"屋脊"，也被视为亚洲的"高原水塔"。在亚洲各大地域性文化的互动中，与青藏高原西端相连的"帕米尔山结"有着双重的地理特性，它既是亚洲各大文化圈的边缘与延伸之地，又是多个文化的交集荟萃之所，在自然地理上既是艰难险阻，在文化互动上又是古往今来的通衢廊道。

青藏高原的地势地形既显示了其与众不同的高海拔特点，在地貌区划上也显示了自身的丰富性与多样性。在南北方向上，青藏高原多条纬向展布的山脉与连珠状的河谷、湖盆等相间而成，形成中部高（"藏北高原"与"青南高原"）、南北低（藏南谷地与青海湖－河湟谷地）、南缘以"喜马拉雅高墙"为界的梯状地势，这种梯状地势在南、北两个方向的正面具有强势的地理阻隔作用，尤以南缘的喜马拉雅山脉为最。而在东西方向上呈现为西北高、东南低的总地势背景下，高原东、西两端又都是冰川发育、融水成流的大江大河发源地。源起高原东部的长江、黄河、澜沧江（湄公河）、怒江（萨尔温江）与发源于西部的雅鲁藏布江（布拉马普特拉河）、狮泉河／象泉河／噶尔河（印度河）及孔雀河（恒河河源之一）等，都有切割深度不同、纵横交错的多条河谷发育，它们是高原东、西两端与相邻地理单元之间交往通达的重要廊道，在区域文化史上具有特别的地缘意义。

2. 高原的隆升速度

如前文所述，青藏高原的形成是以新近纪末开始的急速隆升为标志，这个时间与人类从古猿中分化出来几乎同时，因此在海拔升高与人类生存的关联性这个论题上，青藏高原比世界很多地理区都更具有人类发展史的观察意义。简单说来，就是高原的隆升速度必然对高原环境变迁的速度产生影响，同时对人类在高海拔区的适应速度也是一种驱动或制约，这也是青藏高原与其他地理单元在人类史研究中的主要区别之点。我们在观察西藏的历史文化时，必然会关注到地理环境这个最基本的自然要素，即高海拔环境对有史以来移居或世居高原的人群的生存发展所产生的影响。地质科学的研究认为，青藏高原从崛起到形成现今的格局大约经历了三个时段，地学界简称为"三次隆升、两次夷平"，第一个阶段发生在距今 4500 万～4000 万年前的新生代古近纪早期，青藏地区开始了整体抬升并在 3300 万年前时接近夷平，当时青藏地区海拔不足1000 米；第二个阶段发生在距今 2200 万～360 万年（新近纪末期），青藏地区的整体抬升使夷平面平均海拔达到 1000 米以上，喜马拉雅山区高峰达到 2000 米以上；第三个阶段从距今 360 万～240 万年前（新生代第四纪初期）开始，这是青藏地区最晚近、速度和幅度最大的一次隆升，也是与人类出现、发展始终相伴的一次抬升。到了全新世开始的距今 1 万年前后，整个青藏高原平均海拔已有 4000 米以上，高原夷平面海拔升为 4700 米以上 [①]（图 1-1）。

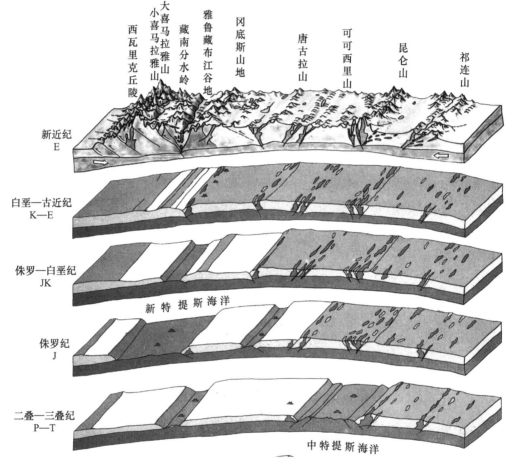

图 1-1　青藏高原形成过程图解

（采自中国科学院地理研究所主编：《青藏高原地图集》，科学出版社，1990 年，

第 17 页 "青藏高原形成过程图解"）

这个过程中有两点值得我们予以关注：一是高原隆起与人类出现之间的时间关系，二是高原隆升速度与人类演进速度之间的关系。在起始时间上，高原的崛起其实早在几千万年前就已发生，根据西藏吉隆盆地沃玛村附近（海拔 4100～4300 米）发现的 "三趾马动物群" 化石分析，其属种结构与华北 "三趾马动物群" 相同，但与喜马

① 有关 "两次夷平、三次隆升" 的相关论述可参见李吉均、文世宣、张青松等：《青藏高原隆起的时代、幅度和形式的探讨》，《中国科学》1979 年第 6 期，第 608～616 页。

拉雅山脉南麓的同期动物群结构则截然不同，这就说明在尚未进入第四纪的"三趾马时期"（新近纪晚期），喜马拉雅山脉已经产生了明显的地理屏障作用，两侧气候已有所差异，从而导致喜马拉雅山南北两侧的动物群朝着不同的方向演化[①]，而这时全球范围内的"人猿相揖别"时代尚未到来。到了距今约 260 万年的第四纪开始时，青藏高原开始了最新一波的"急剧隆升"，此时正值生物种的"人类"开始出现，高原急剧隆升导致的气候变化（森林 – 草原环境消退、动植物种群迁移等）对于人类的发展必然产生不利影响，而地质学、古人类学、分子生物学至今尚无可靠证据能支撑"青藏高原是人类起源地"这样的观点。亚洲地区可能与人类起源有关的古猿化石材料都发现于高原以外的地区，包括接近高原的南亚印度、巴基斯坦和中国西南的云南省等地。另外，虽然第四纪以来高原隆升在地质学上是一个"急剧"的速度，但与人类体质进化、文化演进的速度相比而言，高原的隆升却是一个缓慢的过程。根据地质科学的研究，从第四纪开始以来的近 300 万年间，高原隆升的平均速度接近 0.25 厘米 / 年，也就是说，近 300 万年以来高原整体隆升的平均速度大约为每 1 万年抬升不超过 25 米，若以迄今为止西藏考古发现最早的旧石器遗存均在距今 5 万年以内估算，5 万年前青藏高原的平均海拔与现今平均海拔之差仍不到 125 米。所以，就整个高原迄今所知的人类历史而言，5 万年前青藏高原的海拔与现今没有本质上的区别，换句话说，在西藏自有人类以来的历史研究中，海拔的变化速度基本上是可以忽略不计的环境因素。

3. 高原的气候环境

与青藏高原的抬升是一种定向的"趋高"不同，高原古气候的变化则是非定向的、有起伏的，而且古气候变化的速度又往往大于高原抬升的速度，所以它对人类活动的影响会远远大于高原的抬升。古气候的变化可以从纵向和横向两个维度上来理解：纵向维度就是时间轴上的变化，如第四纪近 300 万年以来全球性气候变化在青藏高原的反映，可以用不同的"气候期"来标示；横向维度是指青藏高原内部因为地形、地貌、海拔等地理要素的差异，会表现为在同一"气候期"中有着不同"气候区"，也就是气候变化在空间上的差异。

从漫长时间刻度的地球历史看，人类的出现是在全球气候相对"变冷"的背景下发生的。据第四纪古气候的研究，青藏高原急速隆升所导致的气候变化，可以用"冰期"（Glacial Maximum，或冰盛期）与"间冰期"（Deglaciation，或冰消期）的交替出现作为标记。第四纪的几百万年来，青藏高原至少发生过四次冰期的交替变换，根据

---

① 陈万勇：《追踪三趾马动物群》，《追寻青藏的梦》，河北科学技术出版社，2003 年，第 2～7 页。吉隆沃玛三趾马化石层时代为距今 500 万～485 万年；札达三趾马化石时代为距今 470 万年。

高原冰川面积增缩、生物圈变化的记录可以了解到，青藏高原第四纪以来气候环境变化的大致情况如表1-1、表1-2所示。两表中描述的气候环境变化有两个时间节点值得注意：一是在距今13万年后和距今5万年后，青藏高原曾出现过两个气候向好的间冰期（冰消期），尤其是后一个间冰期已处于更新世末期（距今5万～1万年），彼时现代人类的生存能力和长距离跨地理单元的移动能力都有了很大的提升，他们突破了先前沿海岸线迁移的模式，开始涉足内陆高原荒漠等未知地区。可以推测，地处高原相邻、相近气候地理区的人群，可能在这一气候适宜期进入高海拔的青藏高原，这与迄今为止的考古材料所支持的观点一致，即青藏高原最早的人类活动出现在晚更新世后期，即考古学的"旧石器时代晚期"[①]。第二个时间节点，是距今1万年前后进入全新世后的新石器时代，全球范围内出现了一次普遍性的、影响极为深刻的气候变化期，即距今8000～3000年的"大暖期"（亦称"全新世气候适宜期"）。这个全球性的"大暖期"在青藏高原在气温升降、冰川退进、降水增减、湖面升降、生物迁移乃至人类活动等方面都有明显的反映。古气候学的研究认为，青藏高原在"中全新世［(8.7～7) ka～(4～3) ka BP］是全新世气候的最佳时段，……这个时段的鼎盛期，在多数地区出现在7ka～6ka BP，……特别是东部和南部的高原面上气温较高，比现代高4℃～5℃。此值远高于Frenzel（1991）推算的北半球平均升温值1.5℃。年降水量增加，比现在多100mm～200mm。暖湿的气候十分有利于人类活动"[②]。这就告诉我们，青藏高原进入全新世之后，气候环境具有明显的"区域化"特点，高原东部、东南部与北部、西北部的情况完全不同。在生物区系上[③]，高原东部、东南部的生物区系受气候环境变化影响被改造、或受其影响的幅度明显较弱，表现为高原东部、东南部受干冷气候影响小，其生物区系结构的良好性得以保持，这对于其时高原人群的生存和发展至关重要。而考古发现的地处高原东部的"卡若文化"（距今5500～3900年）等史前定居人群及其聚落遗址可视为支持这种观点的证据之一。

---

① P. J. Brantingham and Gao Xing, Peopling of the northern Tibetan Plateau, *World Archaeology*, Vol.38:3, 2006, pp.387-414；袁宝印、黄慰文、章典：《藏北高原晚更新世人类活动的新证据》，《科学通报》2007年第52卷第13期，第1567～1571页；吕红亮：《西藏旧石器时代的再认识——以阿里日土县夏达错东北岸地点为中心》，《考古》2011年第3期，第59～68页；王社江、张晓凌、陈祖军等：《藏北尼阿木底遗址发现的似阿舍利石器——兼论晚更新世人类向青藏高原的扩张》，《人类学学报》2018年第37卷第2期，第253～269页。

② 施雅风、李吉均、李炳元主编：《青藏高原晚新生代隆升与环境变化》，广东科技出版社，1998年，第433～435页。

③ "生物区系"指在既定的地理区域内（地理环境相同的区域），其动植物的种类结构及其生态特征。

表1-1　青藏高原第四纪冰期特征及环境特征对应表

	冰期特征描述	气候环境变化标志	生物圈特征
第一次冰期	时代为早更新世（距今250万～170万年），地学界亦称"倒数第四次冰期"，此次冰期的冰川地貌遗迹仅存于喜马拉雅和喀喇昆仑地区	距今250万～170万年气候出现干冷趋向，除柴达木盆地等少数湖泊外，绝大多数高原湖泊仍为淡水湖；现代季风开始，高原降水量至最大时期，主要江河形成于距今170万年前后，其中象泉河河源形成于距今160万年	高原植物区系开始贫瘠化，热带、亚热带成分相继退至高原南部和东南部，高原面出现草甸和草原，乔木和灌木迁移至东南山地峡谷，中更新世冰消期有向高原内部回流的趋势
第二次冰期	距今80万～60万年，高原整体进入冰冻圈，冰川面积达50万平方千米（现仅4.9万平方千米），其中高原中东部冰川面积为现代冰川的18倍；西北部西昆仑主峰、木孜塔格峰、西南部纳木那尼峰冰盛期冰川面积为现代冰川的2.4倍	从早更新世的170万年前开始，高原湖泊既有部分继承性发育，也有部分新湖生成。但高原腹地的湖泊开始封闭并咸化，标志着高原隆升导致的气候干冷化趋势	从中更新世末开始以来，高原大部分乔木和森林消失，热带、亚热带成分完全退出，耐旱灌木、草类发展成年轻的高山植物区系；现生种动物藏野驴、野牦牛、盘羊等属种出现，东洋界属种分布于横断山中南段—喜马拉雅南麓，余为古北界属种及高原特有种
第三次冰期	冰盛期出现于距今13万年前，冰消期始于距今8万年前	同上	气候有干冷、暖湿起伏，但仅对生物区系的空间分布有一定影响，动植物区系属性几乎无变化，最终奠定了由西北向东南依次分布的"荒漠—草原—草甸—灌丛—森林"高原植被格局
第四次冰期	即末次冰期。有距今7.5万～5.8万年的早冰阶和距今3.2万～1万年的晚冰阶之分。其中的冰盛期为1.8万年前。高原北部东昆仑山玉珠峰北坡冰川1.2万年前时面积为252平方千米（现为68.5平方千米）；距今1.2万年之后为冰消期，即冷期中的回暖期	距今5万～3万年出现了气候相对暖湿的间冰期；其中距今4万～2.5万年为高湖面期（"大湖期"），即高原现代湖泊的形成期。受岁差周期控制，出现日照高辐射期，频发特强季风事件。距今2.5万年以后高原湖泊普遍退缩，至距今1.7万～1.5万年，高原西北部大湖出现解体，距今1.2万年起气温又有明显回升	同上

（采自李永宪、马丽华：《青藏高原的古环境与史前人群活动》表二，《中国乌珠穆沁边疆考古国际学术研讨会论文集》，科学出版社，2014年，第155～170页）

表1-2 青藏高原全新世气候环境变化简表

全新世高原气候总趋势 （距今12000年至今）	早全新世 （距今12000~9000年）	中全新世 （距今8500~3500年）	晚全新世 （距今3500年至今）
距今11000年进入冰后期，100年间气温骤升12℃（据西昆仑古里雅冰芯记录）；约距今8500~3000年出现中全新世"大暖期"，其中距今7000~5000年为最暖期，高原湖泊为"次高湖面"期（相对距今4万~2.5万年的"大湖期"）	高原东南部（104°E~98°E）广布落叶阔叶林/针阔混交林植被，季风进入，气温较前期回升2℃~4℃	由东向西的高原植被依次发育为针阔混交林/硬叶阔叶林（104°E~98°E）—针阔混交林（98°E~80°E）—灌丛草甸—草原（92°E~80°E）	大量冰川发生前进并出现过"次暖峰"，但总体气候仍为趋向干冷
距今5500年后高原有过冷暖波动，距今3000年后气候明显转为干冷期，距今3500~2500年出现大量冰川前进的"新冰期"；距今2000~1500年较为温暖，距今1500~1000年降温明显	高原中部（98°E~92°E）为草甸、灌丛草甸植被	东南部1月均温高于现今约3℃，年降水量高出250毫米；中、西部气候转向温湿，湖面升高，年均温高于现今5℃以上；藏东南距今7200~5500年和距今3800~3300年发育了代表温暖湿润气候的红色古土壤	时段气温与"大暖期"鼎盛期温差值有8℃~9℃，远高于同纬度地区的同期差值，表明高原环境对气候变化具有放大效应
全新世以来高原四次冰川前进的时段分别为：距今8500~8000年；距今4000年；距今4000~2000年；距今500~300年；四次冰川前进的幅度表现为越晚越小	高原西部至80°E附近为草原植被，气候冷干，年均温较现今低4.5℃~5.5℃；高原最西端约距今10500~9900年出现相当于欧洲新仙女木（Younger Dryas）期的气候突变	距今7000~4000年西昆仑地区（古里雅冰芯记录）气温较现今高4.5℃；青海湖地区1、7月的均温分别高于现今8℃、2℃；孢粉分析乔木花粉占40%以上，最高可达60%；高原北部（色林错、班公湖湖泊岩心记录）亦显示植被覆盖率最高	约距今3200年以来，高原气温和降水均呈非线性下降，越向西北降幅越大，东南部月均温比中全新世下降4℃~4.5℃，降水减少350毫米；东北部最冷月气温比中全新世下降8℃
全新世高原湖泊总趋势是继续退缩、封闭内流、普遍咸化	高原湖泊曾一度扩张，在距今7500年之前多为淡水湖且湖面升高；藏南地区的湖泊全系外流湖，高原内部盐湖发育	中全新世高原出现多次高湖面，距今4000~3000年后普遍急速退缩	中西部出现严重干旱，高原湖泊普遍退缩，湖面下降10~20米，大型湖泊发生解体

（采自李永宪、马丽华：《青藏高原的古环境与史前人群活动》表三，《中国乌珠穆沁边疆考古国际学术研讨会论文集》，科学出版社，2014年，第155~170页）

　　因此，时间轴上的"末次间冰期"（晚更新世晚期）和"大暖期"（全新世中期），都是我们考察高原早期人类活动值得关注的两个气候期。"末次间冰期"可能促成了亚洲人群向高原的第一次进发，虽然他们在规模和扩散能力上都可能有限；而距今8000～3000 年的全新世"大暖期"则推动了高原世居人群与黄土高地人群的融合，出现了高原原始农业，进而扩大了高原人群扩散和聚集的规模。而对时间轴上气候期的研究，科学家同时注意到青藏高原因地形、地貌、纬度等的不同存在着区域性的气候差异。地理学认为"气候区"是古今人群生业经济"分带"的关键要素，即生业经济"分带"与自然地理"分带"呈正相关[1]。因此,地理科学从宏观上曾提出了划分青藏高原大气候区的三条分界线，如下。

（1）以喜马拉雅山脉为东西两端连线的青藏高原、南亚山地平原的气候分界线，即"高原干冷气候"与"亚热带湿热气候"的分界线。

（2）从藏南羊卓雍湖到藏东昌都、青海玉树一带的西南—东北向弧形连线，将藏东南地区与藏北、阿里、青南等高海拔区分开，这是根据降水量差异划分"半湿润气候区"与"半干旱气候区"湿度分界线。

（3）从青海昆仑山口到藏南泽当一带的南北向弧形连线，将高原分为东、西两大气候区，这是根据气温差异划分"寒冷气候区"与"温暖（温凉）气候区"的分界线[2]。

这三条气候地理的分界线，在西藏自治区境内也体现了它的大地势特点：4500 米以上的高海拔区是主体，其面积约占西藏全区面积78%；3500～4200 米的中海拔地理区约占全区面积 14%；3500 米以下较低海拔的河谷或峡谷地区占全区面积的近 8%。这个海拔的差异也可说明，西藏的气候环境并非整齐划一，从西藏西北部向东南部的地势倾斜在平均海拔上渐次递降了 1500 米[3]，因而高原西北、东南的气候条件必然有所不同。从比较微观的气候地理看，雅鲁藏布江中游及其支流河谷地区（俗称西藏"腹心地区"）和藏东南峡谷地区分别属于"藏南半干旱区（ⅡC 区）"和"藏东半湿润区"（ⅡB 区）气候[4]，因此古往今来一直与藏北、阿里等高海拔地区保持着不同的生业经济模式。在生物环境方面，雅鲁藏布江中游河谷区与藏东南峡谷区多见各种常绿针叶林及硬叶常绿阔叶林的自然植被，野生动物种群则处于喜冷动物为主的"古北界"与喜暖动物为主的"东洋界"的交接地带[5]，尤其是藏东南地区在地形、水系、土壤、植被等地带性的环境特征上，表现出十分明显的优良性，如藏东南局部地区（墨脱一带）年均降水量在 4000 毫米以上，这与藏西北干旱地区年均 50 毫米的降水量形成了强烈

---

[1] 〔美〕埃里奇·伊萨克著，葛以德译：《驯化地理学》，商务印书馆，1987 年，第 3～7 页。

[2] 参见中国科学院青藏高原综合科学考察队：《西藏自然地理》，科学出版社，1982 年，第128～130 页。

[3] 参见徐华鑫编著：《西藏自治区地理》，西藏人民出版社，1986 年，第 30～32 页。

[4] 参见中国科学院地理研究所主编：《青藏高原地图集》，科学出版社，1990 年，图 72。

[5] 参见中国科学院青藏高原综合科学考察队：《西藏自然地理》，西藏人民出版社，1986 年，第 107～140 页。

对比。凡此种种，都足以表明西藏的区域性气候差异，对于古今人群的交通发展、聚集规模、生业经济模式等诸方面都产生过重要的制约作用，这也是西藏区域性文化发展的主要地缘背景。

了解西藏的人类历史与文化发展，认识古代西藏政治、经济、文化、宗教、艺术、技术等各方面的主要特征，都需要基于对高原环境和地缘要素的分析。西藏地区海拔、气候、地形等诸方面的特殊性，整体上表现为一定程度的"隔离性"，而这种地理环境的"隔离性"，则在历史文化的发展中表现为一种"特殊性"。

二、学科史背景

与整个中国历史研究的传统一样，考古学在西藏古史研究中也是比较晚近才出现的。从文献著述看，最早将"西藏"与"考古"联系在一起的，可能是100多年前德国学者弗兰克（August Hermann Francke）。弗兰克的著述中频繁出现"Archaeology"与"Tibet"的字词连用[①]。100多年之后的今天，考古学在西藏早已不再陌生，考古学田野实践和学术研究指向越来越显示出这个学科在时间和空间上的宏大跨度，以及用实物证据为主要支撑的叙事结构的重要意义，它对西藏古史研究的影响和拓展亦十分明显。当我们回顾西藏考古学的发展历程时，可以发现一个现象：考古学在西藏的推进与发展，犹如青藏高原的隆升一样，在不太长的100多年里经历了连续提速的三个阶段：少数外国人开启的西藏考古先声——初始期的"西藏考古"；中国学者开创的高原现代考古——西藏考古的崭新局面；近30年来的综合发展——西藏考古的全面提速。

1. 初始期的"西藏考古"

这个阶段大致从20世纪初起，到20世纪40年代末止，主要是少数外国学者对"西藏考古"的思想启迪时代，代表性人物可以德国人弗兰克、意大利人图齐（Giuseppe Tucci）和俄国人罗列赫（J. N. Roerich）为例。这些外国学者的"西藏考古"从学术渊源上讲，主要是19世纪西方日益兴盛的"东方学"背景下的"藏学研究"与"藏地考察"，前者偏重各种有关西藏的文本研读及其相关研究，后者则主要基于"探险""游历"性质的入藏考察。弗兰克、图齐、罗列赫等人或二者兼有，他们的高原之旅虽有时间上的先后早晚之分，各自关注和研究的对象也不尽相同，然而他们有着相同或相似的学养背景，就是良好的多语种应用能力，因此他们传世的著述体现了对藏文、梵文、汉文等多文种材料分析与田野资料分析的有机结合，在纯文本研究的西方

---

① August Hermann Francke, Archaeological notes on *Balu-mkhar* in Western Tibet, *Indian Antiquary* [Bombay], Vol.34, 1905, pp. 203-210.

藏学家行列里，表现出较为全面的学术素养。但在研究方向上，这些外国学者更多的是将关注重点放在宗教思想、佛教艺术、语言文字等方面，并不是将"西藏考古"作为一个特定的学科方向或有长远计划的专业研究，所以他们的田野工作和研究成果不可能覆盖"西藏考古"的内涵，而他们在田野中所获得的考古实物资料也未能在中国得到留存、保护与展示。尽管如此，这几位西方学者对"西藏考古"的贡献仍然是不可忽略的：他们为后世贡献了一批重要的研究成果，包括不同文种的学术著作或图录，其中很多至今仍是西藏研究者的必读之物或重要资料。同样重要的是，他们的著作所传达的有关西藏历史与艺术研究的学术思想、领域或方向，对于后来西藏考古的进步与发展无疑是有启发性的。概而言之，弗兰克、图齐、罗列赫等人对初始期的"西藏考古"的贡献主要有三个方面：

第一，提出古代西藏研究必须要有"考古学的思想与实践"。

意大利学者图齐对这一点表述得最为明确，他在汉译《西藏考古》①一书中对部分西方学者的西藏研究有过明确的批评："……他们几乎都是津津乐道地描述那里的风俗习惯，或是将主要的兴趣集中在地理学、社会学及宗教研究上。甚至那些已经对西藏文化史进行过研究的人，也几乎忽略了他们学科的考古方面，而把注意力放在了极为严格的宗教或仪式这样一些自己感兴趣的问题上。"②面对当时的西藏研究，图齐认为："如果我们把适当的、有指导的发掘称为考古学的话，那么西藏考古是处于零的状态……因此，目前我们仅能勾画出考古学未来研究可能的远景，对于可能解决的问题给予关注，并从考古学及艺术史的角度，来关注最有意义的遗址和地区……考古不仅包括资料的收集，以及对这些有限资料的分析研究，而且还应当在艺术史这一更为广泛的领域内进行研究，特别是对西藏艺术起源的环境进行探讨。"③同时，图齐还特别指出"考古学及西藏艺术的整个历史，并不是已确定了的事实的一个部分，而是未来的研究计划。……中国考古学家面临的迫在眉睫的任务是编纂一本详细目录，包括所有现存的、有关考古及艺术方面的资料。要确保资料可以记录和拍照，并承担起对一些具有特殊意义的遗址的挖掘工作，特别是对墓地、王陵及雅隆和拉萨的周围地区"④。图齐的这些话不仅表达了他对"西藏考古"的意义的理解与思考，以及对中国考古学者的提示与期待，其实也是图齐在西藏艺术研究的长期实践中，认识到考古学必然要介入历史研究的一种思想转变。图齐早年曾声称他并非考古学家，对于考古学他只是有所"期许"："……那些熟悉我的人都知道，我的兴趣在于思想史和宗教史。从一开始我就说过，我非常尊敬那些考古学

---

①　即根据图齐《穿越喜马拉雅》(*Trans Himalayas*, 1937 年) 汉译为《西藏考古》(向红笳译，西藏人民出版社，1987 年)。

②　〔意〕G. 杜齐著，向红笳译：《西藏考古》，西藏人民出版社，1987 年，第 1 页。

③　〔意〕G. 杜齐著，向红笳译：《西藏考古》，西藏人民出版社，1987 年，第 65 页。

④　〔意〕G. 杜齐著，向红笳译：《西藏考古》，西藏人民出版社，1987 年，第 65 页。

家们，……然而我曾对考古学的期许是：这门学科能够提供一套具有想象力的方法，使得古代的人和事物'复活'，即便仅是惊鸿一瞥。"① 也许正是带着这样的期许，图齐被他身后的西方学者认为"后来通过自己对亚洲哲学与宗教学的研究，向考古学家们展示了他所取得的论据充分的研究方法：不仅需要书斋式的研究，还需要直接接触东方的文化与人民，这正是他早年到中国西藏和尼泊尔从事探险的出发点"②。西藏的田野经历使图齐不仅被藏传佛教艺术深深吸引，同时还将自己对西藏佛教艺术的兴趣扩展到了对"艺术起源的环境"的关注，当他的研究目标有了更宽广的延伸，便愈发注意对那些微细资料的收集和分析，这种不围于史籍文本而努力从实物资料中求证的研究方法，推动了图齐向"西藏考古"靠近。之后图齐曾自述在完成了中国西藏和尼泊尔的考察之后，"为了研究的目的，现在的我又回归考古学，但这并非由我个人完成，而是与那些具备高超技术的专业考古同仁们一起，共同发现了许多能够填补亚洲大部分地区历史空白的文物"③。图齐的这段话证实了他由先前对考古学的"期许"转变为对考古学的"参与"，并且还特别意识到，考古学不是个人的书斋之学，而是需要专业技术的集体合作；考古"研究的目的"及文物资料的意义并非仅是对"艺术"的探究，更在于要力争填补"历史的空白"。之所以说图齐对"西藏考古"有一种思想上启迪，就在于图齐通过自己的研究实践，形成了有关考古学与历史研究关系的思辨，表达了一种普遍的认知：在任何地区的古代史、艺术史的研究中，考古学都是不可或缺的一个重要学科领域。在今天看来，图齐关于加强对西藏各处墓地和吐蕃王陵考古研究的建议，大概也是出于他对吐蕃王系与地域政治史之间关系的一种思考，而这项专题性的考古研究，今天也仍然是西藏吐蕃时期考古的重要方向之一（图1-2）。

图 1-2　意大利学者图齐 1935 年在
西藏阿里札布让
（摄影：Eugenio Ghersi，网络图片 https://new.
qq.com/rain/a/20191230AOBBTX00?pc）

---

① 参见〔意〕皮埃尔法兰西斯科·卡列宁著，程嘉芬译，吕红亮校：《作为考古学家的图齐》，《藏学学刊》（第 8 辑），四川大学出版社，2013 年，第 123 页。

② 〔意〕皮埃尔法兰西斯科·卡列宁著，程嘉芬译，吕红亮校：《作为考古学家的图齐》，《藏学学刊》（第 8 辑），四川大学出版社，2013 年，第 124 页。

③ 〔意〕皮埃尔法兰西斯科·卡列宁著，程嘉芬译，吕红亮校：《作为考古学家的图齐》，《藏学学刊》（第 8 辑），四川大学出版社，2013 年，第 124 页。

　　第二，倡导了以田野调查与文献研究相结合的研究方法。

　　在早年进藏的西方学者中，德国学者弗兰克可能是最早实践此研究方法的代表（图1-3）。学界一般公认弗兰克对藏学研究的贡献，主要是对西藏西部拉达克地区史的研究，从弗兰克的学术渊源和他高原之行的目的看，与考古学并没有直接关联，但是弗兰克在研究实践中却极为重视从田野工作中获取一手材料。在弗兰克的寺院调查记录里，包含大量对寺院平面布局、殿堂结构、塑像壁画、藏文题记、寺藏藏文写本等多类实物遗存的测量、图绘和文字记录，在他的多部代表性著作中，皆可见到他对田野行程时间、路线、沿途地理、地形及访问人物等细节的翔实记录。而且弗兰克关注的对象并不限于宗教史和寺院，他对"前佛教时期"的遗址和墓葬也倾注了心力。在列

图1-3　德国学者弗兰克
（网络图片）

城河谷的墓葬发掘中，弗兰克对墓室形制、墓葬规模、随葬器物（陶罐、陶盘、铜器、铁器、玻璃器、金器等）和人骨、动物骨/角都有仔细的记录与分析，甚至还请人类学家对墓中人骨材料进行了体质人类学的观察——这可能是西藏高原最早的考古人类学案例。此外，弗兰克在田野中还关注到拉达克地区与吐蕃时期石刻文字、摩崖造像共存的古代岩画，并动手摹绘了拉达克岩画中的一些代表性图像（图1-4）。

　　根据田野调查，弗兰克归纳了西藏西部岩画的地域性特点，指出西藏西部岩画分布的北界沿印度河一直延伸到今巴基斯坦的吉尔吉特（Gilgit）一带。结合列城墓葬发掘的综合研究，弗兰克认为这些遗存可能是揭示西藏西部"前佛教时期"文化面貌的重要环节[①]。毫无疑问，弗兰克对不可移动古代遗存的田野调查与研究包括了文字题刻、岩画、"大石遗迹"、墓葬、寺院遗址等丰富的内容，以及对这些遗存一手资料的分析与考证。所以说，弗兰克对20世纪初藏学研究的贡献，还应当包括他对多类遗存的调查、对多种资料的收集、对多学科综合研究方法的实践，以及他在有限的条件下开展的"西藏考古"尝试。弗兰克著作中常见用"Archaeological""Archaeology"这类字词来构成其文本题目，体现了他与当时西方藏学研究者明显有别的一种"考古学"思想

---

　　①　参见杨清凡:《弗兰克与西部西藏历史研究——兼论西部西藏考古的发端》,《藏学学刊》（第13辑），中国藏学出版社，2015年，第245～268页。

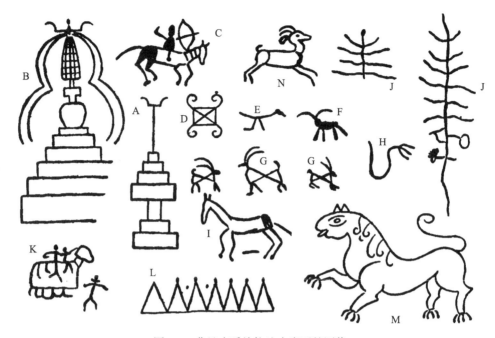

图 1-4　弗兰克手绘拉达克岩画的图像

A、B. 佛塔　C. 猎人　D. 符号　E、F. 岩羊　G. 羚羊　H. 蛇　I. 马　J. 植物　K. 骑牦牛　L. 符号

M. 虎　N. 鹿

取向，这种"从文本到田野，从地上到地下"发掘资料的研究方法，即便与现代考古学之间还有距离，但在西方学者的眼中，弗兰克的研究思想已经是对"德国东方学家藏学研究的基于语文学的学术传统的强烈背离"[①]。

　　在弗兰克之后，图齐的西藏研究则将这种以田野调查为基础、以多种材料为论据的研究思想或方法推进到"已经包含有某些现代研究方法的色彩，即对人类活动所有表现形式做全面研究"[②]的层面。图齐在结束了在西藏田野之旅后，继而转入喜马拉雅西端的斯瓦特河谷（Swat Valley，巴基斯坦北部的印度河右岸支流河谷）开展他的田野考古实践，之后他更是直言"从西藏的田野研究中催生出来的斯瓦特研究，多年来一

---

　　① 　Toni Huber and Tina Niermann, Tibetan studies at the Berlin University: An institutional history, in *Tibetstudien: Festschrift Fur Dieter Schuh zum 65. Geburtstag*, 2007, pp. 95-122.

　　② 　当代意大利学者卡列宁对图齐的评论认为"在（西藏的）这些考察中，图齐表现出对造型艺术的强烈兴趣，而他关注的范围甚至包括那些并不精美的遗物，这一研究取向已经包含了某些现代研究方法的色彩，即对人类活动的所有表现形式做全面研究。这不仅体现在他大师级巨著《西藏画卷》（这是所有研究西藏艺术和图像志必备的参考书）一书中对精美佛教艺术品的研究，亦可见于另一部对西藏文化贡献巨深的著作《印度—西藏》中那些不为人注意的'擦擦'的关注。恰恰是这种在考察中不断寻找新资料的动力，将图齐引向考古学……"参见〔意〕皮埃尔法兰西斯科·卡列宁著，程嘉芬译，吕红亮校：《作为考古学家的图齐》，《藏学学刊》（第 8 辑），四川大学出版社，2013 年，第 124 页。

直都是我生命中最热爱的,很难有其他新的研究可以让我感到如此愉悦"[①]。与弗兰克不同,图齐在西藏田野实践中积累形成的艺术史研究,从此转为科学意义上的现代考古学方向,他所引领的意大利东方研究所考古团队在伊朗、阿富汗、巴基斯坦北部等亚洲高原的考古发掘与研究也一直持续到最近。回望图齐前后历时 20 年的西藏之旅可以发现,这是他整个学术生涯中最终"回归"考古学的关键一环。当我们今天检视西藏考古最基本的研究方法时,仍可时时感受到图齐、弗兰克等先行者在这方面的启示。

第三,引导了古代西藏研究的多个领域或方向。

在早年西方学者倾注于西藏宗教史、王族史及佛教思想史等领域的研究潮流中,俄国学者罗列赫[②]却更多的是对世俗文化及艺术给予了关注,其中包括对高原古代游牧文化的关注(图 1-5)。罗列赫最具考古学意义的代表著作应是《藏北游牧部落中的动物纹风格》(*The Animal Style among the Nomad Tribes of Northern Tibet*)[③]这份研究报告(图 1-6)。在该研究报告中,罗列赫以 1925～1928 年随同其父的"中亚考察队"在藏北(包括今青海省部分)田野调查中发现的石丘墓、"大石遗迹"、"动物纹风格"器物、武器(箭镞、长剑)等几类遗存为基本材料,分析了所谓"外喜马拉雅山脉"(即冈底斯山—念青唐古拉山以北)的游牧文化。他认为,现代藏族祖先中有一支来自高原的东北方向,这支人群曾在 Koko-nor 地区

图 1-5　俄国学者罗列赫

(网络图片,https://www.roerich.org/museum-archive-photographs.php)

①　〔意〕皮埃尔法兰西斯科·卡列宁著,程嘉芬译,吕红亮校:《作为考古学家的图齐》,《藏学学刊》(第 8 辑),四川大学出版社,2013 年,第 125 页。

②　乔治·罗列赫亦译作乔治·劳瑞茨,俄文全名为尤里·尼古拉耶维奇·罗列赫(Юрий НиколаевичРерих,英文写作 J. N. Roerich。其父为俄国著名画家、学者尼古拉·康斯坦丁诺维奇·罗列赫院士(1874～1947 年)。1925～1929 年乔治·罗列赫参加了其父组织的中央亚细亚香巴拉探险队(史称"中亚考察队"),历经印度、锡金、克什米尔、拉达克与中国西藏、新疆、内蒙古等地,1930 年起任乌鲁斯瓦蒂喜马拉雅研究所所长。主要著作有《西藏绘画》(1925)、《现代藏族语音学》(1928)、《阿罗汉的领地》(1929)、《藏北游牧部落的动物纹风格》(1930)、《西藏藏品目录》(1930)、《亚洲腹地游记》(1931)、《中亚之行》(1933)等,1949、1953 年出版了与著名藏族学者更敦群培合作翻译的两卷本《青史》(英译本名 *The Blue Annals*)。

③　J. N. Roerich, *The Animal Style among the Nomad Tribes of Northern Tibet*, Prague:Seminarium Kondakovianum, 1930.

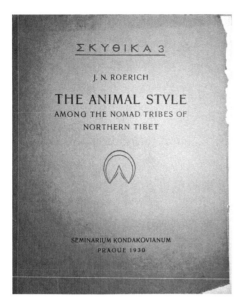

图1-6　罗列赫《藏北游牧部落中的动物纹风格》英文版封面

（库库淖尔——"青海"的蒙古语称谓）与中亚、西亚等不同的地域文化有过互动。罗列赫将石丘墓及其出土物、"大石遗迹"（罗氏将其分为 Menhirs 石柱、Cromlechs 石圈、Alinement 列石阵等三类）这两类遗存与中亚阿尔泰地区和蒙古高原等北方草原的同类遗存进行了比较，认为青藏高原北部曾受到公元前 7～前 4 世纪的"斯基泰－西伯利亚（Scythian-Siberian）"文化的影响，而这些早期遗存的分布与具有"动物纹风格"的器物，以及石镞（stone-arrowhead）、长剑（long hilted sword）的分布范围几乎一致，它们包括德格（Derge）、安多（Amdo）、霍尔（Hor）、南茹（Nam-ru）、那仓（Nag-tshang）、措勤（Tsuk-Chung）等地域，其西界则以班公湖南岸的朵仁（Do-ring）遗址为标志。罗列赫在这部研究报告的结语中特别指出，古代西藏的研究有两个"新窗口"值得人们重视和关注：其一是"一个新开启的、观察藏族世俗艺术的窗口，那就是佛教艺术之前的藏族游牧部落艺术，这是代表遥远的过去的遗存"[1]。其二，罗列赫提出西藏考古应有一个"游牧考古"研究方向，因为"游牧考古学是东方考古学的一个新的分支，它的目标是重建游牧世界的过去，即建立中国古文化、印度古文化和地中海周边文化之间的联系"[2]。

对罗列赫有关藏北大石遗迹的分析，图齐则有进一步的延展，他提出中国藏北高原的大石遗迹与印度西北喜马拉雅山区斯丕提河谷（Spiti Valley）[3]的大石遗迹皆为西藏史前游牧文化的标志，他称之为"巨石文化"。图齐的分析认为"在西藏存在着一种从新石器传统发展起来的巨石原始文化。这一文化沿着两条路线传播。一条通过库库诺尔地区（Koko-nor）的欧亚大平原通道进入西藏中部，或许一直延伸到后藏。另一条

① J. N. Roerich, *The Animal Style among the Nomad Tribes of Northern Tibet*, Prague:Seminarium Kondakovianum, 1930, p.41.

② J. N. Roerich, *The Animal Style among the Nomad Tribes of Northern Tibet*, Prague:Seminarium Kondakovianum, 1930, p.41.

③ 斯丕提地区今属印度西北的喜马偕尔邦，指喜马拉雅西部山区的一条西北—东南向河谷。斯丕提河是象泉河从西藏札达县出境后的第一条右岸支流，该地区历史上曾由吐蕃王朝、古格王国先后控制，当地居民现仍有约 70% 的人口操藏语方言。

则进入了克什米尔和斯皮提"①。与罗列赫的视域焦点不同,图齐认为青藏高原西端"帕米尔山结"在连接青藏高原与中亚、西亚、南亚等地域文化的关系上曾有过更为重要的作用,这个观点在他的多篇(部)文章或著作中都有体现。不过图齐与弗兰克都认为,中国西藏西部是高原文化与中亚等欧亚大陆游牧文化最早接触的地区,其主要通道应是经由内亚走廊进入青藏高原的西端,而非高原的东北部,正如弗兰克早年提出公元前后雅利安人(弗兰克称之为 Dards)进入拉达克等高原西部时亦是经由"帕米尔山结"一样,图齐还指出西藏除了"石丘墓、大石遗迹及动物形纹饰三者都是北方草原文化的特征"之外,经由高原西部传入西藏的"瑟珠"(zigs,俗称"天珠")则是"从近东到伊朗和中亚最常见的一种项饰类型"②。

弗兰克、图齐、罗列赫等人的"西藏考古"就西方基于语文学的"藏学研究"而言,可以说是一种"有突破"的研究思想及其方法实践,他们高度重视以不可移动遗存(墓葬、石构遗迹、各类遗址、寺院建筑等)及其文化遗物为证据的综合研究方法,都显示出在当时条件与学术环境下"西藏考古"的影响力。除此之外,他们既注意到西藏不同地域的游牧、农牧等生业形态在文化表征上的差异,同时又能将古代西藏置于整个亚洲多样文化交织互动的背景之中,这种文化观与图齐、罗列赫、弗兰克等人的国别文化背景有一定关系,但更多的是一种研究视野广度的体现,因为要认识古代西藏"显然我们还需要广泛深入地了解亚洲的不同文化"③。这一点在当今学界仍值得借鉴。

弗兰克、图齐、罗列赫等早期西方学者的"西藏考古"为后来者提供了不少思想上的启迪,也留下了诸多不可弥补的缺陷,他们有限的考古学实践并没有明确的学术目标或研究规划,导致在他们可资利用的著述中,几乎没有资料完整、体例规范的田野考古报告④,使后世学者难以验证那些"考古学"资料的量化信息及考古遗存的完整背景;他们在西藏田野调查所获得的出土实物或标本样品也并没有在中国得到留存、保护与展示,或成为系统、规范的可检索文物档案。因此,对早期西方学者"西藏考古"意义的评价也包含了诸多遗憾(图 1-7)。

---

① 参见〔意〕G·杜齐著,向红笳译:《西藏考古》,西藏人民出版社,1987 年。

② 参见〔意〕G·杜齐著,向红笳译:《西藏考古》,西藏人民出版社,1987 年。

③ J. N. Roerich, *The Animal Style among the Nomad Tribes of Northern Tibet*, Prague: Seminarium Kondakovianum, 1930, p.65.

④ 早年西方人的"西藏考古"发掘报告迄今仅见皮特·奥夫施奈德(Peter Aufschnaiter)所著《西藏居民区发现的史前遗址》(Prehistoric site discovered inhabited regions of Tibet, East and West, ISMEO year Ⅶ-Number 1, 1956, London, pp.74-88.)一文。该报告描述了奥夫施奈德等在拉萨东郊吉曲河(拉萨河)北岸"辛多山嘴"发掘的数座古代墓葬,文中附发掘地点地形、地层、出土陶器和石器等遗存的手绘线图、照片等,文中还提到在墓地附近岩石上有人物及动物图像的岩画。

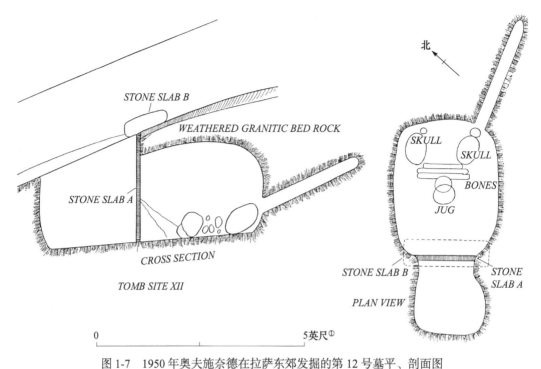

图 1-7　1950 年奥夫施奈德在拉萨东郊发掘的第 12 号墓平、剖面图

（采自 Peter. Aufschnaiter, Prehistoric site discovered inhabited regions of Tibet, East and West, ISMEO year Ⅶ-Number 1, 1956, London, No.6）

2. 西藏考古的崭新局面

1951 年西藏和平解放后西藏考古进入了一个全新时期。中国藏、汉族考古学者立足高原，在中央人民政府和西藏工委职能部门的领导下，以不懈的努力经过几十年的自强奋斗，克服了种种难以想象的困难，到 20 世纪 80 年代，西藏考古事业的发展已出现了全新的局面，主要表现为以下几个方面。

（1）考古与文物保护成为政府部门的职能化工作，专业化人员队伍初步形成。

1959 年 6 月，中共西藏工委成立了"文物古迹、文件档案管理委员会"并下设文物管理小组；1964 年成立了"西藏文物管理委员会筹备组"；1965 年 9 月正式成立了"西藏自治区文物管理委员会"，下设专门负责管理和实施文物考古事务的"文物管理委员会办公室"。至 20 世纪 70 年代末，一批毕业于北京大学、吉林大学、西北大学、四川大学等高校考古专业的藏、汉族青年充实到西藏文物考古单位，成为西藏考古事业的业务骨干，他们中的甲央、仁青次仁、索朗旺堆、更堆、旺堆、冷健、侯石柱、张文生等都曾参与过著名的昌都卡若遗址发掘或考古报告编写，他们是新时期西藏考古的开拓者和主力军。

---

①　1 英尺 =0.3048 米。

（2）科学的田野工作奠定了西藏考古学的专业基础。

这一时期西藏考古的田野工作主要有两个方面，一是由中国科学院组织的历时数十年的"青藏高原综合科学考察"；二是由西藏区内外学术队伍合作的田野考古工作。从 1956 年中国科学院地质研究所赵宗溥教授等人在那曲以北发现 4 处石器地点并采集到一批打制石器起[①] 到 70 年代至 80 年代初，青藏高原科考人员在那曲、阿里、日喀则等地区共发现 16 个石器遗存地点[②]，采集到一大批打制石器、细石器等石器标本，这批石器材料经考古学家与地质科学家的共同研究后均在国内考古类专业刊物发表。虽然缺乏埋藏学的年代证据，但考古学家明确指出西藏这些石器遗存说明了高原人类曾经历过"旧石器时代"和"新石器时代"，显示了西藏高原石器文化与中国北方地区石器文化之间的关联性。此后，"青藏高原综合科学考察"一直将"高原环境与早期人类活动"作为综合科考的一项内容持续至今[③]，体现了青藏高原石器时代考古研究一直以来的自然科学支撑背景。

1959 年文化部组织了西藏文物古迹的专门调查[④]，文化部文物处处长王毅和北京大学考古学家宿白牵头的调查组在拉萨、山南、日喀则等地开展了数月的田野工作，王毅以"西藏文物见闻记"为题在《文物》发表了数篇连载文章报道了此次调查的主要收获，宿白则根据在藏 5 个月的调查资料及手绘的佛教寺院建筑平面和立面草图，成就了《藏传佛教寺院考古》这部重要著作[⑤]，该书以严密的考古类型学分析为据，提出了藏传佛教寺院建筑可分为五期 6 段的主张，为藏传佛教建筑考古建立了标杆性的分

---

① 参见邱中郎：《青藏高原旧石器的发现》，《古脊椎动物学报》1958 年第 2 卷第 2、3 期合刊。

② 参见张森水：《西藏定日新发现的旧石器》，《珠穆朗玛峰地区科学考察报告（1966—1968）：第四纪地质》，科学出版社，1976 年，第 105～109 页；戴尔俭：《西藏聂拉木县发现的石器》，《珠穆朗玛峰地区科学考察报告（1966—1968）：第四纪地质》，科学出版社，1976 年，第 110～112 页；安志敏、尹泽生、李炳元：《藏北申扎、双湖的旧石器和细石器》，《考古》1979 年第 6 期；刘泽纯、王富葆、蒋赞初等：《西藏高原马法木湖东北岸等三个地点的细石器》，《南京大学学报》（哲社版）1981 年第 4 期；刘泽纯、王富葆、蒋赞初等：《西藏高原多格则和扎布地点的旧石器——兼论高原古环境对石器文化分布的影响》，《考古》1986 年第 4 期；钱方、吴锡浩、黄慰文：《藏北高原各听石器初步观察》，《人类学学报》1988 年第 7 卷第 1 期。

③ 2017 年启动的"第二次青藏高原综合科学考察"始终有西藏自治区文物保护研究所等相关单位参加。

④ 此次调查工作及其主要收获可参见王毅：《西藏文物见闻记（一）》，《文物》1960 年第 6 期；王毅：《西藏文物见闻记（二）》，《文物》1960 年第 Z1 期；王毅：《西藏文物见闻记（三）——抗英史迹》，《文物》1960 年第 10 期；王毅：《西藏文物见闻记（四）》，《文物》1961 年第 1 期；王毅：《西藏文物见闻记（五）——山南之行》，《文物》1961 年第 3 期；王毅：《藏王墓——西藏文物见闻记（六）》，《文物》1961 年第 Z1 期。

⑤ 宿白：《藏传佛教寺院考古》，文物出版社，1996 年。

图 1-8　1979 年卡若遗址发掘开工典礼
上的童恩正教授
（网络图片）

期基础（图 1-8）。

　　这一时段西藏开展的自主性田野考古发掘主要有 1961 年西藏自治区文物管理委员会对拉萨市林周县澎波农场附近 8 座石室墓的清理发掘①；1978、1979 年西藏自治区文物管理委员会与四川大学联合开展的昌都卡若新石器时代遗址发掘②；1981 年西藏自治区文物管理委员会对朗县金东乡吐蕃墓地的调查和试掘③。其中，昌都卡若遗址发掘及考古报告《昌都卡若》的出版，首次将西藏有确切年代的人类居住史提前到距今 5000 年的新石器时代，不仅延长了西藏古代历史的轴线，并且提出了具有高原特征的考古学

文化"卡若文化"，引导了多项针对西藏史前聚落及其文化的研究，标志着这一时期西藏史前考古的水平（图 1-8、图 1-9）。卡若遗址发掘之前的 1974、1975 年，中央民族学院王恒杰等师生在林芝地区对云星、红光、居木、加拉马遗址和拉萨东郊纳金遗址的调查，以及王恒杰、新安等先后对藏东南地区多个石器遗存地点及古代墓葬的调查，获得了一批磨制石器、陶器等遗物④。此外，这一时期的田野考古还包括 1979 年西藏自治区文物管理委员会与新疆维吾尔自治区文物管理委员会共同开展的阿里古格王国遗址首次调查，1985 年西藏自治区文物管理委员会在陕西省考古研究所、文物出版社、故宫博物院、四川大学等单位支持下对古格故城遗址考古调查等。

　　1984～1987 年，西藏自治区文物管理委员会组织了有史以来第一次全区性的田野考古调查，即西藏"第一次全区文物普查"。由西藏自治区文物管理委员会专业人员与陕西省考古研究所 12 名考古工作者共同组成的调查队，在拉萨、山南、昌都、那曲、阿里、林芝等地市的 16 个县境调查发现了一批包括西藏新石器时代、"早期金属时

　　① 西藏自治区文物管理委员会：《西藏拉萨澎波农场洞穴坑清理简报》，《考古》1964 年第 5 期，第 245～260 页。

　　② 西藏自治区文物管理委员会、四川大学历史系：《昌都卡若》，文物出版社，1985 年。

　　③ 索朗旺堆、侯石柱：《西藏朗县列山墓地的调查与试掘》，《文物》1985 年第 9 期。

　　④ 参见王恒杰：《西藏自治区林芝县发现的新石器时代遗址》，《考古》1975 年第 5 期；新安：《西藏墨脱县马尼翁发现磨制石锛》，《考古》1975 年第 5 期；尚坚、江华、兆林：《西藏墨脱县又发现一批新石器时代遗物》，《考古》1978 年第 2 期；王恒杰：《西藏林芝地区的古人类骨骸和墓葬》，《西藏研究》1983 年第 2 期。

图 1-9　1979 年参加卡若遗址发掘的四川大学部分师生
（西藏考古学者更堆提供）

代"①、吐蕃王朝时期及其后各历史时期的多类遗存,其中西藏新石器时代的重要遗址有拉萨曲贡遗址、昌都小恩达遗址等,并提出了"曲贡文化"的命名②。属"早期金属时代"的遗存主要有琼结邦嘎村遗址,后来的研究表明这是西藏史前农牧生业转型时期的一处重要遗址;而在高海拔的阿里日土县则调查发现了 3 处古代岩画,代表着西藏岩画科学调查与研究的开端。属于吐蕃王朝时期的考古遗存主要有山南琼结、乃东、扎囊三县和那曲安多、比如、索县、那曲四县及拉萨当雄、林芝朗县等境内 30 余处墓地的数百座封土石室墓和石棺墓,对部分墓葬的试掘清理发现了文献记载的以马殉葬的遗迹,对琼结吐蕃王陵区赤德松赞碑的考古清理在碑身和碑座上部新发现碑文 17 行,再现了汉地风格的完整龟趺碑座（图 1-10）。佛教考古领域的主要收获,有如拉萨查拉鲁甫石窟的考古测绘及其研究,确认了其"中心柱式"窟型（亦称"支提窟"型）与浮雕造像风格具有 7 世纪的时代特征;对乃东县吉如拉康寺的调查与研究,确认了该寺环佛堂礼拜道、殿内立柱托木形状及纹样、泥塑坐佛和八大菩萨立像等都保留着吐蕃时期的原状（图 1-11）。

这一时期全区性田野工作的基本资料,一部分在西藏自治区文物管理委员会组织下编写出版了《拉萨市文物志》《乃东县文物志》《扎囊县文物志》《琼结县文物志》等志书③,一些重要的田野发现则以考古简报的形式分别发表于《文物》《考古与文物》

---

① "早期金属时代"是昌都卡若遗址发掘者之一的童恩正首先提出,他认为"'早期金属时代'这一时代可能开始于公元前 1000 年,而结束于 6 世纪,即吐蕃王朝兴起之前"。参见童恩正:《西藏考古综述》,《文物》1985 年第 9 期,第 9～19 页。

② 西藏文管会文物普查队:《拉萨曲贡村遗址调查试掘简报》,《文物》1985 年第 9 期,第 29 页。

③ 《拉萨市文物志》《乃东县文物志》《扎囊县文物志》《琼结县文物志》四本文物志于 1986 年编写完成后以"内部资料"的形式印刷刊行,未正式出版。

图 1-10　1979 年西藏自治区文管会业务人员在琼结县调查吐蕃王陵

（西藏考古学者更堆提供）

图 1-11　西藏自治区文管办原主任、
藏族考古学家索朗旺堆

（《人民日报》记者拍摄于 1990 年）

《人类学学报》《文博》《西藏研究》等专业学术期刊，单行本考古报告《昌都卡若》更包括了动物骨骼鉴定、孢粉分析、农作物鉴定、建筑遗迹复原等多学科领域的分析结果，代表着这一时期西藏考古学资料分析的最高水平。历史时期考古田野报告的代表作则是上、下两册的《古格故城》[①]。与早年外国学者的"西藏考古"相比较，新时期的西藏考古学不仅具有专业化的田野作业，同时也形成了规范化田野考古文本。

（3）西藏考古有了学术方向的规划与实践。

昌都卡若遗址的发掘及其碳同位素的测年结果，将西藏古代史的轴线延伸到了无文字记载的史前石器时代，其资料价值与学术方向的意义对古代西藏研究不言而喻。考古学在西藏历史学、民族学、艺术史学等领域及"青藏综合科考"中日益受到关注，"卡若文化"的发现与命名一度成为国内外藏学界指称"西藏新石器时代"的代名词，有关"卡若文化"的持续研究则推动了青藏高原与黄河上游地区、"藏彝民族走

---

① 西藏自治区文物管理委员会编:《古格故城》，文物出版社，1991 年。

廊"的横断山区、印度河上游高原山区等相邻区域文化关联性及高原粟作农业起源等重
大问题的讨论。这一时期在藏北、阿里等海拔 4000～5200 米地区发现的 16 处石器遗存，
则显示西藏考古必将面临的一个富有挑战性的课题——青藏高原的人类史始于何时？这
一课题至今已取得可喜的成果，但仍然是西藏考古中颇富挑战性的研究方向之一。

考古报告《古格故城》不仅第一次为揭示西藏历史上著名的"古格王国"提供了
科学的考古材料和系统的研究，同时引发了学界对西藏西部在高原文明进程中的作用
与意义的思考，此后数十年内容丰富、成果迭出的西藏西部考古也由此拉开了序幕。

西藏考古在这一时期主要是由高原新石器文化研究和西部"古格王国"考古所引
领，而关于西藏考古在中国考古学中的学术意义，此时也在学界有了比较宏观的思考，
其中不仅包括著名考古学家夏鼐、苏秉琦等在卡若遗址发掘中的指示与关注，黄景略、
石兴邦、邱宣充等专家亲赴西藏对田野作业的指导，更有国内核心期刊《文物》在
1985 年第 9 期推出的"西藏考古文物"专号，该专号刊登了 15 篇西藏田野考古简报和
研究论文，最重要者应为考古学家童恩正的《西藏考古综述》一文[1]。该文第一次对西
藏考古的时空框架提出了思考，指出西藏考古材料除了与华北地区、黄河上游、西南
山地等邻近的史前文化有密切的关联外，与中亚、西亚、南亚、东南亚等区域考古材
料的比较分析也很有必要，因为"对西藏总体文化的研究，就不是一个局部问题"[2]。童
恩正分析了当时西藏考古材料的基本属性，提出西藏考古大致可分为"石器时代、早
期金属时代和吐蕃时代"三个时期，其中有关"早期金属时代"的主张代表了童恩正
对西藏考古分期的一个贡献，而这一概念亦被学界沿用至今。

3. 西藏考古的全面提速

从 20 世纪 80 年代末 90 年代初西藏第二次全区文物普查开始，考古学在西藏进入了
一个全面提速的时期，尤其在进入 21 世纪之后，西藏考古取得的显著进步主要表现在
几个方面。

（1）田野考古进入战略主动阶段，工作区域覆盖西藏全域。

从 1984 年起西藏自治区文物管理委员会（现西藏自治区文物局）先后组织的三次
"全区文物普查"，完成了西藏历史上地域最广、参与人员最多、历时最长、收获最丰
的考古文物调查，标志着西藏田野考古自此进入了战略主动阶段。

第二次全区文物普查为 1990～1992 年，共历时三年。此次田野调查由西藏自治区
文化厅直接领导，西藏自治区文物管理委员会办公室邀请陕西省文物局、湖南省文物

---

①　童恩正：《西藏考古综述》，《文物》1985 年第 9 期，第 9～19 页。

②　童恩正：《西藏考古综述》，《文物》1985 年第 9 期，第 9 页。

局、四川大学考古学系等区外单位参加，个别县域由地区文物部门组队调查①。前后两次全区文物查已基本覆盖了西藏全区 74 个县级行政区，调查各类文物和考古遗存千余处。其中，重要新发现包括雅鲁藏布江上游、狮泉河、象泉河流域及那曲、山南、拉萨等地区的一大批石器遗存地点和达龙查、昌果沟等几处史前石器时代遗址等。属于"早期金属时代"的考古发现包括日喀则、阿里、山南等地区发现的曾被图齐称为"巨石文化"的多种形式的石构遗迹和各类墓葬，以及山南、林芝、昌都、拉萨（当雄）、那曲、阿里、日喀则等七地市境内发现的大量岩画。吐蕃政权时期考古的重要遗存有吉隆"大唐天竺使之铭"题记、萨迦县夏布曲河流域吐蕃墓群、拉孜县查木钦吐蕃墓地、加查县邦达墓地等。吐蕃政权时期之后历史时期的考古工作主要有札达县皮央·东嘎大型遗址群调查、托林寺及其遗址调查、拉加里王宫遗址调查、吉隆曲德寺及卓玛拉康调查等。第二次全区文物普查的成果以"西藏文物志丛书"的形式出版了《萨迦县、谢通门县文物志》《错那、隆子、加查、曲松县文物志》《亚东、康马、岗巴、定结县文物志》《阿里地区文物志》《吉隆县文物志》《昂仁县文物志》《桑日县文物志》等一批志书②，另有一大批田野考古简报、报告刊发于《考古》《考古学报》《文物》《考古与文物》《西藏研究》等学术期刊，或以文集形式集中发表于《南方民族考古》《西藏考古》等刊物。单行本的成果主要有《西藏岩画艺术》《西藏佛教寺院壁画艺术》《西藏墓葬制度史》《西藏原始艺术》《西藏艺术考古》《西藏考古大纲》《青藏铁路西藏段田野考古报告》等。在国家文物局的指导下编制出版的大型工具书《中国文物地图集·西藏分册》共收录资料要素齐全的各类文物点 1302 处，其中古遗址 348 处、各类古墓葬 218 处、古建筑 512 处、石窟及其他石刻类 156 处、其他各类文物 68 处。

西藏第三次全区文物普查于 2007～2011 年与全国各省区同步进行。调查人员计有自治区、地区、县市三级多个政府职能部门的 370 余人，田野工作涉及全区 73 个县级行政区的 692 个乡镇所辖区域，调查范围达 117.6 万平方千米（部分"无人区"除外），记录不可移动的遗存地点 4277 处，其中古代文物包括古遗址类 1379 处、古墓葬类 516 处、古建筑类 1543 处、石窟寺及石刻类遗存 587 处。此次全区调查的重要发现和主要成果除《中华人民共和国不可移动文物目录·西藏卷》（国家文物局编，2011 年）、《2008 年第三次全国文物普查重要新发现》（国家文物局主编，科学出版社，2009 年）、《2009 年第三次全国文物普查重要新发现》（国家文物局主编，科学出版社，2010 年）、《第三次全国文物普查百大新发现》（国家文物局主编，文物出版社，2011 年）等专书

---

① 如山南地区桑日等县的文物普查是由地区文物干部强巴次仁等人实施调查。

② 除这 7 本文物志外，还有《拉孜县、定日县、聂拉木县文物志》《那曲地区文物志》等，书稿在交付西藏人民出版社之后，因出版方原因遗失了书稿，惜未能得以出版。

予以刊布外，部分考古资料发表于《中国文物报》《考古》《西藏文物考古研究》等刊物和《汉藏佛教艺术研究——第四届西藏考古与艺术国际学术研讨会论文集》等论文集。至此，以第三次全区文物普查为标志的西藏考古田野工作区域实现了西藏自治区的全覆盖，考古记录的西藏石器地点、古遗址、古墓葬等不可移动文物在自然地理上则分布于海拔 500～5200 米的多类地貌区，显示了西藏考古遗存的丰富和多类型特征。

（2）西藏考古成为中国考古学的专门领域。

西藏考古学发展的提速，首先体现在人才队伍的建设上，继 1992 年毕业于四川大学考古系的"文博班"30 人充实到西藏文物考古各个部门之后，多批有考古、历史、文博、民族等不同专业背景的藏族本科及硕士毕业生加入其中，他们很快成长为西藏考古文博事业的新生力量，据粗略统计，西藏现有考古文博专业人员近 300 人，其中 95% 是藏族[①]。西藏考古专业队伍快速发展的背景，则是西藏考古文物的事业化和专业化。1994 年筹建的西藏自治区文物管理局于 1996 年正式挂牌，成为西藏主管考古文物事业的新机构。1981～1999 年，西藏山南、拉萨、日喀则等地市相继成立二级文物局，那曲、昌都、阿里、林芝等地区设立了文物科，文物古迹相对集中的江孜、札达等县还设立了县文物局，至 2000 年西藏基本形成了有区、地（市）、县三级机构的考古文物事业体系。

西藏考古事业化的发展，推动和促进了中国考古学"西藏考古"的专门化。1990 年中国社会科学院考古研究所正式组建了"西藏考古工作队"，并与西藏自治区文物管理委员会（现西藏文物局）联合开展了拉萨曲贡遗址发掘等多项考古工作。具有藏学研究传统的四川大学于 1994 年成立了"西藏考古与历史文化研究中心"，1999 年归入新建的"四川大学中国藏学研究所"，成为全国高校中国家级的藏学研究基地，也是西藏考古的一支重要学术力量。2003 年长期参与西藏考古事业的陕西省考古研究所成立了"西藏考古研究室"，并数次对口支援、参与了多个西藏考古项目。2005 年首都师范大学成立了以西藏佛教考古艺术为研究重点的"汉藏佛教美术研究所"；2009 年故宫博物院成立了以西藏文物研究为主的"藏传佛教文物研究中心"；2010 年南京工业大学建筑学院组建了"西藏古代建筑研究"课题组，开展西藏古代聚落与古建筑遗存的田野调查与研究；2012 年西藏民族大学设立了文物与博物馆专业；2014 年浙江大学成立"汉藏佛教艺术研究中心"，并赴藏开展多项田野工作……此外，多年来参与西藏考古工作的还有四川省文物考古研究院、湖南省文物局、中国文化遗产研究院、西北大学文化遗产学院科技考古团队、中国科学院古脊椎动物与古人类研究所西藏考古团队等区外专业机构。西藏考古成为中国考古学的一个专门领域并得以快速发展，也不断地

---

① 参见《西藏文化的发展》，中华人民共和国国务院新闻办公室：《国务院公报》2000 年第 26 号，2000 年 6 月，北京。

得益于区外高校、科研院所、文物部门的合作支持，体现了多民族学术力量团结合作的中国风格。

（3）西藏考古在国内外的学术影响力大有提升。

1992 年西藏第二次全区文物普查结束后，一批在田野考古中确认的重要遗址、墓地、古寺院、古建筑随即转入较长期的项目研究，这些项目的考古学研究组合了区内外多个学术团队的力量，并不断引入生物人类学、古植物学、古动物学、地质学、地理学、古环境学、冶金考古、建筑考古等多学科门类的方法技术，先后在国内外学术期刊发表了一批质量较高的研究报告或论文，出版了数十部以西藏考古为主题的学术专著、工具书、研究报告、画册图录等成果，新创办的《西藏考古》《藏学学刊》《西藏文物考古研究》等学术专刊不断推出西藏考古的新发现和新成果，在国内学界产生了积极影响。

西藏考古的新发现与新成果还通过各种学术会议以交流信息、发起讨论、出版文集等方式，成为提高西藏考古影响力和话语权的一个重要渠道。从 1989 年国际藏学会（IATS）第六届国际学术会议始有涉及西藏的考古学论文[①]出现至今，历届 IATS 国际学术会几乎都收录了中国藏、汉族学者有关西藏考古的报告或论文。由首都师范大学、四川大学共同发起的"西藏考古与艺术国际学术讨论会"（International Conference on Tibetan Archaeology & Arts）从 2002 年至 2018 年已在北京、成都、杭州等城市成功举办了七届，参会的中外学者从不同的层面对西藏考古展开了讨论，每届会议的论文集在国内外藏学界都有很高的评价。2011 年由四川大学中国藏学研究所主办的"青藏高原史前研究国际学术会议"邀请了印度、巴基斯坦、尼泊尔、不丹、韩国等亚洲国家和部分欧美国家的海外考古学者参加，其中来自印度、巴基斯坦、尼泊尔、不丹等邻国的学者对西藏考古所取得的成绩亦盛赞有加。此外，由东盟、西班牙、印度、蒙古、俄罗斯等国家或国际组织举办的国际岩画学术会议，以及在美国、日本、柬埔寨等国家举行的亚洲考古学术会议上，均有中国学者发表西藏考古的研究成果。成系列的学术会议宣传了中国西藏考古和西藏文物保护工作所取得的成就和研究成果，同时吸引海外学界在青藏高原考古领域形成了比较专门的研究群体，2016 年由美国哈佛大学主办的"第 7 届东亚考古国际学术会议"专门设立了以"史前青藏高原人文环境互动与跨文化交流"（Human-environment interaction and intercultural contacts on the prehistoric Tibetan Plateau）为主题的分会场，多位中国学者发表了西藏考古的最新研究，凸显了西藏考古在国际学术论坛的话语分量和学术影响力。

---

① 1989 年在日本东京成田举办的第六届国际藏学会上，中国四川大学考古学者童恩正提交的《青藏高原的手斧》和英国牛津大学人类学学者查尔斯·兰博（Charles A. E. Ramble）提交的《木斯塘地区的史前洞穴》成为国际藏学会学术会议首次收录的青藏高原考古研究论文，其中《青藏高原的手斧》是中国学者向国际藏学会学术会议提交的第一篇西藏考古论文。

　　这一时期西藏考古学术水平的进步，还反映在相关学者对西藏考古的不断检视、反思和总结上，如 2000 年霍巍发表的《近十年西藏考古的发现与研究》[①]；2001 年甲央、霍巍发表的《20 世纪西藏考古的回顾与思考》[②]；2005 年夏格旺堆、普智发表的《西藏考古工作 40 年》[③]；霍巍发表的《西藏文物考古事业的历史性转折——为西藏自治区成立 40 周年而作》[④]；2008 年霍巍发表的《西藏文物考古事业的奠基之举与历史性转折——西藏全区文物普查工作的回顾与展望》[⑤]；2013 年王启龙、阴海燕发表的学术评论长文《60 年"藏区"文物考古研究成就及其走向》（上、下）[⑥]；2014 年杨曦发表的《西藏考古 60 年（1951—2011 年）》[⑦]；2018 年霍巍发表的《西藏史前考古若干重大问题的思考》[⑧]；杨清凡发表的《21 世纪以来西藏文物考古事业的发展与研究回顾》[⑨]等。这些综合性、总结性的论述对各个时期的西藏考古进行了认真的分析与思考，体现了西藏考古领域自身的学术活力与科学精神。

　　（4）西藏考古推动了文化遗产保护事业体系的发展。

　　考古学是阐释文物及文化遗产历史、科学、艺术三大价值的学术基础，西藏考古的全面发展推动了西藏一大批不可移动重要历史遗存的保护规划、保护工程得以立项和实施，以及国家文物局重点科研基地西藏联合工作站、国家古代壁画保护工程技术研究中心西藏工作站等国家文物保护工作站的相继成立。基于田野作业和学术研究的西藏重要历史文化遗产连续纳入不同级别的保护单位，迄今已有世界文化遗产 3 处，全国重点文物保护单位 55 处、西藏自治区文物保护单位 391 处、各县市文物保护单位 978 处。

　　考古发现与研究为西藏博物馆系统的收藏陈列、公开展示提供了最有效、最客观的科学依据。目前已形成以西藏自治区博物馆、山南博物馆、昌都市博物馆、昌都革

---

　　① 霍巍：《近十年西藏考古的发现与研究》，《文物》2000 年第 3 期，第 85～94 页。

　　② 甲央、霍巍：《20 世纪西藏考古的回顾与思考》，《考古》2001 年第 6 期，第 3～13 页。

　　③ 夏格旺堆、普智：《西藏考古工作 40 年》，《中国藏学》2005 年第 3 期，第 201～212 页。

　　④ 霍巍：《西藏文物考古事业的历史性转折——为西藏自治区成立 40 周年而作》，《中国藏学》2005 年第 3 期，第 192～200 页。

　　⑤ 霍巍：《西藏文物考古事业的奠基之举与历史性转折——西藏全区文物普查工作的回顾与展望》，《西藏大学学报》2008 年第 1 期，第 18～24 页。

　　⑥ 王启龙、阴海燕：《60 年"藏区"文物考古研究成就及其走向》（上），《西南民族大学学报》（人文社会科学版）2013 年第 1 期，第 38～49 页；王启龙、阴海燕：《60 年"藏区"文物考古研究成就及其走向》（下），《西南民族大学学报》（人文社会科学版）2013 年第 2 期，第 30～35 页。

　　⑦ 杨曦：《西藏考古 60 年（1951—2011 年）》，《西藏文物考古研究》（第 1 辑），科学出版社，2014 年，第 1～16 页。

　　⑧ 霍巍：《西藏史前考古若干重大问题的思考》，《中国藏学》2018 年第 2 期，第 5～12 页。

　　⑨ 杨清凡：《21 世纪以来西藏文物考古事业的发展与研究回顾》，《中国藏学》2018 年第 3 期，第 188～194 页。

命历史博物馆、日喀则博物馆等两级国有历史类博物馆为基础的，包括布达拉宫珍宝馆、西藏牦牛博物馆、清政府驻藏大臣衙门旧址陈列馆、更敦群培纪念馆等专题博物馆及群觉古代兵器博物馆、藏香博物馆等国有馆和民营馆共同发展的西藏博物馆全新格局。考古研究成果与文物保护利用进一步惠及西藏各族人民，促进了历史遗产的国民教育功能进一步发挥，据粗略估算，截至2020年拉萨地区各类博物馆开放接待的观众人数已超过1000万人次。中国西藏考古成果和文物展示在与外国政府和民间文化组织的交往合作中也进一步得到加强，20世纪80年代以来，西藏文化、文物职能部门组织了多次赴法国、日本、阿根廷、意大利、韩国、加拿大、比利时、美国、德国等国家的专门展览，特别是2003～2005年在美国举办的"雪域藏珍：中国西藏文物展"和2006～2007年在德国举办的"西藏文物展"，很好地展示了中国政府保护西藏历史与传统文化所取得的伟大成就，增进了国际社会对西藏历史文化的了解。西藏考古对文化遗产保护事业体系的建设作用，还体现在西藏文物保护法规体系不断得以完善，陆续出台了以国家文物法律法规为框架的《西藏自治区文物保护条例》《西藏自治区流散文物管理暂行规定》《西藏自治区布达拉宫文化遗产保护管理条例》《西藏自治区人民政府关于进一步加强文物工作的实施意见》等地方性法规条例，从法律地位上保证了西藏考古遗存、文物及文化遗产作为西藏历史的物化证据能得以长久保存。

三、西藏考古与西藏古代史研究

考古学属于广义的历史科学，与狭义的历史学还是有区别的，简单来说，考古学的田野工作（考古勘探、调查、发掘、资料整理）、实验室工作（分析、测试、模拟）、基本资料特性（物质化、数据化、图像化为主）等特点是一般的历史学研究中都没有的。在整个中华民族文明发展史中，西藏高原历史文化是其重要组成部分，在研究目标上，西藏考古是以探究西藏高原古代文化的历程及其特征为目的，所以它和历史学犹如西藏历史科学研究的"两个车轮"，缺一不可。既然考古学、历史学都是认知探究西藏古代历史文化及其特征的重要途径，那么二者在西藏古代历史研究中应当是一个什么样的关系？我们可从几个方面有大致的了解。

第一，什么是西藏的古代史？就是西藏高原开始出现人类一直到"近代"之前这一时段的历史。其中又可分为两大时段：一是有文字记载的西藏历史阶段，亦可称西藏的"历史时期"，这一时段始于藏文的创制并用于书写，大约为7世纪；二是有文字记载以前的西藏历史阶段，即西藏的"史前时期"，这一时段如果以目前有年代测定的申扎尼阿底旧石器时代遗址作为起始，则至少可以早到距今4万～3万年之间。因此，考察完整的西藏古代历史可以发现，其中95%以上的时段是处于无文字记载的"史前时期"。

日本学者佐藤长早年曾说"西藏古代史，也应该首先解决王名和年代这个根本问题，只有解决了这个根本问题，才有可能确定各种史实"[①]。佐藤氏的这段话只能理解为他所说的"西藏古代史"其实是指以吐蕃王系形成为标志的"西藏历史时期"，这是考古学介入西藏古代史研究之前的治史主流。几十年来的西藏考古发现与研究成果清楚地表明，西藏史前史的重塑很大程度上要靠考古学及其研究的支撑，而越来越多的考古材料显示，藏、汉文史籍记载历史之前的"史前时期"恰恰是高原人类历史长河中时段最长、跨度最大、变革最为剧烈的时期，西藏古代族群及其文化的诸多特质都是在这一漫长时期中得以积淀而成，它是整个西藏古代历史的"基因形成期"，考古学将责无旁贷地担负起探究和认知西藏史前史的主要任务，并努力去揭示西藏古代史早期阶段的未知领域。

西藏高原的史前史，既是人类征服高原、适应高原的生存史和开发史，更是西藏高原史前人群物质与精神文化的综合史，它涉及一系列"文明要素"的起源，如农业及其种植技术的起源、动物驯化及牧业的起源、冶金术及金属制品的起源、定居模式及其建筑的起源、艺术及其衍生品的起源、宗教意识及其信仰的起源、社会"复杂化"及王系的形成等。除了需要对大量考古材料及数据信息的分析之外，史前考古还需利用人类学、民族学、语言学等相关人文学科的研究论据，以及地质、地理、动物、植物、环境等自然科学的研究成果与实验数据。需要说明的是，西藏史前史研究和西藏史前考古并不是等同概念，前者属于西藏古代史研究范畴，后者则是一门探究及重塑史前历史的基础科学和专门领域。

第二，西藏考古与西藏古史研究有着相同或相近的目标，但各自依据的主要史料却有不同。古代史研究主要利用各种历史文献（包括文字实物和多文种的史籍、文字）等"记述性史料"，考古学研究则主要依据田野考古确定的遗址、遗迹、遗物及其数据或图像等"遗存性史料"，考古学史料大多具有"原样"（无后期加工）、"原地"（不可移动性）、"原始"（除文字遗存外，自身"叙事性"弱）等特点，它们经由田野考古一整套严格的科学方法被提取、记录，进而通过包括实验室技术在内的整理分析进行归纳和确认，并以文字、图形、数据等不同形式成为历史文献等不可替代的专门史料。因此，考古学通过田野工作获得、提取实物遗存及其信息数据的程序，以及解读这些材料的技术方法，都是考古学特有的史料形成方式。

第三，具体到藏、汉两种文字或其他文种的西藏历史文献，主要内容较多集中在王系史、宗教史、政治关系史、语言史等"专门史"方面，其成书年代相对较晚。文献类史料的叙事格套一定程度上限制了那些对全局性生产、生活有过重大影响的早期文化内容的了解，如西藏高原种植农业的出现、冶金技术及金属器的产生、动物驯化

---

① 〔日〕佐藤长著，姜镇庆译：《西藏古代史研究》（连载一），《国外藏学研究译文集》（第一辑），西藏人民出版社，1985年，第3页。

及牧业起源等，都是可能引发社会性变革的重要因素。根据《西藏王统记》等史籍记载，种植农业、冶金技术这两大事件都发生在雅砻王系"上丁二王"的布代贡杰时期①，而已有的考古材料则显示，至少在"卡若文化"时期（距今 5500～3900 年）高原东部已有粟作（粟/黍作物）农业，而在距今 3000 年前的"昌果沟文化"时期雅鲁藏布江中游已出现了青稞（大麦）种植业。拉萨谷地的堆龙德庆区嘎冲冶炼遗物、遗迹和曲贡遗址出土的青铜镞则表明，距今 3700～3000 年西藏中部地区可能已形成了比较成熟的金属器制造手工业。这里所涉及的不仅是从历史文献中无法读到的"生业技术革命"等物质文化层面的史实，还涉及与之相关的一系列古代社会变革的问题，如河谷地区的灌溉农业对人口集散及聚落形态有何影响？农业、牧业、手工业等生产分工在史前社会中有何种表现和意义？如此等等。考古学在这里可以拓展的，不仅包括了仅靠文献难以触及的一些论题，在田野资料和研究成果的积累中，考古学也可推动以文献史料为主的西藏古代史研究，从围绕王族世系、宗教派系、政治关系与制度的叙事主题扩展到更为宽广的社会生活层面，在探究古代历史深度与宽度的层面上发挥其学科价值。

综上所论，西藏考古研究与西藏古代史研究的互补关系，应是在史料范围和研究方法上达到一种"整合"。对古代史研究而言，考古学并非止于"证经补史"；对考古学来说，有关史料、史学、史观的思维也是必备的学术基础。事实上，一些研究个案都体现了这样的学术取向。例如，霍巍针对 1990 年吉隆发现"大唐天竺使之铭"的研究，首先考订了石铭所存楷书汉字 24 行共 220 余字，查阅梳理了大量史籍文献，将历史上中印交往的唐使王玄策经由吐蕃（第三次）去往印度的时间、路线、出使人员、奉使目的等信息做了清晰的描述，同时从刻石遗存的不可移动性入手，确定了"小杨同"（或称"小羊同"——皆出自汉文史籍）的地望当为今吉隆以东地区，而吉隆（宗嘎）则为唐与天竺两地"官道"中"吐蕃·尼婆罗道"南段的重要隘口。这项针对考古实物遗迹的研究，实为古代历史研究提供了更多和更可靠的背景信息，不仅证实了唐、天竺之间的交通存在着与传统"西道"不同的"东道"，更为这条路线南段（逻些—尼婆罗）的走向提供了难得的地物坐标，而这项研究的历史背景则是 7 世纪中期唐蕃关系及长安与南亚地区的文化交流（图 1-12）。

又例如，西藏考古学者对雅鲁藏布江南岸朗县金东村附近的列山吐蕃墓地曾进行过多次田野工作，通过勘测和考古发掘，对墓地规模与布局、封土形制及筑法、墓室结构及葬具样式、祭祀遗迹及石碑碑座情况等葬制、葬俗都有了一定了解，推断其时

① 索南坚赞著，刘立千译注：《西藏王统记》，西藏人民出版社，1985 年，第 35、36 页："斯时，又烧木为炭。炼皮制胶。发现铁、铜、银三矿石，以炭熔三石而冶炼之，提取银、铜、铁质。钻木为孔作轭犁，合二牛轭开荒原，导汇湖水入沟渠，灌溉农田作种植。自斯以后，始有农事。"

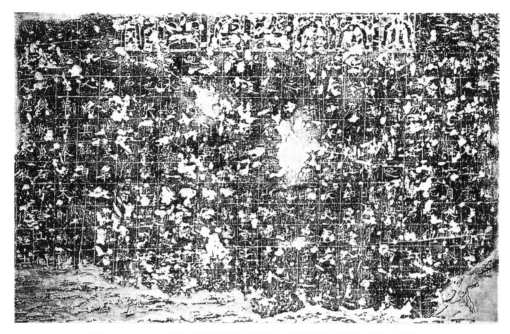

图 1-12　1990 年在吉隆县城北郊发现"大唐天竺使之铭"的拓片

代为 7～9 世纪的吐蕃政权时期。但有关墓地性质、墓主身份的研究，则有历史学家巴桑旺堆通过对《弟吴佛法源流史》《西藏王统记》《宁玛教法史》《贤者喜宴》等藏文文献的分析梳理，提出吐蕃时期地处"下塔布、上工布"之间的"钦氏"家族及其领地"钦域"与列山墓地同处一域，且钦氏作为吐蕃时期"十二小邦"之一，与吐蕃王室之间保持着联姻关系，故列山墓地很可能就是"钦氏"贵族集团的家族墓地。巴桑旺堆将史籍文献与考古记录结合起来的综合研究方法，可以说很好地体现了西藏考古与西藏古代史研究的关系，虽然这并非最终定论，但这样的研究无论在史料分析还是在专业视野与思路上，都是具有开拓意义和启发意义的。可以说，考古学与历史学在这个论题上形成了方向一致的"吐蕃墓葬研究"，而在更大的背景下则都是对吐蕃时期"政治制度史"的探究（图 1-13）。

上举案例都是有关西藏历史时期的史迹研究，从古代历史的发展阶段看，历史时期与史前时期的研究内容总是有所不同。历史时期形成的文献及图像等各种史料，是古代文明发展到"高级阶段"的标志，大多是信息丰富、细节具体的图文形式，历史时期的考古实物（遗址、遗迹、遗物等）也比较容易根据文献记述与既存的人物、事件、物件、地域等建立起一种对应的关联性，因此历史时期考古学的史实研究可以比较深入地展现个性化、细节化、具体化。史前时期的考古资料一方面表现为比较"碎片化"，需要一定的量化分析，而且物化的史料也比较缺乏"历史叙事"的连贯性，所以史前考古遗存与人们比较容易理解的"文化"之间还有一定距离，史前考古对史实的阐释不仅需要资料的长期积累，更要通过不懈的研究建立起考古资料与"历史文化"之间的逻辑关联，才可能如历史文献一样成为可供学界"通读"的史料。

图 1-13　朗县列山墓地分布图

（夏吾卡先制图）

第二章　青藏高原旧石器时代考古

一、人类拓殖高原的重要意义

青藏高原是世界上海拔最高的高原，由于高寒缺氧、生物产量低，被认为是人类生存较具挑战的环境之一，也是人类最晚征服的地区[①]。在目前有关人类起源迁徙的各种地图上，直立人、现代人走出非洲、向欧亚大陆的多次扩散中都绕开了青藏高原。虽然人类在距今 4 万年之后已出现在高纬度的极寒区和低纬度的热带雨林等极端的生态环境中[②]，但高海拔地区的低氧环境依然被认为是生物学上一个难以克服的挑战。在这个意义上，人类何时进入海拔 3000 米以上的地区并最终永久定居下来，是世界考古学中的一个重大研究课题[③]。

就全球范围而言，要回答人类高海拔适应性的问题，最为关键的地区是欧亚大陆的青藏高原、南美洲的安第斯高原及非洲的埃塞俄比亚高原。目前不同地区的考古证据已将人类高海拔地区的活动史上溯到了地质时代的更新世[④]。例如，埃塞俄比亚高原枫查哈比（Fincha Habe）岩棚遗址海拔 3469 米，时代为距今 4.7 万～3.1 万年[⑤]；人类在海拔 3000 米以上安第斯高原地区活动的历史则可追溯到 1.2 万年前[⑥]；而处在欧亚大陆东部人类迁徙十字路口的青藏高原，自旧石器时代早期以来就被周围人类活动遗址

---

① D. B. Madsen, Conceptualizing the Tibetan Plateau: Environmental constraints on the peopling of the "Third Pole", *Archaeological Research in Asia*, Vol. 5, 2016, pp. 24-32.

② P. Roberts, B. A. Stewart, Defining the "generalist specialist" niche for Pleistocene Homo sapiens, *Nature:Human Behaviour*, Vol. 2:8, 2018, pp. 542-550.

③ J. A. Guedes, M. Aldenderfer, The Archaeology of the early Tibetan Plateau: New research on the initial peopling through the Early Bronze Age, *Journal of Archaeological Research*, Vol.1, 2019, pp.1-54.

④ M. Aldenderfer, Clearing the（high）air, *Science*, Vol.365, 2019, pp. 541-542.

⑤ G. Ossendorf, A. R. Groos, T. Bromm, et al., Middle Stone Age foragers resided in high elevations of the glaciated Bale Mountains, Ethiopia, *Science*, Vol.365, 2019, pp. 583-587.

⑥ J. M. Capriles, C. M. Santoro, T. D. Dillehay, Harsh environments and the terminal Pleistocene peopling of the Andean highlands, *Current Anthropology*, Vol.57:1, 2016, pp. 99-100.

所环绕，因此在人类在何时、从何地向高原进发这个问题上，青藏高原比南美安第斯高原、非洲埃塞俄比亚高原存在更多的可能性。

从 20 世纪 50 年代起，随着青藏高原综合科学考察的全面展开，不少学者已经注意到青藏高原早期人类活动的线索。据不完全统计，仅西藏自治区境内发现的石器地点不少于 128 处 ①，最高的石器遗存点海拔高达 5200 米 ②。由于这些地点的石制品绝大多数是地表采集，年代问题一直聚讼纷纭。各听、珠洛勒 ③、多格则 ④、小柴达木 ⑤、夏达错 ⑥、哈东淌、却得淌 ⑦ 等多个高原石器地点被认为属于旧石器时代，一些石制品更被研究者认为具有"勒瓦娄哇"石器技术风格 ⑧。由于缺乏系统的田野考古发掘，考古学家关于西藏最早人类活动年代的意见并不统一 ⑨，甚至出现了两种截然不同的观点：一种观点坚持认为西藏存在旧石器晚期的文化，但对年代的评估存在分歧，

① 李永宪：《专题文物图说明》，《西藏文物地图集》，文物出版社，2010 年，第 56～73 页。

② 索朗旺堆主编，李永宪、霍巍、更堆编写：《阿里地区文物志》，西藏人民出版社，1993 年，第 32、33 页；刘泽纯、王富葆、蒋赞初等：《西藏高原马法木湖东北岸等三个地点的细石器》，《南京大学学报》（哲社版）1981 年第 4 期，第 87～96 页。

③ 安志敏、尹泽生、李炳元：《藏北申扎、双湖的旧石器和细石器》，《考古》1979 年第 6 期，第 481～491 页。

④ 刘泽纯、王富葆、蒋赞初等：《西藏高原多格则与扎布地点的旧石器——兼论高原古环境对石器文化分布的影响》，《考古》1986 年第 4 期，第 289～384 页。

⑤ 黄慰文、陈克造、袁宝印：《青海小柴达木湖的旧石器》，《中澳第四纪学术讨论会论文集》，科学出版社，1987 年，第 168～175 页，后收入青海省文化厅、青海省文物考古研究所编：《青海考古五十年文集》，青海人民出版社，1999 年，第 18～23 页；黄慰文：《青藏高原的早期人类活动》，《中国西藏》2001 年第 2 期，第 51～53 页。

⑥ 索朗旺堆主编，李永宪、霍巍、更堆编写：《阿里地区文物志》，西藏人民出版社，1993 年，第 13 页；霍巍：《阿里夏达错湖滨旧石器的发现》，《中国西藏》1994 年第 6 期，第 27、28 页；吕红亮：《西藏旧石器时代的再认识——以阿里日土县夏达错东北岸地点为中心》，《考古》2011 年第 3 期，第 59～68 页。

⑦ 李永宪：《专题文物图说明》，《西藏文物地图集》，文物出版社，2010 年，第 56～73 页。

⑧ A. Chayet, *Art et Archeologie du Tibet*, Paris:Picard, 1994, p.32.

⑨ 近年来比较有代表性的论文有汤惠生：《青藏高原旧石器时代晚期至新石器时代初期的考古学文化及经济形态》，《考古学报》2011 年第 4 期，第 443～466 页；高星、周振宇、关莹：《青藏高原边缘地区晚更新世人类遗存与生存模式》，《第四纪研究》2008 年第 6 期，第 969～977 页；侯光良、许长军、樊启顺：《史前人类向青藏高原东北缘的三次扩张与环境演变》，《地理学报》2010 年第 1 期，第 65～72 页；吕红亮：《西藏旧石器时代的再认识——以阿里日土县夏达错东北岸地点为中心》，《考古》2011 年第 3 期，第 59～68 页；汤惠生、李一全：《高原考古学：青藏地区的史前研究》，《中国藏学》2012 年第 3 期，第 49～56 页；王明珂：《青藏高原的古人类活动及其遗存》，《东亚考古学的再思：张光直先生逝世十周年纪念论文集》，"中研院"历史语言研究所，2013 年，第 135～158 页；石硕：《从人类起源的新观点看西藏的旧石器时代文化遗存》，《中国藏学》2008 年第 1 期，

如童恩正认为最早应在距今 5 万年[①]，在旧大陆的旧石器文化编年中属于旧石器时代中期的末段；黄慰文则依据小柴达木石器地点沉积物测年结果认为应为距今 3.5 万年[②]，即旧石器时代晚期的早段。另一种意见则完全相反，基本否定西藏高原存在旧石器时代的文化，认为人类是在全新世早期才进入了西藏高原[③]。

近十多年来，中外考古学者在青藏高原开展过多次田野调查，做过一些小规模的剖面清理和多种手段的年代检测，最近几年还发掘确认了几处旧石器时代的遗址，在青藏高原旧石器时代考古领域取得了显著的进展。这里略举几例说明：①距今 16 万年前的"夏河人"化石的发现，将人类在青藏高原的活动史提早到了中更新世，并表明人类对高原的征服不仅是现代人的故事，还关系到更为古老的人种；②藏北色林错南岸的尼阿底旧石器时代遗址，这是首次在青藏高原腹地海拔 4600 米的地区通过考古发掘确认了距今 4 万～3 万年、以石叶技术为标志的旧石器文化，揭示了青藏高原旧石器时代晚期文化与欧亚东部草原地带同期文化的关联；③近年来在青藏高原东北缘发现多处距今 15000～7000 年的人类遗存，对人类征服高原的时间、方式及人类行为与环境的关系等问题提供了一系列新的认识[④]。

二、"夏河人"化石：高原东缘的丹尼索瓦人？

灵长目中的人科、人类最早的石器和最早的捕获大型动物的行为，都是最先出现在东非草原，时代从新近纪的晚上新世到第四纪的早更新世。直立人首先在非洲适应了日渐干旱的草原环境，进而成为真正的人类，并在大约 180 万年前开始迁徙到欧亚大陆，并在距今 140 万～130 万年左右进入了欧洲南部，这是第一次"出非洲记（out

第 110～115 页；M. Aldenderfer, Modeling the Neolithic on the Tibetan Plateau, in D. Madsen, Chen Fa-Hu, and Gao Xing, eds., *Late Quaternary Climate Change and Human Adaptation in Arid China*, New York: Elsevier, 2007, pp.151-165; M. Aldenderfer, Moving up in the World, *American Scientist*, Vol.91:6, 2003, pp.542-549; P. J. Brantingham, Gao Xing, John W. Olsen, et. al., A short chronology for the peopling of the Tibetan Plateau, in D. Madsen, Chen Fa-Hu, and Gao Xing, eds., *Late Quaternary Climate Change and Human Adaptation in Arid China*, New York: Elsevier, 2007, pp.129-150; P. J. Brantingham, H. Z. Ma, J. W. Olsen, et al., Speculation on the timing and nature of Late Pleistocene hunter-gatherer colonization of Tibetan Plateau, *Chinese Science Bulletin*, Vol.48:14, 2003, pp.1510-1516.

①　童恩正：《西藏考古综述》，《文物》1985 年第 9 期，第 9～19 页。

②　Huang Weiwen, The prehistoric human occupation of the Qinghai-Xizang Plateau, *Gottinger Geographische Abhandlungen*, Vol.95, 1994, pp.201-219.

③　汤惠生：《略论青藏高原的旧石器和细石器》，《考古》1999 年第 5 期，第 44～54 页。

④　高星、周振宇、关莹：《青藏高原边缘地区晚更新世人类遗存与生存模式》，《第四纪研究》2008 年第 6 期，第 969～977 页。

of Africa Ⅰ)"[①]。第二次"出非洲记(out of Africa Ⅱ)"指的是现代人种的起源与扩散，大约在距今 15 万~10 万年前，解剖学上和现今人类一致的"现代人"出现于非洲，在距今 5 万年左右，非洲现代人的一部分从东北非洲跨过红海，经西亚黎凡特或通过多瑙河走廊、南欧地中海沿岸，大约在距今 4 万年前后进入西欧[②]。非洲现代人进入亚洲的路线有南、北线之别，北线是经西亚通过欧亚草原通道进入阿尔泰、蒙古，再进入中国西北和到达东北亚地区[③]；南线则是沿海岸"快速通道"，即经由阿拉伯半岛、南亚、东南亚再北上抵达东亚[④]。尽管现代人走出非洲的路线仍聚讼未决，但不可否认的事实是，在末次冰盛期(Last Glacial Maximum，缩写为 LGM)之后，现代人已经如水银泻地一般以每年移动 1 千米的速度扩展到除美洲和南极之外的世界各个地区，并取代了各地的古老人种，如欧洲的尼安德特人(Homo Neanderthalensis)、西伯利亚的丹尼索瓦人(Denisovans)和印度尼西亚的弗洛勒斯人(Homo Floresiensis)等。

尽管现代人及与之共存过的其他古老人种如丹尼索瓦人、尼安德特人之间的关系仍在争论之中，长期以来缺乏古人类化石材料的青藏高原在早期人类起源和迁徙图谱中仍旧是一片空白之地，究竟最先踏上高原的是哪一支古人类，或者仅是现代人？这一问题在 2019 年因为"夏河人"化石的发现而取得了前所未有的突破。

"夏河人"化石并不是从考古发掘中获得的，而是兰州大学陈发虎院士团队早在十几年前偶然辗转得到，据说出自甘肃夏河县甘加盆地，已被厚厚的碳酸盐结核所包

① R. Dennell, W. Roebroeks, An Asian perspective on early human dispersal from Africa, *Nature*, Vol. 438, 2005, pp.1099-1104. 但这一主流论调也并非铁板一块，最近有关直立人起源的亚洲(西南亚)论又"死灰复燃"，因为西亚德玛尼斯的遗址的新测年结果显示在距今 180 万年左右，而且从体质特征而言，甚至表现出某些比非洲直立人更古老的特点，接近更早的能人。所以有学者估计"出非洲记"开始于更早的匠人而不是直立人，直立人的起源地是在西南亚洲，然后回迁非洲，东迁亚洲和东南亚(R. Dennell, *The Paleolithic Settlement of Asia*, Cambridge: Cambridge University Press, 2009)。

② N. J. Conard, M. Bolus, Radiocarbon dating the appearance of modern humans and timing of cultural innovations in Europe: New results and new challenges, *Journal of Human Evolution*, Vol. 44: 3, 2003, pp.331-371.

③ P. J. Brantingham, A. I. Krivoshapkin, J. Li, et al., The initial Upper Paleolithic in Northeast Asia, *Current Anthropology*, Vol.42: 5, 2001, pp.735-747; A. P. Derevianko, The origin of anatomically modern humans and their behavior in Africa and Eurasia, *Archaeology, Ethnology and Anthropology of Eurasia*, Vol.39:3, 2011, pp.2-31.

④ P. Mellars, Going East: New genetic and archaeological perspectives on the Modern Human colonization of Eurasia, *Science*, Vol.313:5788, 2006, pp.796-800; B. M. Henn, L. L. Cavalli-Sforza, M. W. Feldman, The great human expansion, *Proceedings of the National Academy of Sciences*, Vol.109:44, 2012, pp.17758-17764.

裹（图 2-1）。在搁置多年以后，研究人员对包裹化石的碳酸盐结核体进行了铀系法年代检测，得到的三个数据都显示为距今 16 万年前后[①]。这个年代大大超出了研究者的预期。于是该研究团队随即对发现化石的区域进行了密集的田野调查，并结合这件化石标本有关流转经历的口述调查，认为化石应出自青藏高原东北边缘甘加盆地的白石崖洞穴[②]，洞穴的海拔 3400 米（图 2-2）。虽然化石的出土背景仍不够清晰，流传中也有着比较复杂的经历，在之后进行的发掘中也未能完全证实该件化石与白石崖洞穴内堆积的共生关系，但由于测定的年代数据是青藏高原目前所知人类最早的记录，当然也是全世界最早的高海拔地区人类活动的记录。

　　除年代的断定，研究团队经过分析认为"夏河人"可归属为古老型的丹尼索瓦人，由此引发了世界范围内相关研究领域的关注。丹尼索瓦人的化石最早仅见于西伯利亚的丹尼索瓦洞穴并因此得名，标本是 5 件骨骼碎片。丹尼索瓦人的确定和命名，主要根据人骨的全基因组数据分析，分子生物学家确认丹尼索瓦人与现代人、尼安德特人

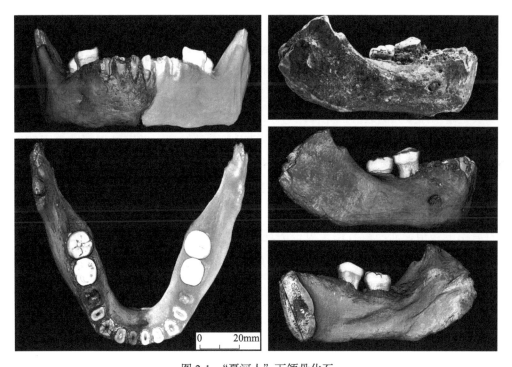

图 2-1　"夏河人"下颌骨化石

　　①　F. Chen, F. Welker, C. Shen, et al., A late Middle Pleistocene Denisovan mandible from the Tibetan Plateau, *Nature*, Vol.569, 2019, pp. 409-412.
　　②　后续非正式报道显示，该团队随后并对该洞穴进行小面积的正式考古发掘，发现了丰富的石制品和动物骨骼遗存。

图 2-2　白石崖洞穴外观

之间都存在较大的遗传差异①，所以这是一个既不同于现代人、也不同于尼安德特人的新的人种。进一步的基因研究则在丹尼索瓦基因序列中确认了 EPAS1 这个单倍体类型，而 EPAS1 则仅存在于丹尼索瓦人和西藏人之中，这使基因学者相信 EPAS1 是西藏人、丹尼索瓦人共有的这个现象几乎不可能出自统计误差，更可能是代表了基因渗入，这其实是暗示西藏人的远古祖先曾经与丹尼索瓦人有过基因交流②。

　　不过把甘肃发现的"夏河人"归于丹尼索瓦人的结论，并不是根据古基因数据的分析，而是基于古人类形态学的颌骨形态测量分析及新兴的古蛋白分析技术。据古人类学家观察，"夏河人"下颌骨形态和齿弓形态等特征与其他中更新世人类组群之间既有一些相似性，但也存在明显的差异；对下颌骨所带的白齿分析显示，其尺寸非常大并且有第三齿根，而白齿有第三齿根的现象，恰恰主要是现代亚洲人群的标志，所以有关"夏河人"化石属性的解读仍然存在着一些争议③。将"夏河人"归属为丹尼索瓦

　　① 　M. Meyer, M. Kircher, Marie-Theres Gansauge, et al., A high-coverage genome sequence from an archaic Denisovan individual, *Science*, Vol.338, 2012, pp.222-226; D. Reich, R. E. Green, M. Kircher, et al., Genetic history of an archaic hominin group from Denisova Cave in Siberia, *Nature*, Vol.468, 2010, pp.1053-1060.

　　② 　E. Huerta-Sánchez, X. Jin, Asan, et al., Altitude adaptation in Tibetans caused by introgression of Denisovan-like DNA, *Nature*, Vol.512, 2014, pp.194-197.

　　③ 　Shara E. Bailey, Jean-Jacques Hublin, Susan C. Antón, Rare dental trait provides morphological evidence of archaic introgression in Asian fossil record, *Proceedings of the National Academy of Sciences*, Vol.116:30, 2019, pp.14806-14807; G. Richard Scott, Joel D. Irish, María Martinón-Torres, A more comprehensive view of the Denisovan 3-rooted lower second molar from Xiahe, *Proceedings of the National Academy of Sciences*, Vol.117:1, 2020, pp.37-39.

人最重要的证据,是古蛋白质组学(Palaeoproteomics)分析[①]。古蛋白质组学是分子生物学科中近年出现的一个新领域,由于蛋白质在化石中留存的时间要比DNA长得多,所以支持者认为此方法可以重写那些已灭绝生物的"墓志铭"。但也有学者认为,古蛋白质组学在古人类谱系研究中还有一些障碍未能解决,研究者对古人类蛋白质序列在种群水平上的差异仍然所知甚少,就"夏河人"化石的蛋白质分析而言,目前为止研究者只完成过一例丹尼索瓦人基因组测序,这就意味着在西藏人、丹尼索瓦人关系的鉴定上,研究团队仅仅是把其蛋白质序列与一个同类序列做过比对。

"夏河人"化石仍是一个脱离了原生地层和缺乏考古学层位分析的孤立证据,但由于其超乎意料的年代数据和化石的生物属种关系,仍为早期人类与青藏高原的关联研究带来了新的线索和希望,只是由于部分证据的缺陷(如缺乏地层和伴出遗物等),因此目前尚不能视为一个定论。

三、尼阿底遗址:西藏晚更新世的石叶工业

晚更新世晚期,是现代人扩散最为重要的时期,整个欧亚大陆旧石器文化发生了一系列重大变化,其中包括作为现代人思维与行为象征的石叶技术在距今4.8万年左右出现于欧洲,距今4.1万年前后开始出现于南西伯利亚和中国西部。此后,形态更为精致、技术更为先进的细石叶于2.3万年前在中国北方地区和西伯利亚出现,并在随后的1万年中得到快速发展。青藏高原周邻地区的宁夏水洞沟石叶、甘肃大地湾细石叶都是这一时期石器技术与文化变革更新的证据,显示这一时期青藏高原周围已经分布着不同石器技术类型的人群,有无可能他们中间的一支此时会迈向高原呢?

在高原气候环境变迁方面,古气候学家根据高原不同地区多个湖泊沉积相的观察分析,指出大致在距今4万~3万年左右因受亚洲夏季强风影响,青藏高原此时处于特别湿润的环境,出现了一个被称为"大湖期"的暖湿气候期,当时湖泊面积比现今要大几倍甚至十几倍,高原针叶林带的西界要比现在西移400~800千米,草原、森林的北界要比现今偏北400千米[②]。在"大湖期"这样一个气候适宜期间,青藏高原的生物产量、降水量都比现今要大,可以说"大湖期"为高原周围早期人类向高原进发提供了一个难得的"窗口期",而基因研究表明,青藏高原人群一些独特的Y染色体单倍型

① M. Warren, Move over, DNA: Ancient proteins are starting to reveal humanity's history, *Nature*, Vol.570, 2019, pp. 433-436.

② 施雅风、郑本兴、姚檀栋:《青藏高原末次冰期最盛时的冰川与环境》,《冰川冻土》1997年第2期,第97~113页;唐领余、李春海:《青藏高原全新世植被的时空分布》,《冰川冻土》2001年第4期,第367~374页。

可以追溯到末次盛冰期之前①。因此，我们也可认为在末次盛冰期之前，现代人群进入青藏高原的可能性也是存在的。

在考古发现与研究方面，早期曾有黄慰文等对海拔3100米的小柴达木湖东南岸石器地点的报道②，根据地貌部位与湖滨阶地测年得到的数据为距今23000、（33000±3300）和（35200±1700）年等，因此该地点石器遗存的年代可能早至距今3万年左右③。袁宝印等报道了海拔4500米的藏北色林错附近的伶俐杂得石器地点，间接测年数据为距今4万～3万年，发现的石器在技术及类型上表现出浓郁的欧洲旧石器中期文化风格④。布瑞廷汉姆等则在青海海西州的冷湖镇发现一处海拔2804米的遗址，所采集的石核与石叶被认为体现了与勒瓦娄哇技术相似的风格，在石器点所处古湖沙丘中的冰楔OSL测年［（14.9±1.5）ka］和TL测年［（18.51±2.22）ka］及湖相泥炭的¹⁴C测年［（37.21±1.13）ka］等数据显示，该遗址的年代在距今3万～2.8万年前后⑤。

上述遗址的年代推断都是依间接的地质年代学证据而非经过考古发掘，因而尚未被考古学界接受。青藏高原是否存在旧石器时代的遗存？长期以来并没有得到一个准确的回答。2013～2018年，中国科学院古脊椎动物与古人类研究所和西藏文物保护研究所联合考古队在西藏色林错湖盆地区开展的考古调查中发现并发掘了尼阿底遗址⑥，成为青藏高原第一个经过科学考古发掘的、年代最早的人类活动遗址，目前也是全世

① M. Zhao, Q. P, Kong, H. W. Wang, et al., Mitochondrial genome evidence reveals successful Late Paleolithic settlement on the Tibetan Plateau, *Proceedings of the National Academy of Sciences*, Vol.106:50, 2009, pp. 21230-21235.

② 黄慰文、陈克造、袁宝印：《青海小柴达木湖的旧石器》，《中澳第四纪学术讨论会论文集》，科学出版社，1987年，第168～175页，后收入青海省文化厅、青海省文物考古研究所编：《青海考古五十年文集》，青海人民出版社，1999年，第18～23页；黄慰文：《青藏高原的早期人类活动》，《中国西藏》2001年第2期，第51～53页；刘景芝：《青藏高原小柴达木湖和各听石制品观察》，《文物季刊》1995年第3期，第6～20页。

③ 黄慰文、陈克造、袁宝印：《青海小柴达木湖的旧石器》，《中澳第四纪学术讨论会论文集》，科学出版社，1987年，第168～175页，后收入青海省文化厅、青海省文物考古研究所编：《青海考古五十年文集》，青海人民出版社，1999年，第18～23页；黄慰文：《青藏高原的早期人类活动》，《中国西藏》2001年第2期，第51～53页。

④ 袁宝印、黄慰文、章典：《藏北高原晚更新世人类活动的新证据》，《科学通报》2007年第52卷第13期，第1567～1571页。

⑤ P. J. Brantingham, Gao Xing, John W. Olsen. et. al., A short chronology for the peopling of the Tibetan Plateau, in D. Madsen, Chen Fa-Hu, and Gao Xing, eds., *Late Quaternary Climate Change and Human Adaptation in Arid China*, New York: Elsevier, 2007, pp.129-150.

⑥ Zhang X. L., Ha B. B., Wang S. J., et al., The earliest human occupation of the high-altitude Tibetan Plateau 40 thousand to 30 thousand years ago, *Science*, Vol.362, 2018, pp. 1049-1051.

界海拔最高、年代最早的遗址，所以它对探讨人类高海拔区适应性等相关问题有着至关重要的意义。

尼阿底遗址地属那曲市申扎县，位于色林错湖南岸的湖滨阶地，海拔4600米，属藏北羌塘高原腹地，湖泊众多，植被稀少，气候干冷，现代仅有零星的牧民散布在这一带（图2-3）。在遗址地表两三平方千米的范围内采集到大量石器，2016年正式发掘了20平方米，发现遗址有三个地层，总厚度超过1.7米，出土了打制石器，但未发现动物、植物的遗存或火灶等人类活动的遗迹。根据石器的组合、地层学分析及测年数据，发掘者认为第3层是最早、最主要的原生地层，而第1、2层可能经过水流冲刷或搬运，发掘出土的石器都应来自对第3层的干扰（图2-4）。

由于没有木炭和骨块等常见的介质样品，发掘者对地表下30厘米和130厘米（Beta-471957）深处的两个贝壳样品的年龄进行了检测，结果分别为12.7~12.4 cal ka BP和44.8~42.6 cal ka BP（距今1.27万~1.24万年和距今4.48万~4.26万年），同时结合24个样品的光释光（OSL）测年结果分析，提出尼阿底遗址的年代为距今4万~3万年。

尼阿底遗址发掘出土石器3683件，其中出自原生地层（第3层）336件，不足10%，但对石器测量属性的分析显示，第3层出土石器与第1、2层石器并无明显差异，综合考察地层的堆积成因之后，研究者认为第1层和第2层的石器都是对第3层扰动存积的。所有石器的原料均来自遗址附近山体出露的黑色板岩，石制品种类包括91件石叶石核、57件石片石核、499件石叶、1814件石片、195件工具和1027件断块。工具中经过精细二次加工的很少，大部分都是稍加修理的权宜工具（图2-5）。

棱柱状石叶石核是尼阿底遗址石器工业中的一个显著特点，剥制石叶前先在石核上预制一条纵脊，然后沿着纵脊剥落石叶。石叶标本显示单向剥片是主要的，也有少量的双向剥片，所以产生的石叶大小差异明显。尼阿底遗址出土了大量石叶技术产品（包括地表采集品），与此前青藏高原发现的普通石核＋石片技术产品＋细石叶技术产品明显不同，很可能是现代人到达青藏高原腹地的最早记录。

尼阿底遗址的石叶工业被研究者认为属于典型的IUP工业类型，与宁夏水洞沟及阿尔泰地区卡拉博（Kara Bom）等遗址利用勒瓦娄哇技术制作的石叶有着某些的相似性，因此有研究者推断青藏高原的石叶技术很可能由中国北方传播而来。不过地处青藏高原腹地的尼阿底遗址与上述阿尔泰、水洞沟之间都有相当远的距离，其间高山、沙漠的阻隔无疑对于人群长途迁徙有很大的困难[①]。也有学者推测，尼阿底遗址的石叶工业也可能通过高原南部或西部的通道与高原腹地发生联系，不过高原南部、西部的旧石

[①]　张东菊、申旭科、成婷等：《青藏高原史前人类活动研究新进展》,《科学通报》2020年第6期，第475~482页。

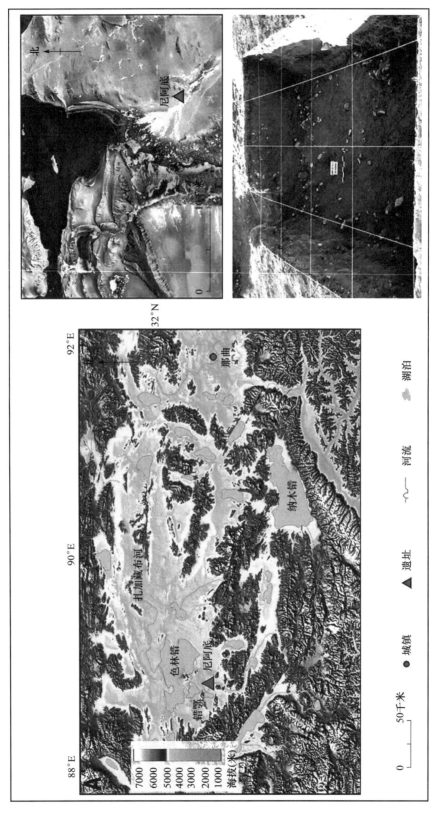

图 2-3 申扎县色林错湖南岸尼阿底遗址位置示意图

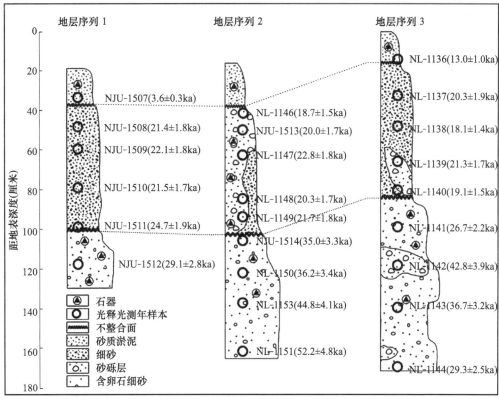

图 2-4　尼阿底遗址的地层及年代

图 2-5　尼阿底遗址石器组合（部分）

器考古工作的开展十分有限，存在的缺环也不少。此外，尼阿底遗址石叶工业主要是棱柱状石叶石核体系，石核台面的预制非常有限，与典型 IUP 工业之间也还存在很多差别[1]，其台面的处理并不具有典型的勒瓦娄哇技术石叶体系特征[2]，所以，关于尼阿底遗址的石器技术来源，尚需进一步的讨论分析。

四、151 遗址及参雄尕朔遗址：末次冰消期细石器工业的兴起

随着末次冰盛期（距今 3 万~1.8 万年）的结束，全球气温逐渐上升便进入了末次

---

[1]　李锋、陈福友、汪英华等：《晚更新世晚期中国北方石叶技术所反映的技术扩散与人群迁移》，《中国科学：地球科学》2016 年第 7 期，第 891~905 页。

[2]　S. L. Kuhn, Initial Upper Paleolithic: A（near）global problem and a global opportunity, *Archaeological Research in Asia*, Vol.17, 2019, pp. 2-8.

冰消期（距今 1.6 万～1.1 万年），考古学将这个时段设定为旧石器时代晚期晚段。欧亚大陆在这一时段见证了人类一系列革命性的变化：遗址数量空前增多，定居程度增强，墓葬、骨器、磨制石器、陶器乃至有限的动植物驯化，都随着末次冰盛期的结束相继出现，现代人也大致在这个时段进入美洲。从石器技术上看，东亚西部高纬度地区主要以细石叶技术为特征，青藏高原周围已分布着众多具有细石叶技术和早期粟作农业的聚落文化，此时也是青藏高原人类活动前所未有的繁荣期，不少有测年数据的石器遗存点都集中在这一时期。

从高原古气候的记录来看，气温在距今 1.6 万年开始波动上升，距今 1.2 万年时达到一个顶点，比 LGM 时期上升 5℃ 左右[①]，降水量的增加使青藏高原湖泊在这一时期出现普遍扩张[②]并出现了高湖面[③]。而高原内部的植被则朝着草原和疏林草原方向演化，沙地收缩、古土壤发育，冻土与冰川出现退化。小幅度的气候起伏并不影响高原整体性的偏温湿气候环境，高原西部古里雅冰芯分析的结果显示在距今 1 万年前后青藏高原开始整体性升温而进入了全新世，而从全新世早期（距今 10000～8800 年）升温趋势逐渐加速，在距今 7600～6100 年全新世"高温期"达到了暖湿气候的高峰期，距今 6100～4200 年时气温开始回落，气候逐渐转入干冷期，距今 3000 年前后全新世第一个"高温期"完全结束。

东亚旧石器时代晚期的一个显著变化就是细石叶技术的兴起，一般认为最早的细石叶技术约在距今 2.9 万～2.8 万年出现在西伯利亚，脱胎于欧亚石叶工业[④]，约距今 2.7 万～2 万年扩散至华北地区，黄河中游的柴寺、下川及最近发现的龙王辿等遗址可为其代表[⑤]，这一石器技术至全新世早中期时分布范围在北纬 30°～70°，表明其与"北方环境"关系密切，应是寒冷气候条件下资源环境有限的适应性石器技术，已知的考古记录表明青藏高原亦是这一石器技术的重要分布区，在除藏东南部分地区之外的整

① 姚檀栋、L. G. Thompson、施雅风等：《古里雅冰芯中末次间冰期以来气候变化记录研究》，《中国科学：地球科学》1997 年第 5 期，第 447～452 页。

② 贾玉连、施雅风、曹建廷等：《40～30 ka BP 期间高湖面稳定存在时青藏高原西南部封闭流域的古降水量重建》，《地球科学进展》2001 年第 4 期，第 346～351 页。

③ 李炳元、王苏民、朱立平等：《12 ka BP 前后青藏高原湖泊环境》，《中国科学：地球科学》，2001 年增刊，第 258～263 页；李炳元：《青藏高原大湖期》，《地理学报》2000 年第 2 期，第 174～182 页。

④ T. Goebel, The "microblade adaptation" and recolonization of Siberia during the late Upper Pleistocene, in R. G. Elston and S. L. Kuhn, eds., *Thinking Small: Global Perspectives on Microlithization*, Arlington: American Anthropological Association, 2002, pp.117-131.

⑤ Jia-Fu Zhang, Xiao-Qing Wang, Wei-Li Qiu, et. al., The Paleolithic site of Longwangchan in the middle Yellow River, China: Chronology, paleoenvironment and implications, *Journal of Archaeological Science*, Vol.38:7, 2011, pp.1537-1550.

个青藏高原都有细石器遗存发现，所处海拔为 3100 米（昌都卡若遗址）到 5200 米
（日土帕也曲真沟地点）。

长期以来青藏高原发现的细石器遗存因为大多缺失地层依据，而且不见磨制石器、
陶器和骨器等共存遗物，因而往往难以获得准确的年代标尺，近年来在中外考古学者
的坚持和努力之下，细石器的年代研究取得了可喜的进展，目前可以大致建构起青藏
高原细石叶技术产生及其发展的基本年代框架。

青海湖湖盆区的黑马河 1 号地点、江西沟 1 号地点、江西沟 93-12 号地点等的细
石叶的年代经多种测年方法，可确定其绝对年代在距今 1.5 万～1.3 万年，这是目前青
藏高原细石叶技术中最早的遗存。稍后在青海湖周边含有细石叶的遗存所获得的测年
数据多落在全新世早中期的范围内，如江西沟 2 号地点的年代为距今 8000～6000 年、
西大滩地点为距今 7500 年，汤惠生报道的野牛沟细石器地点年代为距今 6600～6200
年[1]，与之大致同时的还有下大武地点、赤那台地点、拉乙亥遗址（距今 6745±85 年）
等。根据上述各地点的年代数据，可基本认为青藏高原细石叶技术大约兴起于距今 1.4
万年，一直延续到距今 3000 年以后。从有年代数据的青海冷湖遗址来看，细石叶技术
在距今 2.8 万年之前尚未出现在青藏高原，而年代数据处于距今 10000～4000 年及其之
后的遗址中基本都不缺少，这似乎表明青藏高原的细石叶技术应当是从高原外部传入
或受其影响，而不是高原本地发明的石器技术。高原东缘的甘肃秦安大地湾遗址的细
石器年代可以确证，末次冰盛期稍后不久细石叶技术已在黄河上游流域出现，到了距
今 1.3 万年前后该地区细石器已经十分发达[2]。青藏高原东缘大渡河流域的四川汉源富
林遗址也出现了典型的细石叶技术，其年代为距今 2 万～1 万年[3]。尽管目前我们还不
能明确地标出这些青藏高原边缘地区细石叶技术发源及扩散的详细线路图，但从一元
论的观点来看，LGM 时期之后细石叶已经在青藏高原出现则是可以肯定的，而这个新
技术产生的背景则很可能是大规模人口的移动。

上述这些细石器遗址除了海拔较低的青海拉乙亥遗址外，其余都没有经过考古发
掘，因此尚不能提供细石叶技术及其产品在这一时期的高原狩猎采集生活中扮演的角
色。近年来，经过考古发掘的两处重要遗址，则提供了距今 15000～7000 年青藏高原
人类生存活动内容的一些证据（图 2-6）。

---

① 汤惠生：《青藏高原发现的细石器新材料——兼论旧石器问题》，青藏高原史前研究国际学
术会议，2011 年 8 月 25 日，成都。

② 张东菊、陈发虎、Bettinger R. L. 等：《甘肃大地湾遗址距今 6 万年来的考古记录与旱作农
业起源》，《科学通报》2010 年第 10 期，第 887～894 页。

③ 陈苇：《四川汉源富林遗址（2009—2010）发掘与收获》，青藏高原史前研究国际学术会议，
2011 年 8 月 25 日，成都。

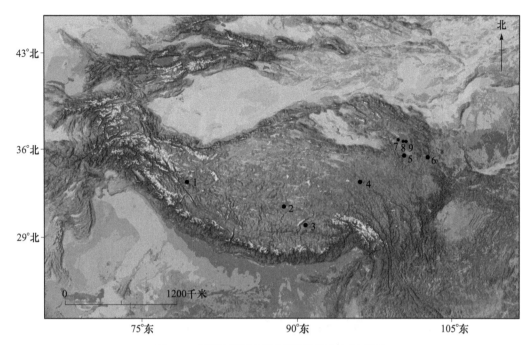

图 2-6　青藏高原主要细石器遗存分布示意图

1. 夏达错（海拔 4350 米）　2. 尼阿底（海拔 4600 米）　3. 曲桑（海拔 4230 米）　4. 参雄尕朔（海拔 4100 米）

5. 拉乙亥（海拔 2600 米）　6. 白石崖（海拔 3280 米）　7. 黑马河 1、3 号地点（海拔 3210 米）

8. 江西沟 1、2、93-13 号地点（海拔 3330 米）　9. 151 遗址（海拔 3397 米）

1. 青海湖151遗址[①]

该遗址位于青海省海南藏族自治州共和县江西沟乡 151 景区附近，海拔 3397 米，北距青海湖水面约 3.5 千米，地貌为山前河流阶地，高出青海湖现代湖面约 203 米。该遗址 2007 年由中国科学院古脊椎动物与古人类研究所、中国科学院盐湖研究所、美国加利福尼亚大学和德克萨斯大学等学术机构组成的中美联合调查队进行野外调查时发现。2014 年，青海省文物考古研究所和兰州大学对其进行首次正式发掘，揭露面积为 25 平方米，发掘深度约 3.4 米。识别出了上、下两个文化层，上文化层与下文化层之间有厚约 0.8 米的黄土间歇层（图 2-7）。

151 遗址下文化层厚约 20 厘米，包括一个单独的火塘及其周围的灰烬堆积，但未发现临时性的建筑等其他遗迹。火塘结构较简单，平面呈椭圆形，大小为 90 厘米 × 50 厘米，火塘范围内炭屑、火塘石、石器及动物骨块等分布比较集中，火塘外也有零星分布；火塘石大小不一，直径多为 5～12 厘米，石面有角裂现象，故表明曾被火烧过。151 遗址出土石制品数量不多，以小石片石器工业传统为主，同时有少量细石叶技术产

① 王建、夏欢、张东菊等：《青藏高原末次冰消期狩猎采集人群的生存策略研究》，《中国科学：地球科学》2020 年第 3 期，第 380～390 页。

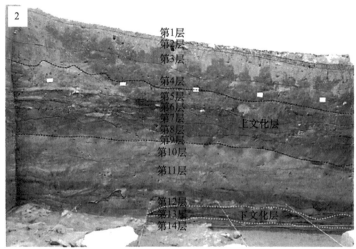

图 2-7 青海湖 151 遗址发掘位置及地层堆积

品，工具较少。石器技术和类型组合与青海湖盆地同时期的江西沟 1 号地点、黑马河 1 号地点等石器遗存相同。动物骨块虽数量较多但非常破碎，主要有大型有蹄类动物如野牛（Bos sp.）、野马 / 野驴等，与青海湖盆地的其他同时期遗址的情况相类似。从 151 遗址的下文化层提取到 5 个 AMS ^{14}C 年代（加速器质谱仪 ^{14}C 测年法）数据，其年代范围为距今 15400～13100 年，与青海湖盆地江西沟 1 号地点的距今 14920～14200 年、黑马河 1 号地点的距今 13440～12410 年、湖东种羊场地点的距今 13541～12877 年等测年结果基本上为同一时期，代表距今 1.5 万～1.3 万年前后青藏高原东北部最早的细石器技术及其产品。

2. 玉树参雄尕朔遗址

2012 年 7～8 月，青海省文物考古研究所、四川大学考古学系、成都文物考古研究院三单位组成的联合考古队在对青海玉树藏族自治州通天河流域进行的考古调查中，于通天河南侧支流的登额曲河两岸发现 14 处石器地点，地表采集到石制品 4000 多件。2013 年 7～8 月，联合考古队对登额曲河与通天河汇口处的参雄尕朔遗址进行了小规模发掘，揭露面积约 60 平方米，清理出用火遗迹 15 处，出土石制品 1712 件，发现部分炭屑和少量动物骨块。第一文化层有用火遗迹 3 处，第二文化层有 12 处，部分可确认为有明显结构的火塘，即用扁平砾石建构的平面为近圆形的火塘（图 2-8）。

发掘中根据土质土色划分出 6 个地层，根据遗存分布特征将 6 个地层分为两个文化层。第一文化层（CL1）对应第 2、3 层，第二文化层（CL2）对应第 5 层。根据对

图 2-8 参雄尕朔遗址地貌

地层出土动物骨块和炭屑的 4 个 ^{14}C 测年数据，确定第一文化层的年代为距今约 7900～7100 年，第二文化层的年代为距今约 8100～7400 年，表明全新世早中期青藏高原东部人群在此活动的时间为距今 8000～7000 年。第一文化层的遗存分布比较分散，而第二文化层的遗存分布则相对集中，显示出两个时期史前人群的活动场景。

参雄尕朔遗址共出土 1712 件石制品，其中第二文化层出土 1134 件，第一文化层 404 件，表土层出土 174 件。石制品石材以硅质岩为主，占 90% 左右，根据调查，制作石器的石材来自通天河两岸山体出露的基岩。石制品中以废料和破碎石片为多，石器类型包括细石核 38 件，其中锥状细石核仅 1 件，其余均为扁体的楔形细石核，显示细石核制作技术基本上没有历时性的变化，其他石片类的素材也多与细石叶的制造相关，即与登额曲河两岸的其他石器遗存点相似（图 2-9）。细石叶的制作包括细石核毛坯选择、毛坯修型（预制）、细石叶剥制与使用、细石核更新、细石核再剥片、细石核使用、细石核废弃等多个阶段。石器技术分析表明，遗址中石器制作的"操作链"十分完整，因此石制品的分类中废片类产品占多数，这也是史前人群在此居住、停留并就地制作石器的直接证据。石制品技术特征和细石叶制作的"操作链"则还原和显示了细石叶生产所经历的复杂过程，这是遗址内人们的主要生产活动。通天河沿岸丰富的硅质岩石材为石器制作和使用提供了丰富的原料，表明当时人们对有稳定石料来源的河流环境的选择，也是居住目的地的选择。遗址中动物骨块的遗存位置（动物骨块与火塘位置、石制品遗存位置的相对关系）或可表明，史前人群在遗址对获得的动物资源进行了利用或加工，如熟食制作等。遗憾的是出土动物骨骼保存很差，无法用于种属鉴定和分类，故对当时人们开发动物资源的活动细节不得而知。基于对石制品原料特征和遗物分布特征的分析，推测古代人们或因动物、石材等生活资源的吸引而比较频繁活动于海拔 4000 米以上地区，他们可能反复出没于参雄尕朔这类处于两河交汇处的开阔地带，在此制作、使用细石叶等石质工具，同时也在此捕获动物、采集其他生活资源并予以消费，在此留下了参雄尕朔遗址和其他多处石器遗存点，从而构成了一套史前以狩猎采集者为主的地域性生产开发和社会性的网络关联系统。

图 2-9　参雄尕朔遗址出土的部分细石核

五、"三级跳模式"与"多路线"：旧石器时代的 高原人类扩散

根据青海湖及其邻近地区的多年考古工作和资料的积累，布瑞廷汉姆曾提出一个有关人类拓殖青藏高原的"三级跳"模式，他认为人类对青藏高原的拓殖有先后三次较大规模的表现。

第一跳：距今 2.5 万～1.5 万年前的末次冰盛期，当时活动能力较强、范围较大的食物搜寻者（foragers）开始"漫游"（random walk）到海拔 3000 米以下的草原地区，聚集在自然资源较丰富的地区主要从事狩猎和采集。

第二跳：在距今 1.2 万～1.1 万年的"新仙女木事件"（Younger Dryas Event）之后，即末次冰盛期之后，扩大了食物种类的搜寻者开始在海拔 3000～4000 米的高地建造固定居所，成为临时的、短期的和特殊目的的食物搜寻基地。

第三跳：距今 8000 年左右的全新世大暖期开始时，以驯养动物为主的新石器时代早期牧人为了寻找草场开始全方位地进军高原，并开始固定地居住在 4000 米以上的高海拔地区[①]。

这个"三级跳"模式曾被认为是目前同时符合分子生物学、古气候学和考古学的研究证据[②]，得到了许多学者的赞同[③]。但是"三级跳"模式带有强烈的地域偏向，即主要是基于青藏高原东北隅有限的考古材料，而忽略了青藏高原其他地区的考古材料。如果采用这类"都会区"形成的框架模式，企图建立一个由低海拔地区向高海拔地区的适应辐射的人类迁入高原的程序，那么除了黄河上游之外，青藏高原的西部、东南部（横断山区）也都是极富潜力的"人口输出区"。考古发现表明，现代人大致在 4 万年前就已踏上高原，这就意味着环绕青藏高原周边的高地山区，都有可能是早期人类拓殖青藏高原的出发地。换言之，早期人类进入青藏高原的模式很可能是"多路线"（mutiple routes），并且，时间也不一定同步，从而产生一种交错镶嵌（mosaic）的效

---

① 　P. J. Brantingham, Gao Xing, John W. Olsen, et al., A short chronology for the peopling of the Tibetan Plateau, in D. Madsen, Chen Fa-Hu, and Gao Xing, eds., *Late Quaternary Climate Change and Human Adaptation in Arid China*, New York: Elsevier, 2007, pp.129-150.

② 　M. Aldenderfer, Zhang Yinong, The prehistory of the Tibetan Plateau to the Seventh century A. D.: Perspectives and research from China and the West since 1950, *Journal of World Prehistory*, Vol. 18: 1, 2004, pp.1-55; J. W. Olsen, *The Search for Human Ancestors on the Roof of the World: Explorations in Mongolia and Tibet*, Melbourne: Monash University Press, 2004.

③ 　汤惠生：《青藏高原旧石器时代晚期至新石器时代初期的考古学文化及经济形态》，《考古学报》2011 年第 4 期，第 443～466 页。

果。目前的考古证据显示，青藏高原西部和东部的旧石器文化有着不同的面貌，渗透进入高原西北部的人群，可能数量和规模都很小，他们以石叶技术为文化表征，可能来自高原的北方；而以细石叶技术为文化表征人群，则是在 LGM 时期之后由东向西进入高原的。

目前已知的考古材料显示，青藏高原更新世晚期至全新世中期（即旧石器时代晚期至新石器时代早期）的遗址多是以湖泊和河流为中心分布，特别是湖泊周边的遗址数量最多，而且海拔多在 4200 米以上。可以认为这一时期湖泊和沼泽是青藏高原食物资源的富集区，可能也是狩猎采集者寻觅食物的有利地区。这个生态资源分布的特点在考古记录中的反映，最常见的就是在某个独特的生态环境区域，石器遗存点的发现经常是呈"链珠状"分布，而且石器工业的面貌也有基本的一致性，特别是含有细石器技术及其产品的遗存地，显示出一种类似小生态区域内聚落发展的特点。

深海氧同位素第一、第三阶段（MIS1、MIS3 阶段）是青藏高原的"泛湖期"。此时降水量相对丰富，动植物资源丰富，早期的高原人群可能沿河或沿宽谷湖盆边缘有短期或季节性的停留，追逐接近水面的肉食资源。而这些活动看来主要是季节性的，如青海江西沟 1 号地点、下大武、黑马河 2 号和 3 号地点这三个早期"食物搜寻者"的遗址，充分反映了从末次冰盛期到"新仙女木事件"这个时段人类季节性的狩猎活动特点。除了石器制作与利用之外，还有表现当时人类生存状况的动物骨块、用火遗迹（火塘与灰烬），火塘和灰烬中出土的大量制作石器的废料说明，从这些地点出发的季节性狩猎与石器制作是同一营地人们的不同行为。

上文提及的这些遗址所代表的狩猎采集生业模式，可能一直持续到距今 6000 年前后，之后是否都转向了农业？特别是那些高海拔地区（4200~4800 米）遗址代表的人群，他们是否经历了这种生业模式的转型？我们目前对此并不清楚。青藏高原的早期农业的考古记录仍然是相对贫乏的，高原东部卡若遗址所见的粟作农业仍是考古记录中最早的例子，其绝对年代不早于距今 4800 年，而且卡若遗存代表的应是海拔 3000~3300米的河谷人群。中美科考队曾在青海江西沟 2 号地点发现过比卡若遗址更早的陶片（^{14}C 测年结果为距今 6700 年左右），所以目前我们可以有一个粗略的推测，大约在距今6000~5000 年，随着青藏高原周围低海拔地区早期农业聚落的扩张或移民，青藏高原的狩猎采集人群开始接触到农业人群的食物生产技术，如栽培作物与驯养动物，在高原广袤多样的生态环境中，狩猎采集和驯养动物的人群一方面据守自我边界，另一方面开始与农业人群有了频繁的交往互动，青藏高原由此进入了新石器时代。

第三章　西藏新石器时代考古

一、概　　说

新石器时代是考古学设定的一个史前时段，1865 年最先由英国考古学家卢伯克（Sir J. Lubbock）提出。新石器时代代表旧石器时代之后的石器时代晚期阶段，与地质年代的"全新世"起始大致相同，即从距今 10000 年左右开始。在全球范围内，新石器时代一般结束于距今 5000～2000 年，但从各地考古记录看，不同地区的新石器时代起止时间并不完全一致，一般认为中国的新石器时代始于距今 8000 年前后，到距今4000 年左右结束[①]。

有关新石器时代的特征，学界早先曾强调过所谓"新石器革命"三大要素，即磨制石器、定居农业、陶器制作。但各地区新石器时代表现的文化要素是有差异的，有的地区缺乏陶器，有的地区农业很晚才出现，有的地区很少见到磨制石器，所以学界也曾将史前社会的生产经济阶段或生产经济类型作为一种视角，用以观察、标示不同地域的新石器时代文化。例如，中国新石器时代文化可分为三个不同类型的生业区：①旱作农业区，大致包括中国北方的黄河流域、西辽河及海河流域等地区，这里是旱地作物粟、黍的起源地，陶质产品十分丰富，也是彩陶器最发达和集中的地区，饲养的早期家畜有猪、狗等，晚期有牛、羊等。②稻作农业区，即以长江中下游为主的中国南方地区，包括华南、西南部分地区。该地区是稻类作物的起源地，除水稻种植以外，渔猎采集在生业经济中亦占有一定比例，陶器技术亦较发达，但彩陶器不多，早期饲养猪、狗，晚期饲养水牛和羊等。③狩猎采集区，包括长城以北的中国北方大部地区及内蒙古、新疆、青海、西藏等省区，该地区面积广阔，约占全国面积的 2/3，农业和陶器占有一定的比例，石器及石质遗迹最为多见，其中最突出的是细石器和打制石器较多，磨制石器较少。由此可见，中国不同地理区的新石器时代的发展和文化演进的

---

① 参阅中国大百科全书总编辑委员会《考古学》编辑委员会、中国大百科全书出版社编辑部编：《中国大百科全书·考古学·中国新石器时代考古》，中国大百科全书出版社，1986 年，第 712 页。

特征也是各有不同，其中原因可能是多样的，因自然地理与生态环境主导的生业模式、人群规模、生产分工等，应当是最主要的，这可以是我们观察不同生业区的新石器时代文化之间差异的主要着眼点。

"西藏新石器时代"，是 20 世纪 50 年代后期随着中国学者青藏高原田野考古与研究的进展而逐渐明确、认定的。此前曾有国外学者提及西藏的新石器时代，如苏联学者瓦西里耶夫推测喜马拉雅山区是西亚"新石器革命"东渐的一个过渡与依托之地[①]，美国人类学家博厄斯则推断西藏地区直到新石器时代晚期才有人类居住[②]。根据几十年来西藏考古材料的积累与研究，对西藏新石器时代的起止时间目前可以有个粗略的推断，即西藏进入新石器时代的时间大致在距今 6000 年前后，结束于距今 3000 年左右。

二、西藏新石器时代的主要考古材料

与考古发现的旧石器时代遗存相比，西藏新石器时代遗存数量有所增加，分布范围也有所扩大。从遗存类型上看，我们可以把西藏新石器时代的遗存分为两类：一类是地面遗存有石制品[③]等遗物的"石器采集地点"；另一类是地下埋藏文化堆积并包含石器、陶器等遗物、遗迹的各类"遗址"。

1. 石器采集地点

根据采集石制品的制作技术和类型，石器采集地点又可分为两种情况：一种是以细石器、石片石器等打制石器为主，基本不见陶器、磨制石器等遗物的石器采集地点；另一种是以磨制石器为主，或同时伴有陶器、打制石器等遗物的采集点。

（1）以细石器、石片石器等打制石器为主，基本不见陶器、磨制石器的采集地点。这类地点目前主要发现于藏北、藏西、雅鲁藏布江上游流域等高海拔地区。发表或部分发表了考古材料的有 20 世纪 50～80 年代"青藏高原综合科学考察"中发现于那曲镇、托托河镇、申扎县、双湖办事处、尼玛县、日土县、聂拉木县、班戈县等县域的

---

① 列·谢·瓦西里耶夫著，郝镇华、张书生、杨德明等译，莫润先校：《中国文明的起源问题》，文物出版社，1989 年，第 132～169 页。

② Gordon T. Bowles, *The People of Asia*, New York:Charles Scribner's Sons, 1977, p.59（转引自《昌都卡若》"参考文献"之〔48〕）.

③ "石制品"是史前石器时代的常用概念，指人工制作及有人工加工痕迹的各类石工具、素材、毛坯和制作中产生的石片、断块、碎屑、废弃品等。

36 个地点 [1]（图 3-1）；20 世纪 90 年代全区第二次全国文物普查在那曲地区和日喀则地区仲巴县、萨嘎县、吉隆县、昂仁县等地及雅鲁藏布江上游和中游流域的贡嘎县、曲水县、堆龙德庆县、达孜县等县域发现的 27 个地点 [2]；2003 年青藏铁路（雁石坪—拉萨段）考古调查发现的 26 个地点 [3]，以及之后在阿里地区普兰县、札达县、噶尔县、日土县、革吉县、措勤县等县域历次考古调查发现的 27 个地点 [4]（图 3-2～图 3-4）。加上其他考古项目调查发现的、资料尚未整理刊布的地点，粗略统计西藏自治区境内这类石器地点不少于 150 处。这些石器地点采集的石制品又包括两个传统，一是以细石核、细石叶为标志的典型细石器技术传统，有的地点包括小石片工具（最大长不超 50 毫米）。二是以石片工具为主的传统，少数地点包括较大的石片工具或石核工具、砥石工具等。由于这些石制品均是地表采集，缺乏埋藏地层的年代分析依据，所以其时代推断主要是依据石器技术及工具组合的对比，以及对遗存地点地质、地貌特征的分析，或认为它们"可归于中石器时代" [5]，或推测为"应是新石器时代的遗物" [6]，或估计时代"可能是在距今 10000 年左右"等 [7]。由于这批石器地点中的细石器工艺显示有直接法石叶技术、细石核中扁体类石核占比较高，遗存地点的海拔在 4200～5200 米（多数地点在 4500 米以上），地貌类型多为高原夷平面的湖滨宽谷地带等比较明确的特征，若结合整个青藏高原石器时代文化的大背景综合分析，可以认为其中多数地点应处于西藏的新石器时代。

[1]　邱中郎：《青藏高原旧石器的发现》，《古脊椎动物学报》1958 年第 2 卷第 2、3 期合刊，第 157～163 页；戴尔俭：《西藏聂拉木县发现的石器》，《珠穆朗玛峰地区科学考察报告（1966—1968）：第四纪地质》，科学出版社，1976 年，第 110～112 页；安志敏、尹泽生、李炳元：《藏北申扎、双湖的旧石器和细石器》，《考古》1979 年第 6 期，第 481～494 页；刘泽纯、王富葆、蒋赞初等：《西藏高原马法木湖东北岸等三个地点的细石器》，《南京大学学报》（哲社版）1981 年第 4 期，第 87～90 页；刘泽纯、王富葆、蒋赞初等：《西藏高原多格则和扎布地点的旧石器——兼论高原古环境对石器文化分布的影响》，《考古》1986 年第 4 期；钱方、吴锡浩、黄慰文：《藏北高原各听石器初步观察》，《人类学学报》1988 年第 7 卷第 1 期，第 75～83 页；张森水：《西藏细石器新资料》，《西藏古生物》（第一分册），科学出版社，1980 年，第 70～75 页。
[2]　参见国家文物局主编：《中国文物地图册·西藏自治区分册》，"文物单位简介"，文物出版社，2010 年，第 207～351 页。
[3]　参见西藏自治区文物局、四川大学考古系、陕西省考古研究所：《青藏铁路西藏段田野考古报告》，科学出版社，2005 年，第 15～52 页。
[4]　参见国家文物局主编：《中国文物地图册·西藏自治区分册》，"文物单位简介"，文物出版社，2010 年，第 352～367 页。
[5]　张森水：《西藏细石器新资料》，《西藏古生物》（第一分册），科学出版社，1980 年，第 74 页。
[6]　张森水：《西藏定日新发现的旧石器》，《珠穆朗玛峰地区科学考察报告（1966—1968）：第四纪地质》，科学出版社，1976 年，第 109 页。
[7]　刘泽纯、王富葆、蒋赞初等：《西藏高原多格则和扎布地点的旧石器——兼论高原古环境对石器文化分布的影响》，《考古》1986 年第 4 期，第 296 页。

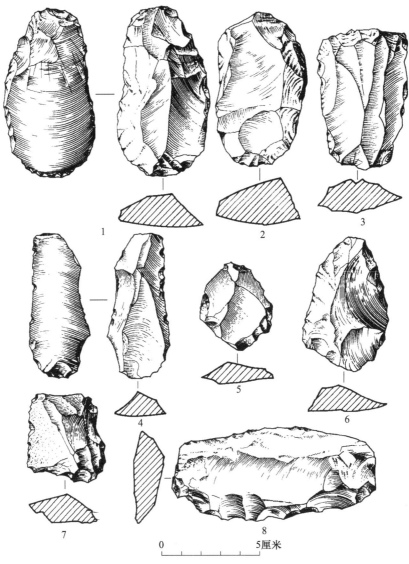

图 3-1　那曲申扎、双湖的石片石器

1～4. I 式圆头刮器　5、6. 尖状器　7. II 式圆头刮器　8. 双边刮器

（据安志敏、尹泽生、李炳元：《藏北申札、双湖的旧石器和细石器》,《考古》1979 年第 6 期，图三重绘）

（2）以磨制石器为主，或有少量陶器、打制石器的采集地点。这部分采集地点主要见于藏东南的林芝地区。1974～1976 年中央民族学院赴藏调查队王恒杰等师生及尚坚等人在林芝、墨脱两县境内 12 个地点采集到一批磨制石器和打制石器，计有石斧 20件、石锛 12 件、石凿 2 件、石纺轮 1 件，其中在墨脱村地点还采集到数片陶器残片。1991 年西藏自治区文物管理委员会文物普查队林芝组在墨脱县境内的雅鲁藏布江、金珠曲河流域采集到磨制石器 8 件，据调查这批石器原发现于河流两侧的阶地和山前缓坡地带，8 件石器皆通体磨光，器形有斧、铲、锛、两端刻器（此前称"凿形器"）等，

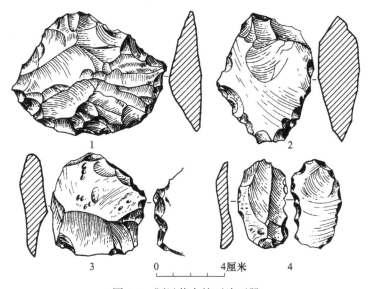

图 3-2　阿里革吉的石片石器

1. 切割器　2. 砍斫器　3. 刮削器　4. 边刮器

（据索朗旺堆主编，李永宪、霍巍、更堆编写：《阿里地区文物志》，西藏人民出版社，1993 年，图 11 重绘）

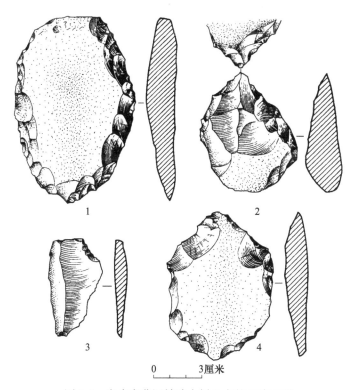

图 3-3　安多布曲河铁路大桥地点的石片石器

1、4. 石片切割器　2. 尖状器　3. 石片

（据西藏自治区文物局、四川大学考古系、陕西省考古研究所：《青藏铁路西藏段田野考古报告》，

科学出版社，2005 年，图六重绘）

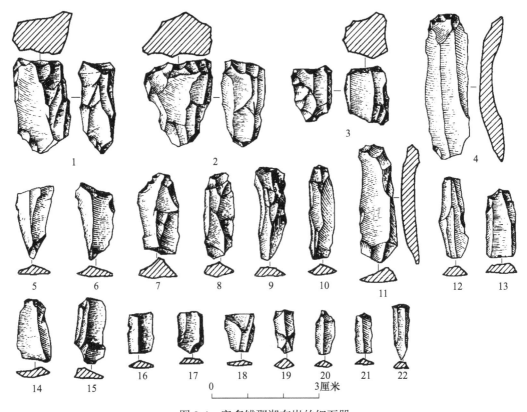

图 3-4 安多错那湖东岸的细石器

1～3. 细石核 4～22. 细石叶

（据西藏自治区文物局、四川大学考古系、陕西省考古研究所：《青藏铁路西藏段
田野考古报告》，科学出版社，2005 年，图一四重绘）

石器的刃、肩部均有使用痕迹，刃部多为两面起磨的中锋[1]。根据墨脱诸采集点与林芝
云星、居木等遗址[2]地层剖面的出土物对比，两者之间在石器形制和陶器质、色、纹等
方面均很接近，被认为均属于西藏新石器时代。上述地点处于藏东南 500～2000 米的
低海拔河谷区，代表着可能与藏北、藏西及雅鲁藏布江中、上游等地新石器时代遗存
不同的文化类型。2009 年 6～7 月，西藏自治区文物保护研究所与林芝地区文物普查队
在墨脱县境内进行文物普查时，再次于墨脱北部的嘎隆曲河与雅鲁藏布江交汇处以南
至背崩乡西让村之间的河流两岸调查记录了 17 处磨制石器采集点，其中新发现的地点

① 陈建彬：《墨脱县石器地点》，《中国考古学年鉴·1992》，文物出版社，1994 年，第 299 页。

② 参见王恒杰：《西藏自治区林芝县发现的新石器时代遗址》，《考古》1975 年第 5 期，第
310～315 页；新安：《西藏墨脱县马尼翁发现磨制石锛》，《考古》1975 年第 5 期，第 315 页；尚坚、
江华、兆林：《西藏墨脱县又发现一批新石器时代遗物》，《考古》1978 年第 2 期，第 136、137 页；
国家文物局主编：《中国文物地图册·西藏自治区分册》，"文物单位简介"，文物出版社，2010 年，
第 276 页。

7 处，征集到一批磨制石器。这 17 处采集地点皆处于河流两岸的阶地或缓坡地带，海拔从南部的 700 米左右至北部的 1500 米左右，调查共获得磨制石器 34 件（其中征集品 28 件）[①]。加上此前该地区调查发现的 43 件石器，墨脱县域共发现磨制石器 77 件，其中石器数量较多的有堆林地点、墨脱村地点、西亚地点、德尔贡地点等 4 处，少数地点曾发现了夹砂红陶或灰陶质、外饰绳纹的陶器残片。墨脱等藏东南地区发现的磨制石器以墨绿色蛇纹石和黑色泥岩（或页岩）等石材为主，器类主要有斧（铲）、锛、凿，另有纺轮 1 件，但陶器的器形、器类等具体特征并不明晰（图 3-5）。

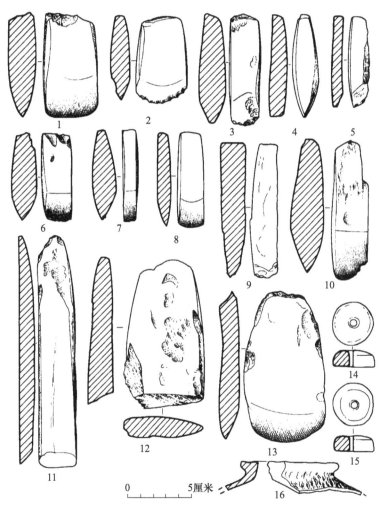

图 3-5　林芝墨脱采集的磨制石器及陶器

1~4、6、10. 石斧　5、7~9、11、12. 石锛　13. 石凿　14、15. 石纺轮　16. 陶器残件

（据尚坚、江华、兆林：《西藏墨脱县又发现一批新石器时代遗物》，《考古》1978 年第 2 期，图一重绘）

---

① 陈祖军：《西藏墨脱磨制石器地点群》，青藏高原史前研究国际学术会议，2011 年 11 月，成都。

2. 新石器遗址

所谓新石器时代遗址，是指保留新石器时代人们居住或其他生存活动遗存的原址，它们或被后期的泥沙堆积所掩埋，或在地层断裂处暴露出遗址堆积的"剖面"并能发现被掩埋的遗物，或因翻动地面土层而露出地下埋藏的遗物或遗迹等。遗址的类型多种多样，其性质、规模、面积各不相同，埋藏的深度、保存的完残程度也有差异，但它们的共同特征是都代表了古代人群"生存行为"持续发生的、不可移动的原生地点。与前述藏北、藏西高海拔的石器地点总体高度不同，目前发现的西藏新石器时代遗址大多处于海拔3000~4000米的地区，多处于河流两岸的阶地上，或是湖泊周缘和沟谷两侧的缓坡地带，分布地域以雅鲁藏布江中游及其支流和藏东、藏东南的河谷地区为多。根据其中经过试掘或正式发掘的遗址的报道，这些遗址普遍包含新石器时代的石器（打制石器、磨制石器、细石器等）、陶器、骨角器、装饰品等人工产品，有与人群居住或生存活动相关的灰坑、房屋、道路等构筑遗迹，有的还发现与其时、其地生态环境和生业经济类型相关的动物和植物遗存，少数遗址发现了粮食作物的颗粒。这些遗址大多数有明确的测年结果，是我们探究西藏新石器时代和西藏史前历史的重要基础资料。已刊布的西藏新石器时代遗址主要有15处，根据田野考古工作时间的先后列举如下。

（1）林芝云星遗址[①]

云星遗址1974年由中央民族学院赴藏调查队师生发现，遗址地处林芝县（今林芝市巴宜区）境内的尼洋河左岸二级阶地，海拔约2800米，面积不详。在建设施工形成的深沟壁上观察到距地表1.1米以下有厚约0.5米的文化层，为松软的灰土，从该文化层中采集到陶器残片百余片和石器6件，石器包括打制的石片盘状器和磨制的有孔石刀、条形石斧（凿）、穿孔石器等；陶片有夹砂陶和泥质陶两类，以夹砂陶为多，陶色以褐色为主，红、灰色陶很少，陶器纹饰有拍印绳纹、刻划弦纹、堆塑尖脊纹等。可辨认的陶器器类有钵（碗）、罐（瓮）、器盖（或盘）等，陶器或有宽带状器耳、纽式器耳、鬶状器流等，均为平底器。云星遗址采集遗物具有西藏新石器时代文化的一些特征，但具体年代不详，其总体特征与昌都"卡若文化"和拉萨"曲贡文化"的遗物都有所不同。

（2）林芝居木遗址[②]

居木遗址地处尼洋河右岸二级阶地，海拔约2900米，面积不详。居木遗址亦由1974年中央民族学院赴藏调查队师生发现，在遗址冲沟壁上可见距地表0.9~1.5米以下的文化层，为松软的灰土。从文化层中采集到石器8件，包括砾石敲砸器2件、磨

①　王恒杰：《西藏自治区林芝县发现的新石器时代遗址》，《考古》1975年第5期，第310~315页。

②　王恒杰：《西藏自治区林芝县发现的新石器时代遗址》，《考古》1975年第5期，第310~315页。

制的穿孔石刀 2 件、磨制的石凿 1 件、砾石网坠 3 件。采集陶片在陶质、陶色、器形等方面与云星遗址发现的同类遗物相似，另有 1 件圆陶片；陶器纹饰除与云星遗址相同者之外，还有三角形镂孔。推测居木遗址与云星遗址可能是同一文化类型（图 3-6）。

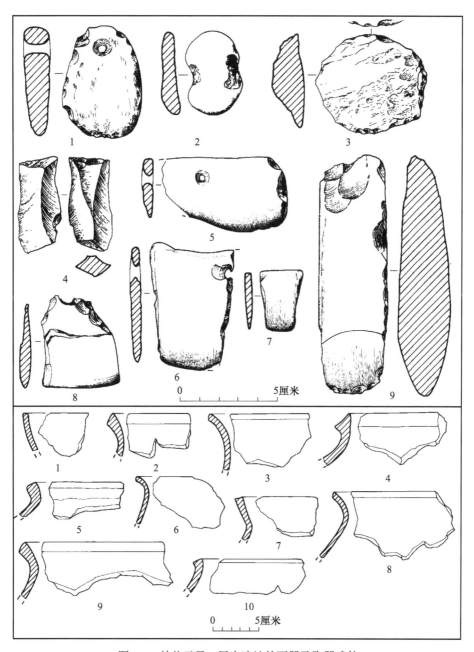

图 3-6 林芝云星、居木遗址的石器及陶器残件

上：1. 穿孔石器 2. 网坠 3. 盘状器 4. 长石片 5、6、8. 石刀 7. 小凿 9. 锛

上：1、3、6、9. 云星遗址 2、4、5、7、8. 居木遗址 下：1~6、8~10. 云星遗址 7. 居木遗址

（据王恒杰：《西藏自治区林芝县发现的新石器时代遗址》，《考古》1975 年第 5 期，图三、图四选绘）

（3）林芝砖瓦厂遗址[①]

砖瓦厂遗址 1975 年初由中央民族学院赴藏调查队师生发现，位于原西藏建筑工程公司林芝砖瓦厂附近，当时砖厂生产取土时共在 5 个地点发现了几座古墓中的人骨残段、陶器残片、完整的陶罐、磨制的石凿等遗物，可辨识的残墓为长方形竖穴土坑墓，墓底距现地表深约 2.5 米，墓中人骨头向西，为仰身直肢葬式，放置在墓主腰部左侧的陶罐为小口束颈平底罐，外饰绳纹且有黑色炱痕，应为实用器。从与人骨共存的陶器残件分析，几座墓应都曾随葬陶器，这些陶器分为夹砂褐陶和泥质灰陶两种。其中，两座墓中出土的长条形磨制石凿形制与云星、居木遗址出土物相同，墓中的夹砂褐陶片与遗址文化层所出陶片陶质、绳纹样式皆一致，且与云星、居木遗址出土物相同，故调查者认为这"说明墓葬的时代与文化层所代表的远古文化是同属于新石器时代的"[②]。

（4）昌都卡若遗址[③]

卡若遗址发现于今昌都市区东南约 12 千米的原昌都地区水泥厂生产区，地处澜沧江西岸卡若河与澜沧江汇口处的二级阶地，海拔 3225 米。卡若遗址发现于 1977 年，先后于 1978、1979、2002、2012 年由西藏自治区文物管理委员会（现西藏自治区文物局）与四川大学历史系考古专业（后为考古学系）等单位合作进行过四次不同规模的发掘，发掘总面积为 2000 余平方米（图 3-7）。《昌都卡若》考古报告为 1978、1979 年两次发掘的成果，两次发掘发现房屋基址 28 座（图 3-8）、灰坑 4 个及道路、烧灶、石墙、石围圈、石台、圆形石构等各种生活遗迹（图 3-9、图 3-10），出土打制石器 6000 多件、磨制石器 511 件、细石器 366 件、陶器及残片 2 万多片、骨器 400 多件（图 3-11～图 3-15），还有大量动物骨块和农作物粟（小米）的颗粒。2002 年第三次发掘面积为 230 平方米，出土了各类遗物 7000 余件（片），其中打制石器、磨制石器、细石器共 1060 件；陶器残片共 1284 片（其中完整陶器 3 件）；动物骨块或骨料共 4755件；发掘和清理了各类遗迹 21 处，其中房址 3 座、灰坑 16 个、道路 1 段、水沟 1 条。2012 年对卡若遗址进行的第四次发掘和考古钻探，共钻探孔 316 个，钻探面积 6.3 万平方米，发掘面积为 50 平方米，清理发现房屋基址 1 处，出土遗物 547 件，包括石制品 393 件（石核、石镞、细石叶、石片、尖状器、刮削器等工具）、陶器残片 140 片（包括陶盆口沿、附加堆纹陶片、抹刷纹陶片、平行线压印纹陶片、压印纹陶片等）、骨器 12 件（骨针）和贝饰 2 件等。此次发掘用浮选法提取到粟类作物（粟、黍）和

---

① 王恒杰：《西藏林芝地区的古人类骨骸和墓葬》，《西藏研究》1983 年第 2 期，第 112～114 页。

② 王恒杰：《西藏林芝地区的古人类骨骸和墓葬》，《西藏研究》1983 年第 2 期，第 113 页。

③ 参见西藏自治区文物管理委员会、四川大学历史系：《昌都卡若》，文物出版社，1985 年；西藏自治区文物管理委员会：《西藏昌都卡若遗址试掘简报》，《文物》1979 年第 9 期，第 22～28页；童恩正、冷健：《西藏昌都卡若新石器时代遗址的发掘及其相关问题》，《民族研究》1983 年第1 期，第 54～63 页。

图 3-7　1979 年昌都卡若遗址发掘现场

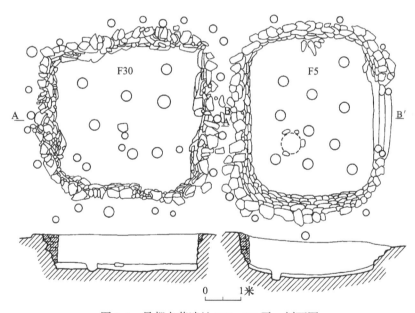

图 3-8　昌都卡若遗址 F30、F5 平、剖面图

（据西藏自治区文物管理委员会、四川大学历史系：《昌都卡若》，文物出版社，1985 年，图二五改绘）

极少量麦类作物（小麦）遗存[①]。卡若遗址通过数次发掘获得了 50 余个 [14]C 测年数据，综合起来分布在距今 5500～3900 年。遗址的发掘者及研究者认为，卡若遗存是一处

[①]　卡若遗址第三次考古发掘及研究工作由四川大学考古学系与西藏自治区文物局联合开展，第四次发掘由四川大学考古学系及四川大学中国藏学研究所共同实施，两次发掘所获资料尚未正式发表。

图 3-9　1979 年发掘清理的卡若遗址早期建筑遗迹

［据西藏自治区文物管理委员会、四川大学历史系：《昌都卡若》，文物出版社，1985 年，图三（C）改绘］

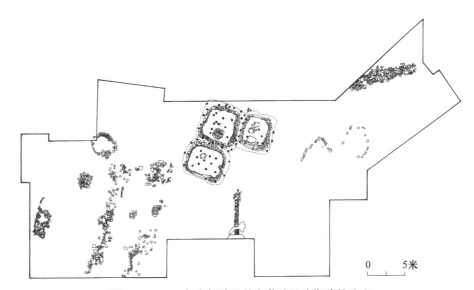

图 3-10　1979 年发掘清理的卡若遗址晚期建筑遗迹

［据西藏自治区文物管理委员会、四川大学历史系：《昌都卡若》，文物出版社，1985 年，图三（B）改绘］

时间跨度有 1000 多年的聚落遗址，根据不同时段文化遗物和自然遗存的差异，遗址可分为早、晚两个时期，早期约为距今 5500～4800 年，晚期约为距今 4500～3900 年。《昌都卡若》的作者"鉴于卡若遗址所代表的文化内涵有别于我国已知的其他类型的原始文化"而提出将卡若遗存命名为"卡若文化"[①]。有关"卡若文化"的研究主要认为，"卡若文化"

---

① 西藏自治区文物管理委员会、四川大学历史系：《昌都卡若》，文物出版社，1985 年，第 150 页。

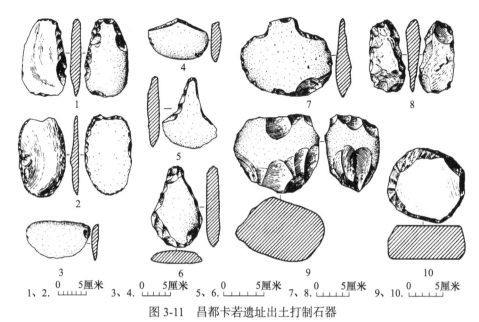

图 3-11　昌都卡若遗址出土打制石器

1、2. 铲形器　3、4. 切割器　5、6. 斧　7、8. 锄形器　9. 砍斫器　10. 敲砸器

（据西藏自治区文物管理委员会、四川大学历史系：《昌都卡若》，文物出版社，1985 年，

图四五、图四六、图四七、图四八、图五〇选绘）

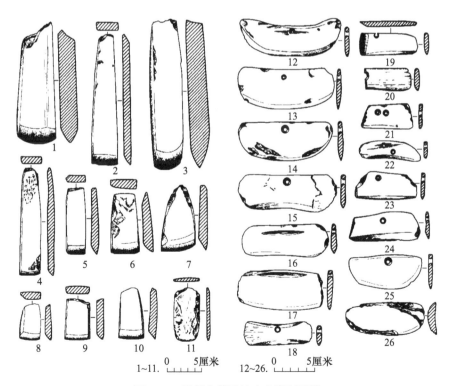

图 3-12　昌都卡若遗址出土磨制石器

1、3. 石斧　2、4~11. 石锛　12~26. 石刀

（据西藏自治区文物管理委员会、四川大学历史系：《昌都卡若》，文物出版社，1985 年，图五九、图六一选绘）

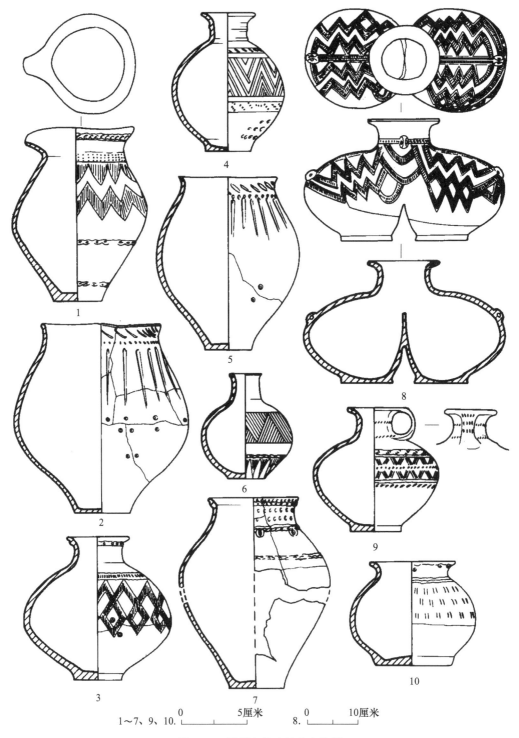

图 3-13　昌都卡若遗址出土陶罐

1. Ⅸ型　2、5、7. Ⅴ型　3. Ⅱa 式　4. Ⅲb 式　6. Ⅳ型　8. Ⅷ型　9. Ⅶ型　10. Ⅵ型

（据西藏自治区文物管理委员会、四川大学历史系：《昌都卡若》，文物出版社，1985 年，图六五、图六六选绘）

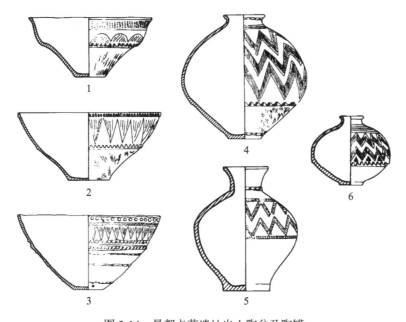

图 3-14　昌都卡若遗址出土陶盆及陶罐

1. Ⅱb 式盆　2. Ⅱa 式盆　3. Ⅳa 式盆　4. Ⅱb 式罐　5. Ⅲb 式罐　6. Ⅰb 式罐

（据西藏自治区文物管理委员会、四川大学历史系：《昌都卡若》，文物出版社，1985 年，图六六、图六七选绘）

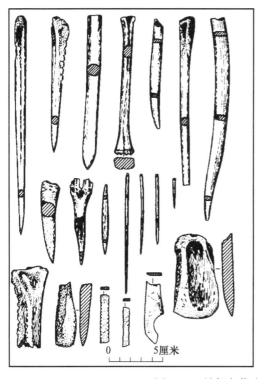
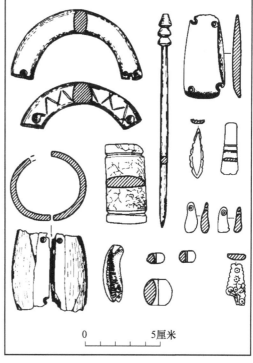

图 3-15　昌都卡若遗址出土骨器及装饰品

左：骨器　右：装饰品

（据西藏自治区文物管理委员会、四川大学历史系：《昌都卡若》，文物出版社，1985 年，图六三、图七七选绘）

与黄河上游流域新石器文化及横断山区的川西、滇西北新石器文化都有关联，是西藏东部地区代表性的兼营原始农业、狩猎采集业的高原型新石器时代文化（图 3-16）。

（5）昌都小恩达遗址 [①]

小恩达遗址由西藏自治区文物管理委员会文物普查队 1986 年调查发现并试掘。遗址位于昌都市以北约 5 千米的昂曲河东岸（左岸）一、二级阶地，海拔 3263 米。遗址面积近 10 万平方米，1986 年试掘的面积为 60 平方米，清理出草拌泥墙房屋基址 3 座、灰坑 5 个，出土了石器（其中打制石器占石器总数的 74.4%，细石器占 19.6%，条形锛、凿及穿孔石刀等磨制石器占 6%）、骨器（锥、针、刀梗、匕等）和陶器残件（图 3-17）。陶器的器类以罐、盆、碗等平底器为主，另有少量矮圈足器，陶器的颈、腹部常有穿孔，似为修补所致；陶器均为夹砂系，以灰色为主，纹饰有刻划纹、剔刺纹、压印绳纹等。小恩达遗址的早期遗迹以房址为代表，晚期遗迹有石棺墓一座。2012～2014 年西藏自治区文物保护研究所对遗址再次进行了发掘，获得各类出土标本共 12760 件，其中动物骨骼或骨料 4844 块（包括鱼类、鸟类、哺乳类等十余种，以及骨锥、骨针、骨凿等工具）、石制品 6224 件（包括石核、石片、石料及打制石器、磨制石器和数量较多的细石器）、陶片 1692 片（包括罐、钵、盆、杯等器类）。小恩达遗址试掘所获得的 ^{14}C 测年数据为距今（3775±80）年［树轮校正为（4125±100）年］[②]，与卡若遗址晚期遗存比较接近，故发掘者认为小恩达遗址早期遗存（不含石棺墓等晚期遗存）可归入"卡若文化"。

（6）拉萨曲贡遗址 [③]

曲贡遗址地处拉萨市北郊色拉寺西侧的山前坡底，面积约 1 万平方米，海拔 3685 米。西藏自治区文物管理委员会文物普查队 1984 年调查发现该遗址并于当年 11 月进行了试掘，1990～1992 年中国社会科学院考古研究所与西藏自治区文物管理委员会联合进行了三次发掘 [④]，先前的四次发掘共揭露面积 600 余平方米 [⑤]（图 3-18）。发掘报告

---

① 西藏文管会文物普查队：《西藏小恩达新石器时代遗址试掘简报》，《考古与文物》1990 年第 1 期，第 28～43 页。

② 西藏文管会文物普查队：《西藏小恩达新石器时代遗址试掘简报》，《考古与文物》1990 年第 1 期，第 43 页。

③ 西藏文管会文物普查队：《拉萨曲贡村遗址调查试掘简报》，《文物》1985 年第 9 期；中国社会科学院考古研究所西藏工作队、西藏自治区文物管理委员会：《西藏拉萨市曲贡村新石器时代遗址第一次发掘简报》，《考古》1991 年第 10 期；中国社会科学院考古研究所、西藏自治区文物局：《拉萨曲贡》，中国大百科全书出版社，1999 年。

④ 2020 年四川大学考古学系与西藏自治区文物保护研究所合作对曲贡遗址进行了第五次发掘，发掘成果尚未发表。

⑤ "曲贡遗址"分为两个部分，位于曲贡村北侧的遗址为早期遗存，属西藏新石器时代并被命名为"曲贡文化"，位于遗址西侧（军区总医院内）的"曲贡墓地"时代为晚期遗存，属"西藏早期金属器时代"。

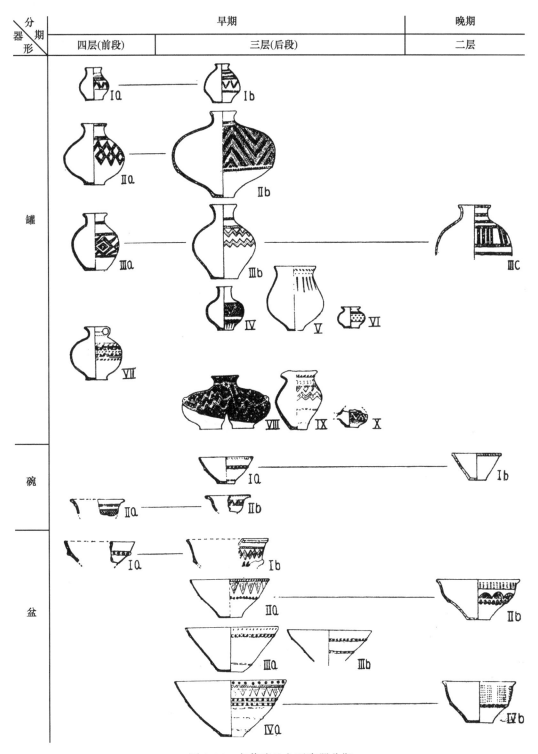

图 3-16　卡若遗址主要陶器分期

（采自西藏自治区文物管理委员会、四川大学历史系:《昌都卡若》, 文物出版社, 1985 年, 图七五）

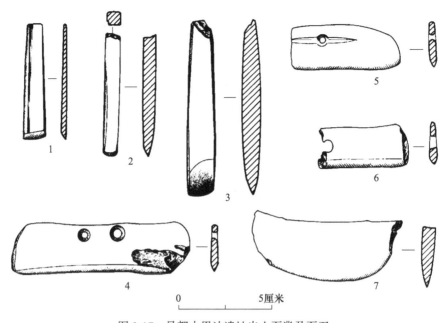

图 3-17　昌都小恩达遗址出土石凿及石刀

1～3. 石凿　4～7. 石刀

（据西藏文管会文物普查队：《西藏小恩达新石器时代遗址试掘简报》，

《考古与文物》1990 年第 1 期，图十三改绘）

图 3-18　拉萨曲贡遗址 1990 年发掘现场（由北向南拍摄）

《拉萨曲贡》将遗址划分为两个区，Ⅰ区代表遗址的早期遗存，即"曲贡遗址区"，Ⅱ区为主要分布在军区总医院院内的"曲贡石室墓地"，为晚期遗存。在Ⅰ区范围内清理发现的遗迹包括石室墓 3 座（图 3-19）、灰坑 22 个，出土遗物 1.2 万余件，包括打制石器（占石器总数 71.27%）、细石器（占 3.2%）、磨制石器和玉器（除磨盘、磨石外，占 1.5%）、陶器、骨角器等，1991 年的发掘还出土青铜镞 1 件（图 3-20～图 3-22）。遗址出土的石器有涂抹或残存红色矿物质颜料的现象。骨角器包括锥、针、梳形器、镞、刀、匕及装饰品等多类。陶器有夹砂陶和泥质陶两种，陶色以黑色、黑褐色为多，大部分陶器表面经过磨光，并以"磨花技术"施以装饰纹样；陶器器类主要有罐、钵、豆等，多带单耳或双耳，多为圜底和小圈足器，不见平底器或三足器。陶器的纹饰有

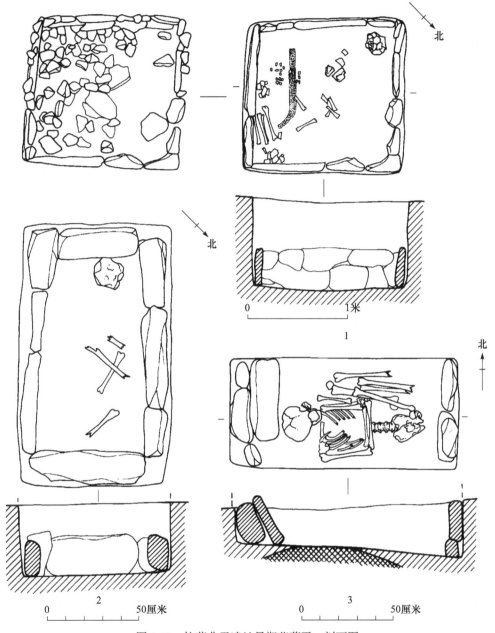

图 3-19　拉萨曲贡遗址早期墓葬平、剖面图
1. M111　2. M112　3. M109
（据中国社会科学院考古研究所、西藏自治区文物局：《拉萨曲贡》，
中国大百科全书出版社，1999 年，图 13 改绘）

刻划纹、压印纹、锥刺纹、附加堆纹、镂孔及乳钉纹等，纹样多为直线几何纹，不见绳纹和彩陶。出土的青铜镞呈扁体三角形，铸造而成，合金成分为铜 83.6％、锡

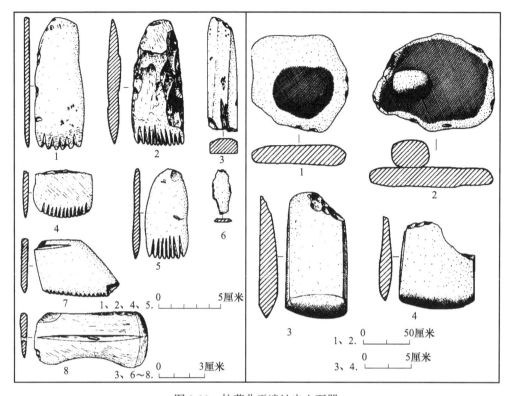

图 3-20　拉萨曲贡遗址出土石器

左：1、2、4、5. 石梳形器　3. 石凿　6. 石镞　7. 石镰　8. 石刀

右：1、2. 研色石盘　3、4. 玉锛

（据中国社会科学院考古研究所、西藏自治区文物局：《拉萨曲贡》，

中国大百科全书出版社，1999 年，图 77、图 78、图 82 选绘）

12.5％。曲贡遗存的年代根据 ^{14}C 测年数据推定为距今 4000～3500 年 [1]。其中，早期遗存根据调查者和发掘者的意见命名为"曲贡文化"，其时代晚于藏东昌都"卡若文化"，代表着雅鲁藏布江中游拉萨河河谷以农业为主（已有麦类作物青稞），兼有饲养牦牛、绵羊和狗的生业类型。已有的研究认为，"曲贡文化"陶器制作水平较高，虽未见彩陶器，却出现了精致的磨花装饰工艺；曲贡先民以特有的筑墓方式——石室墓来安葬死者；曲贡人在石片或陶片上研磨红色颜料，可能用以涂妆自身或其他物件；出土的骨质或石质短齿梳可能用以加工当时的纤维织物；"曲贡文化"仍保留着捕猎生产，猎获对象包括鹿、麝、野猪、藏野驴等。

---

[1]　中国社会科学院考古研究所、西藏自治区文物局：《拉萨曲贡》，中国大百科全书出版社，1999 年，第 219 页。近年来四川大学对遗址取样检测结果显示，曲贡遗址的年代为距今 3500 年左右。

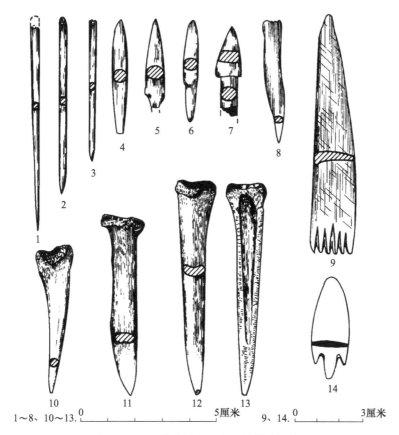

图 3-21　拉萨曲贡遗址出土骨器及铜镞

1～3. 骨针　　4～7. 骨镞　　8、10～13. 骨锥　　9. 骨梳形器　　14. 铜镞
（据中国社会科学院考古研究所、西藏自治区文物局：《拉萨曲贡》，
中国大百科全书出版社，1999 年，图 91、图 94 选绘）

（7）林芝都普遗址 [①]

都普遗址位于林芝八一镇（今林芝市巴宜区）都普村南约 150 米的原林芝印刷厂果园内，海拔 3150 米，面积不详。1988 年西藏自治区文物管理委员会业务科对遗址进行了小规模试掘，揭露面积 25 平方米，距地表以下 0.3～0.4 米即为包含陶片、炭粒的遗址文化层，出土了陶器残片 20 余片，绝大多数为夹砂红褐陶，仅有 2 片为泥质黑陶。此外，在遗址旁侧清理了石棺墓 7 座，其中 M7 为有封土的长方形石棺墓，石棺用石板砌筑，有盖板，棺长 2.25、宽 0.62～0.59 米，墓中出土了夹砂灰陶短束颈平底陶罐、长束颈平底陶壶、圜底直腹带耳陶钵各 1 件。发掘者认为都普遗址与林芝云星、居木两遗址属同一文化类型，属西藏新石器时代晚期，其年代晚于"卡若文化"而早于"曲贡文化"，石棺墓的年代则晚于遗址。

---

① 丹扎：《林芝都普古遗址首次发掘石棺葬》，《西藏研究》1990 年第 4 期，第 140、141 页。

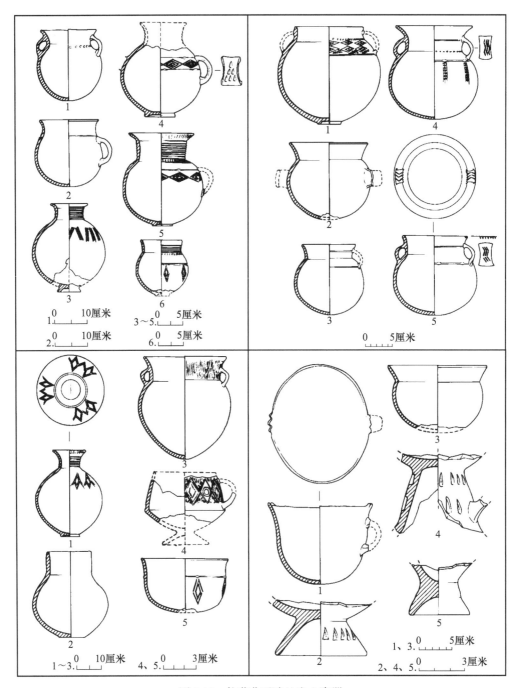

图 3-22　拉萨曲贡遗址出土陶器

左上：1. Ⅲb 式罐　2. Ⅲc 式罐　3. Ⅳb 式罐　4、5. Ⅳa 式罐　6. Ⅳc 式罐

右上：1. Ⅰ型罐　2. Ⅱ型罐　3、5. Ⅲa 式罐　4. Ⅲb 式罐

左下：1. Ⅳb 式罐　2. Ⅵ型罐　3. Ⅴ型罐　4. 圈足杯　5. Ⅰ型钵

右下：1. Ⅲ型钵　2、4、5. 杯圈足　3. 盂

（据中国社会科学院考古研究所、西藏自治区文物局：《拉萨曲贡》，中国大百科全书出版社，

1999 年，图 103～图 107、图 116 选绘）

（8）堆龙德庆达龙查遗址 [①]

达龙查遗址于 1990 年由西藏自治区文物管理委员会文物普查队调查发现并进行过试掘。遗址位于堆龙德庆县（今拉萨市堆龙德庆区）乃琼乡达龙查村，地处拉萨河右岸的沟口洪积扇，海拔 3650 米，遗址面积约 5000 平方米。1990 年的调查在遗址断崖处发现了厚 0.5 米的文化层，从中采集到石器和陶器残片等遗物。1991 年西藏自治区文物管理委员会对遗址进行了面积为 40 平方米的小规模试掘，发现了厚 0.3～2.4 米的文化层，清理了圆形、直壁、平底的灰坑 2 个，出土了包括石制品 20 余件、陶片 1000 余片、骨质纺轮 1 件和动物骨块 50 余件在内的遗物。石制品有打制石器和磨制石器两类，磨制石器有刀、锛和磨盘、磨石等，石锛为长条形，石材呈墨绿色，器身通长 19、宽 6、厚 3 厘米。陶器残片分为夹砂陶、泥质陶两类，多见夹砂红陶，另有夹砂和泥质的磨光黑陶，陶器火候较高且多为手制，少量为轮制；器形以罐为主，另有盆（钵）、碗、器盖等类，陶器表面多有烟炱痕迹，器底多为圜底，亦有低矮的圈足器，但不见平底器及三足器；陶器纹饰仅见附加堆纹一种。出土的动物骨块有牛、羊、马（？）、兔等几种。达龙查遗址诸多因素与拉萨"曲贡文化"十分相似，推测属于同一文化类型，其时代与曲贡遗址大致相当或稍晚。

（9）贡嘎昌果沟遗址 [②]

昌果沟遗址地处贡嘎县昌果乡的雅鲁藏布江北岸谷口一级阶地，海拔 3570 米，面积约 1.8 万平方米。遗址于 1991 年由西藏自治区文物管理委员会文物普查队调查发现，采集到打制石器、细石器、磨制石器及陶器残片等遗物 1000 余件；1994 年中国社会科学院考古研究所西藏工作队与西藏自治区文物管理委员会对遗址进行了联合发掘。其后西藏自治区文物局、山南文物局、四川大学考古学系又多次对遗址进行过调查和取样。1994 年的考古发掘共获得打制石器、细石器、磨制石器和陶器残片 1000 余件，石器中以细石器技术产品为最多，计有 587 件，打制石器为 257 件，磨制石器仅 6 件，三类石器占比与 1991 年采集品基本一致，但与拉萨曲贡遗址出土打制石器、磨制石器、细石器分别占比 71.27%、25.53%、3.2% 的结构迥然不同，亦未见"曲贡文化"比较普遍的"石器涂

---

① 参见索朗旺堆、何强：《堆龙德庆县发现一处新石器时代遗址》，《中国文物报》1990 年 11 月 29 日第 1 版；何强：《堆龙德庆县达龙查新石器时代遗址》，《中国考古学年鉴·1991》，文物出版社，1992 年，第 290 页；达嘎、仵君魁：《堆龙德庆县德龙查新石器遗址》，《中国考古学年鉴·1992》，文物出版社，1994 年，第 302 页；国家文物局主编：《中国文物地图册·西藏自治区分册》，"文物单位简介"（堆龙德庆县），文物出版社，2010 年，第 230 页。

② 索朗旺堆、何强：《贡嘎县昌果沟新石器遗址》，《中国考古学年鉴·1992》，文物出版社，1994 年，第 301、302 页；何强：《西藏贡嘎县昌果沟新石器时代遗址调查报告》，《西藏考古》（第一辑），四川大学出版社，1994 年，第 1～28 页；中国社会科学院考古研究所西藏工作队、西藏自治区文物管理委员会：《西藏贡嘎县昌果沟新石器时代遗址》，《考古》1999 年第 4 期，第 1～10 页。

朱"现象（图 3-23）。出土和采集的近 200 片陶片有夹砂陶和泥质陶之分，夹砂陶为多，陶色有红褐、灰、红等，以红褐陶为多；陶器多为手制，部分表面经过磨光，陶器中可辨识的器形有敛口折沿罐、侈口及直口的高领罐、侈口矮领罐、圈足碗等，陶器中带圈足、器耳或鋬手的器形较多；陶器以素面陶为主，少量陶器装饰有以刻划、压印、锥刺和堆塑等方法形成的弦纹、粗 / 细绳纹、三角纹、人字纹、竖道纹、斜道纹、麦穗纹、篦纹、圆点纹等纹样，未见彩陶（图 3-24）。昌果沟遗址出土了动物骨骼和以粟、大麦（青稞）为主的炭化作物颗粒，另有极少的小麦种子和 1 粒疑似豌豆的种子[1]，表明昌果沟先民的粮食作物已包括粟、麦两类，代表着较高水平的种植农业。根据遗址出土的动物骨块和木炭样品的 [14]C 测年数据，昌果沟遗址的年代为距今 3400～3000 年[2]，代表雅鲁藏布江中游与拉萨"曲贡文化"有别的西藏新石器时代晚期文化。

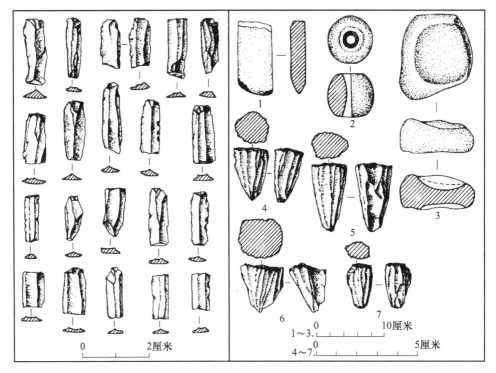

图 3-23　贡嘎昌果沟遗址的石器

左：细石叶　右：1. 石斧　2. 穿孔石珠　3. 石磨盘　4～7. 细石核

（据中国社会科学院考古研究所西藏工作队、西藏自治区文物管理委员会：《西藏贡嘎县昌果沟新石器时代遗址》，

《考古》1999 年第 4 期，图三、图四选绘）

---

① 傅大雄：《西藏昌果沟遗址新石器时代农作物遗存的发现、鉴定与研究》，《考古》2001 年第 3 期，第 66～74 页。

② 中国社会科学院考古研究所考古科技实验研究中心：《放射性碳素测定年代报告》（二三），《考古》1996 年第 7 期，第 69 页。

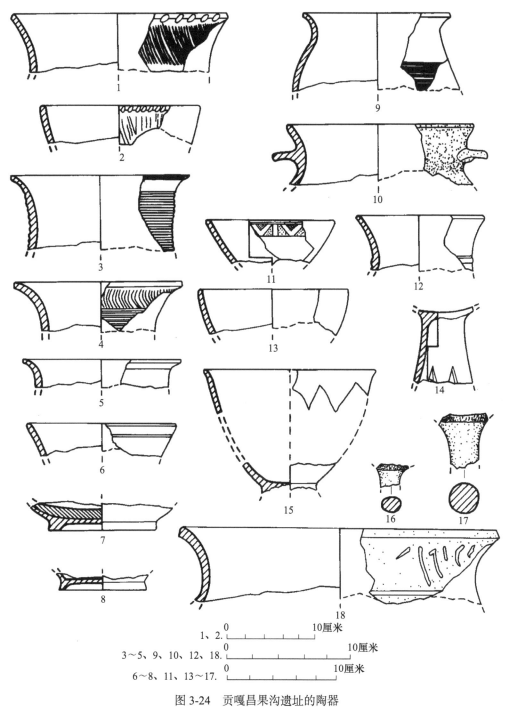

图 3-24　贡嘎昌果沟遗址的陶器

1、2. 盆　3~6、9、10、12、18. 罐　7、8. 矮圈足　11、13、15. 碗　14. 豆柄　16、17. 器足

[据何强:《西藏贡嘎县昌果沟新石器时代遗存调查报告》,《西藏考古》(第一辑),

四川大学出版社, 1994 年, 图二十二~图二十四选绘]

（10）噶尔丁仲胡珠孜遗址 [1]

丁仲胡珠孜（亦称"丁珠"）遗址地属阿里地区噶尔县扎西岗区加木乡，位于狮泉河镇西南约 5 千米处的国道 219 线西侧、狮泉河左岸支流朗曲河北侧，海拔 4260 米。该遗址于 1992 年 6 月由西藏自治区文物管理委员会文物普查队调查发现，在大约 1000 平方米的范围内采集到细石器、打制石器、陶器残片等遗物 162 件。细石器包括典型的细石核、细石叶和小石片工具，其中细石核占比 40%，以锥状石核为多；打制石器的石料与细石器大致相同，包括石核、石片、工具三类，工具中的磨制石斧毛坯、矛形尖状器、椭圆形刮削器较有特色；陶器残片共 30 片，因过于碎小（最大者仅 5 厘米 × 3 厘米）难以辨认器形，其陶质分为夹砂陶、泥质陶两种，以红色泥质陶为多；纹饰有刻划的线纹、压印的绳纹，还有一件有条形纹的彩陶片，另有一件用陶片加工而成的有孔纺轮。丁仲胡珠孜遗址的石器、陶器虽为地面采集，但现场发现有被地表砂土层掩埋的遗物，细石器中细石核占比较高，表明古代人群在此有比较长期的停留活动，结合石器工具组合和陶器残片的诸特征分析，丁仲胡珠孜可能为一处季节性营地遗址，在西藏西部高海拔地区新石器时代遗存中具有代表性（图 3-25）。

（11）当雄加日塘遗址 [2]

加日塘遗址是在 2003 年围绕"青藏铁路建设工程"开展的考古调查中发现、发掘的。遗址位于当雄县羊八井镇桑萨乡切隆多村西南约 200 米处，地处堆龙曲河二级阶地，海拔 4234 米。遗址面积约 3.6 万平米，2003~2004 年由西藏自治区文物局与陕西省考古研究所联合进行了三次发掘，揭露面积近 3000 平方米，采集和出土石制品及陶片近 2800 件，清理灰坑遗迹、火塘遗迹各 1 处及地表敷石遗迹 2 处。采集和出土遗物 92% 为石制品，石制品中绝大多数为细石器产品（细石核、细石叶）及其碎屑和断块，另有少量打制石器和穿孔石球、磨盘、磨石等石工具（图 3-26、图 3-27）。陶片均为夹砂陶，陶色以灰色为主，其次为褐色、灰褐色、红色；陶片纹样为采用刻划、压印、戳印、堆塑等方法形成的斜道纹、竖道纹、旋射线纹、人字纹、齿状纹、方格纹、弦纹、平行线纹、绳纹、齿槽纹、戳点纹、指甲纹、乳钉纹等，其中刻划纹占大多数；可辨识的器形主要有罐（图 3-28）。加日塘遗址文化层较薄，出土物较多，且清理出火塘、柱洞、敷石等遗迹，推测该遗址为流动性人群的季节性定居点。遗址年代根据 ^{14}C 测年数据为距今 3200~2900 年，属于西藏新石器时代晚期，代表着藏北高原与雅鲁藏布江中游河谷接壤地带的文化类型。

---

[1] 索朗旺堆主编，李永宪、霍巍、更堆编写：《阿里地区文物志》，西藏人民出版社，1993 年，第 36~43 页。

[2] 西藏自治区文物局、四川大学考古系、陕西省考古研究所：《青藏铁路西藏段田野考古报告》，科学出版社，2005 年，第 53~109 页。

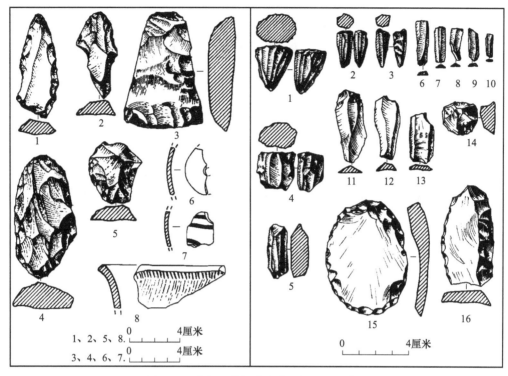

图 3-25　噶尔丁仲胡珠孜遗址的石器及陶片

左：1、2. 尖状器　3. 斧状砍砸器　4. 砍砸器　5. 刮削器　6. 陶片纺轮　7. 彩陶片　8. 陶器口沿残片

右：1~5. 细石核　6~10. 细石叶　11~13. 石叶　14. 刮削器　15. 切割器　16. 边刮器

（据索朗旺堆主编，李永宪、霍巍、更堆编写：《阿里地区文物志》，西藏人民出版社，1993 年，
图 12~图 14 选绘）

（12）芒康亚那遗址[①]

亚那遗址于 2006 年由西藏自治区文物保护研究所、陕西省考古研究院、四川省文物考古研究院联合考古队调查发现。遗址位于芒康县木许乡本许村三组亚那村，地处澜沧江右岸山前缓坡地带，东距江面约 140 米，西距仁丹寺 30 米，高出江面约 80 米，海拔 2302 米。遗址地面现为农耕梯地（田），面积约 10500 平方米。在梯地断面上发现灰土文化层，采集到陶片 20 件、石镯 2 件、磨制石器残段 1 件、有"涂朱"痕迹的石片 1 件。陶片以夹粗砂灰陶、灰褐陶为多，另有少量夹砂红陶和泥质灰褐陶；根据陶片观察分析，亚那遗址的陶器皆为手制，火候较高，器表纹饰以细线纹和交错细线纹为主，另有少量堆塑纹，个别陶片上有单向穿孔，可辨器形有钵（盆）、罐等，均为平底器。遗物特征与"卡若文化"相似，推测亚那遗址的年代为西藏新石器时代晚期。

① 哈比布：《古水水电站西藏境内淹没区考古调查简报》，《西藏研究》2010 年第 2 期，第 41~51 页。

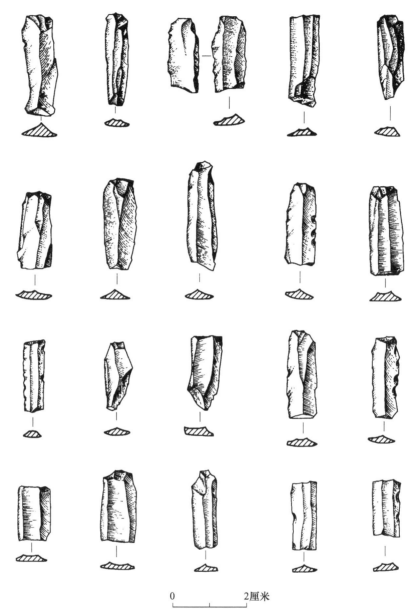

0   2厘米

图 3-26 当雄加日塘遗址的细石器

（据西藏自治区文物局、四川大学考古系、陕西省考古研究所：《青藏铁路西藏段
田野考古报告》，科学出版社，2005 年，图五〇、图五一选绘）

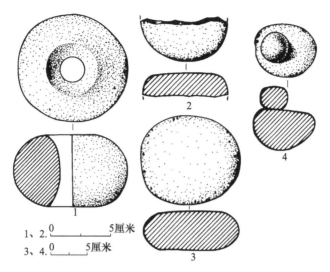

图 3-27 当雄加日塘遗址的石器

1、2. 穿孔石器 3、4. 磨盘及磨石

（据西藏自治区文物局、四川大学考古系、陕西省考古研究所：《青藏铁路西藏段
田野考古报告》，科学出版社，2005 年，图六二、图六四选绘）

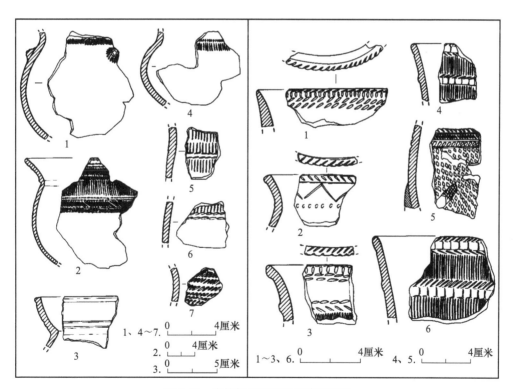

图 3-28 当雄加日塘遗址的陶器残片

左：1~4. 罐 5~7. 肩、腹部残片 右：1. 盆 2~6. 罐

（据西藏自治区文物局、四川大学考古系、陕西省考古研究所：《青藏铁路西藏段
田野考古报告》，科学出版社，2005 年，图六五~图六八选绘）

（13）拉孜廓雄遗址 ①

廓雄（Khog gzhung）遗址于 2013 年 9 月由西藏自治区文物保护研究所调查发现。遗址位于拉孜县曲玛乡昌庆村至藏村公路的北侧，地处雅鲁藏布江左岸冲积扇前缘，海拔 4000 米左右，遗址面积约 4000 平方米。调查时在穿过遗址的冲沟壁上发现暴露的 2 个灰坑，坑内堆积可分 5 层，总厚度 1.2 米，包含陶片、炭粒及动物骨块等遗物。采自灰坑和地面的 20 余件陶片以夹细砂陶为主，少量为夹砂陶，陶色以褐色为主，另有少量的灰黑色陶和极少量红褐色陶；部分陶片内外皆经过打磨，有的器表残存黑色炱痕，器形仅见高领器；陶片装饰纹样有刻划的斜线网格纹、竖线纹、弦纹等；陶器多为手制。从灰坑中采集的土样和炭屑经实验室检测到青稞粒，其测年数据为距今 3200 年。廓雄遗址是雅鲁藏布江中游首次发现的新石器时代遗址，遗址中的青稞粒则是在该地区首次发现的史前种植农业证据。

（14）革吉梅龙达普洞穴遗址 ②

梅龙达普洞穴遗址由西藏自治区文物保护研究所、中国科学院古脊椎动物与古人类研究所联合考古队于 2018 年调查发现，当年及次年进行了两次发掘。遗址位于革吉县驻地以南约 30 千米处的森布村，洞穴地处狮泉河左岸的石灰岩山体中部，海拔约 4600 米，是西藏目前所知海拔最高的新石器时代遗址。遗址包括两个并列的石灰岩水平洞穴，洞口朝向西南，高出狮泉河河面约 40 米，其中 1 号洞洞内面积 1000 余平方米，2 号洞洞内面积约 250 平方米，在洞穴内和洞穴外的冲积扇缓坡地面均采集到大量石制品等遗物。2018 年联合考古队将洞内堆积分为两个探方共发掘了 5.5 平方米，发掘深度达 3.5 米，出土文化遗物的地层可分为上、下两层，上层出土燧石、玛瑙、黑曜石等石材的典型细石核、细石叶和加工精致的小石片工具，细石核以锥状和半锥状为主，细石叶两侧缘平行且窄而长，十分规整；与细石器共出的还有陶器残片，陶片包括红褐色夹砂陶质和黑色泥质陶质两种。下层出土物主要是板岩、角岩等石材制作的石片工具。上层提取样品的 ^{14}C 测年结果为距今 4000 年的西藏新石器时代。此外，梅龙达普洞穴内壁上还发现赭红色颜料涂绘的岩画，图像主要有手形、人形、带芒线的太阳等，岩画与地层中出土物是否属同一时期尚待确定（图 3-29）。

---

① 夏格旺堆：《西藏拉孜县发现新石器时代晚期遗址》，《西藏大学学报》（社会科学版）2014 年第 3 期，封二。

② 何伟、靳英帅、谭韵瑶：《西藏阿里狮泉河流域梅龙达普发现大型史前洞穴遗址》，"文博中国"微信公众号 2019-01-03 发布，中国社会科学院考古研究所"中国考古网"转载，https://www.kaoyu.cssn.cn/zwb/201901/t20190103_4805726.shtml。

图 3-29　梅龙达普遗址

（15）林芝立定遗址 [①]

遗址地属林芝市巴宜区立定村，地处尼洋河与雅鲁藏布江汇口西北约 2 千米的河流阶地，海拔约 2900 米。2019 年西藏自治区文物保护研究所与中国科学院青藏高原研究所共同组成的"藏东南人类活动遗迹及生存环境调查队"对该遗址进行了小规模发掘，共布设标准探方 3 个，清理发现两道石墙和一条水沟等遗迹，出土了陶器残片、打制石器、磨制石器、骨器、动物骨块等遗物。根据泥土和炭粒、骨块样品的 ^{14}C 检测及古 DNA、光释光、植硅体等其他样品检测结果综合分析，立定遗址的年代为公元前二千纪中晚期，即距今 3500 年前后。

迄今为止，经由田野考古调查或发掘的西藏新石器时代遗址除上述 15 处之外，还有部分遗址在田野考古结束之后处于资料整理、分析研究阶段而尚未刊布，如昌都察雅县江钦遗址、比果哇遗址、亚许遗址，山南乃东区的邦唐布遗址，日喀则康马县玛布错湖滨遗址，林芝波密县的拉颇遗址等 [②]，故西藏已发现的新石器时代遗址不少于 20 处。通过对这些材料的综合分析，大致可以推断西藏高原在距今 6000 年之后，史前文化进入了一个新的发展和变革时期，其主要标志是生业经济、聚居方式出现了转变。在普遍存在的捕猎采集生产之外，出现了农作物种植、驯养动物等生计方式，高原人

[①]　何伟：《林芝市巴宜区立定遗址 2019 年考古发掘》，《2019 年度西藏文物保护研究所业务工作公众分享报告会纪要》（二），西藏自治区文物保护研究所（微信公众号），2020 年 4 月 22 日发布。

[②]　这些遗址或地点主要见于西藏自治区文物保护研究所、四川大学考古学系与中国藏学研究所、陕西省考古研究院、中国科学院古脊椎动物与古人类研究所、中国社会科学院考古研究所、四川省文物考古研究院及西藏各地、市、县文物/文化部门等机构和单位近年来开展的考古调查和文物保护调查等田野资料。

群的聚合出现了不同地理区（与海拔、土地及植被资源有关）的不同方式，在低海拔河谷地区形成了长期定居的"村落"，在高海拔地区则可能有"穴居"（洞穴）和季节性营地等多种方式。不同地理区的人群在不同环境与地域文化的影响下，发展出了区域性的文化类型，在文化因素的构成上，则显示出西藏新石器时代文化与黄河上游、横断山区及喜马拉雅西部等邻近地理区的史前文化有着程度不同的交流互动。这些已知的考古材料成为我们认知和探究西藏史前新石器时代文化的主要基础。

三、西藏新石器时代文化的主要特征

1. 西藏新石器时代的起止时间

西藏田野考古目前尚未发现明确的旧石器时代与新石器时代交替时期的遗存，故西藏新石器时代的起始时间仍有待明晰。迄今所见年代确定、时代最早的新石器时代遗址是距今5500～3900年的昌都卡若遗址，可作为西藏东部新石器较早时期文化的代表，但就整个青藏高原而言，"卡若文化"未必就是西藏新石器时代起始的标志，这个问题可从两个方面略加讨论。

首先，青藏高原4000米以上的高海拔地区发现了多处全新世以来的石器遗存，它们中的绝大多数虽无测年数据或地层标志，但通过石器技术的分析可发现部分地点存在若干"早期特征"的细石器，如直接法石叶和长石片技术，以及楔形石核修理技术等典型的细石器工艺特征[1]，特别是楔形石核的制作及其石叶剥制技术在藏北申扎双湖地点[2]、藏南聂拉木地点[3]、雅鲁藏布江上游的仲巴县城北地点[4]和青海西大滩Ⅱ地点[5]、玉树参雄尕朔遗址[6]、贵南拉乙亥遗址[7]等都有着比较一致的反映。在技术类型上，以扁体细石核为主的特征与"卡若文化"细石器中圆体细石核占比52%的"成熟的细石

---

① 李永宪：《西藏仲巴县城北石器遗存及相关问题的初步分析》，《考古》1994年第7期，第624～628页。

② 安志敏、尹泽生、李炳元：《藏北申扎、双湖的旧石器和细石器》，《考古》1979年第6期，第481～491页。

③ 戴尔俭：《西藏聂拉木县发现的石器》，《考古》1972年第1期，第43、44页。

④ 李永宪、霍巍：《西藏仲巴县城北石器地点》，《考古》1994年第7期，第577～586页。

⑤ 汤惠生、李一全：《高原考古学：青藏地区的史前研究》，《中国藏学》2012年第3期，第49～56页。

⑥ 韩芳、蔡林海、杜玮等：《青南高原登额曲流域的细石叶工艺》，《人类学学报》2018年第37卷第1期，第53～69页。

⑦ 盖培、王国道：《黄河上游拉乙亥中石器时代遗址发掘报告》，《人类学学报》1983年第2卷第1期，第49～59页。

器技术"相比较，显示出更为原始的性质。此外，青海玉树参雄尕朔和贵南拉乙亥两处遗址的 ^{14}C 测年数据都落在距今 8000～7000 年之间，说明在"卡若文化"形成之前，青藏高原部分地区以采集狩猎为生的人群已经掌握了细石器技术并有一定范围的生存活动，他们代表着比"卡若文化"时代更早的高原人群，或正如《昌都卡若》作者所言，他们应是青藏高原史前居民中的"一种土著民族"[①]。

其次，从古气候研究的观点来看，距今 7000～3600 年的中全新世时，青藏高原随着全球性气候"大暖期"的出现而进入一个更适合人类发展的"湿温（适宜）"期[②]，这一时期的气温、降水量及河湖水位都比现今要高很多。青藏高原的"大暖期"，在考古材料中至少有两个反映值得注意：一个关注点是已知的全新世（新石器时代）石器遗存地点与更新世末期（旧石器时代晚期）石器地点相比较，前者在分布范围和遗存地点数量上皆有明显的扩展和增加，而在海拔上则表现为明显的整体降低，或可说明进入全新世之后高原人群有了更为广泛的分布和更大规模的人口。另一个关注点，则是中全新世高原气候"湿温期"使黄河上游地区的史前粟作农业因素可能在此期间向青藏高原扩散，在高原东部形成了如"卡若文化"等具有黄河流域旱作农业因素的新石器文化。古气候学的研究还认为，青藏高原"中全新世［(8.7～7) ka～(4～3) ka BP］是全新世气候的最佳时段，……这个时段的鼎盛期，在我国多数地区出现在 7.2ka～6ka BP，……特别是东部和南部的高原面上气温较高，比现代高 4℃～5℃。此值远高于 Frenzel（1991）推算的北半球平均升温值 1.5℃。年降水量增加，比现代多 100mm～200mm。暖湿的气候十分有利于人类活动"[③]。这里所说的 6000～7000 年前的暖湿气候"鼎盛期"和青藏高原"东部和南部"提示了一种时空对应关系，即黄河流域粟作农业渗入高原的时间和地域，是与西藏原始农业的出现密切相关的。综合起来看，可认为青藏高原进入全新世之后，由于高原东部存在比"卡若文化"时代更早的使用细石器的采集狩猎人群，又因 6000～7000 年前时正值高原"全新世气候最佳时段的鼎盛期"，所以黄河流域粟作农业人群与高原土著人群的互动，完全可能比"卡若文化"上限的 5500 年[④]更早，即西藏新石器时代农业因素的出现有可能早至距今 6000 年

① 西藏自治区文物管理委员会、四川大学历史系：《昌都卡若》，文物出版社，1985 年，第 155 页。

② 陈克造、J. M. Bowler、K. Kelts：《四万年来青藏高原的气候变迁》，《第四纪研究》1990 年第 1 期，第 21～30 页。

③ 施雅风、李吉均、李炳元主编：《青藏高原晚新生代隆升与环境变化》，广东科技出版社，1998 年，第 433～435 页。

④ 《昌都卡若》报告提出"卡若文化"年代为距今 5300～4000 年，根据其后对卡若遗址两次发掘检测的多个 ^{14}C 数据综合分析，有研究者认为"卡若文化"的起止年代可修订为距今 5500～3900 年，可参见吕红亮：《跨喜马拉雅的文化互动：西藏西部史前考古研究》，科学出版社，2015 年，第 34 页"表 3-1"及脚注①。

前后。西藏新石器时代的结束则可以金属器普遍出现、畜牧生业形成作为主要标志。故此，我们推断西藏新石器时代的起始可能不晚于距今 6000 年，大致结束于距今 3000 年左右，相信随着考古材料的增加和相关研究的推进，西藏新石器时代的上下限亦可以更加明确，或被重新定义。

2. 西藏新石器文化的区域特征

如前文所述，考古材料显示西藏新石器时代文化的面貌具有一定的区域差异，即不同地理区的新石器文化在物化特征上并不完全相同。就西藏新石器时代人类活动遗存的环境而言，从旧石器时代遗存地海拔高差的数百米（4100～4900 米）扩大到数千米（500～5200 米）。人类活动遗存地的海拔高差一方面反映了全新世"大暖期"对高原人群活动范围的牵引和推动作用，另一方面也显示不同地理区的人群在适应环境和生存方式上的选择性差异，从而表现出不尽相同的文化面貌和不同的生业特征。根据目前的考古材料及相关线索，以考古学文化面貌差异为主，结合地理环境的差异性，可以把西藏新石器时代文化划分为三个大的区域，即西藏东南地区、西藏西北地区、西藏中部地区。

（1）西藏东南地区

这一地区主要指西藏自治区东南部海拔较低的江河峡谷地理区，包括金沙江、澜沧江、怒江及雅鲁藏布江（下游）的几条大型江河及其支流流域。其中，藏东南典型的考古学文化可以昌都卡若遗址命名的"卡若文化"为代表，其时代约距今 5500～3900 年。类似的遗址还包括昌都小恩达遗址（早期遗存），察雅江钦遗址、比果哇遗址、亚许遗址，芒康亚那遗址等。它们主要分布在藏东澜沧江及其支流流域，地处海拔 2300～3300 米的深切峡谷山区。以卡若遗存为例，其考古学文化的主要特征是：有平面呈圆形、方形及长方形的半地穴式或地面居住建筑；石质工具中打制石器占 85％ 左右，磨制石器以条形的斧、锛、凿及有孔石刀为主，细石器技术成熟、特征典型；陶器以灰褐色夹砂陶系为主，主要器形有罐、盆、碗（钵）等，均为平底器，耳、流不发达，陶器纹饰中除刻划纹、压印纹外，有绳纹和极少量彩陶；动物遗存以野生种类为主；装饰品种类丰富。卡若遗址发现的粟类作物（粟、黍）是目前所知西藏最早的农作物遗存，但卡若的生业经济仍存在着狩猎及采集渔捞，其生计类型应属于农耕＋狩猎采集型。"卡若文化"在从早期到晚期的发展过程中，出现了磨制工具数量递减、细石器工具数量上升的趋势，有研究者认为这与"卡若文化"晚期出现了农业向牧业的转化有关[①]，但也有研究者认为卡若遗存从早期到晚期并无明确的牧养动物或家畜，动物群从早期到晚期的变化主要是野生动物种类和数量的增加，反映了卡若居民晚期

---

① 霍巍：《论卡若遗址经济文化类型的发展演变》，《中国藏学》1993 年第 3 期。

捕猎动物活动在规模和活动范围上有所扩大[①]。"卡若文化"早、晚期遗存中都发现了粟类作物，晚期阶段还出现麦类种粒，因而"卡若文化"具有生产活动、生存资源多样化的特征，这与该文化地处第四纪以来生物多样性保存很好的横断山区的生态背景有关。

与"卡若文化"比较接近的是雅鲁藏布江下游及其支流等以林芝地区为主的低海拔山地林区的新石器遗存。主要考古材料有林芝云星、居木、都普、砖瓦厂[②]等遗址，同时包括林芝加拉马、红光及墨脱、朗县境内的10余处石器采集地点。林芝砖瓦厂等几处遗址虽有过小规模的试掘但并未获得明确的测年数据，研究者主要根据陶、石器等遗物的形态特征认为其文化面貌与"卡若文化"相似或相同。而有关林芝盆地古环境的研究认为，在砖瓦厂地点地质剖面的第9层中，黏土的矿物成分分析显示其处于全新世温暖湿润气候期（又称"广昌高温期"），该时期距今约8000~5000年[③]。但由于该地层缺乏文化遗物，所以砖瓦厂遗址的具体年代未能确定。从林芝、墨脱等地出土或采集的遗物来看，与"卡若文化"相似之处表现为磨制石器形态相近，长条形（长方形）的锛、斧、凿、刀等工具形制特征明显，陶器器形以罐、钵（碗）、盘（盖）为主，器耳较发达，以平底器为主（但有少量圜底器），与"卡若文化"的差异主要表现为石器中不见细石器技术及产品等。西藏东南地区新石器遗存的海拔总体上低于西藏西北地区和中部地区，最高者3300米，最低者仅500米，藏东南地理区已知的新石器遗存主要代表着一种较低海拔的山地林区文化。

（2）西藏西北地区

"西藏西北地区"是一个广袤的地域概念，大致包括唐古拉山脉以南、冈底斯山以北的那曲地区、喜马拉雅山以北的阿里地区，以及日喀则地区昂仁县以西的雅鲁藏布江上游（仲巴、萨嘎县域及吉隆县北部）等历史上以牧业为主的高海拔地理区，其地貌环境以河湖阶地、湖盆宽谷、山麓缓坡地带为主。关于西藏西北部新石器时代文化的认识，过去一段时间囿于考古材料及研究视野，或鉴于该地区新石器文化的面貌有别于东部"卡若文化"及中部的"曲贡文化"，曾笼统地将其称为"藏西北文化类型"[④]。

多年来，在高海拔的西藏西部和北部地区不断发现大批史前石器遗存地点，据粗略统计已超过150处，分布高度多在海拔4000~5200米。这些石器遗存又可分为两个系统：一是以细石核、细石叶为标志的典型细石器技术产品，部分地点也有小石片工

①　李永宪：《卡若遗址动物遗存与生业模式分析——横断山区史前农业观察之一》，《四川文物》2007年第5期，第50~56页。

②　王恒杰：《西藏林芝地区的古人类骨骸和墓葬》，《西藏研究》1983年第2期，第112~114页。

③　陈万勇：《西藏林芝盆地新生代晚期的自然环境》，《古脊椎动物与古人类》1980年第1期。

④　李永宪：《西藏新石器时代考古学文化的几个问题》，《中国西南的古代交通与文化》，四川大学出版社，1994年，第275~298页。

具（最长边不超过 50 毫米），石料岩性多见硅质岩、燧石、水晶、石英、黄玉、火山岩、角岩、角页岩等；细石器包括扁体和圆体的细石核、两侧缘平行的细石叶，细石核中扁体楔形石核为多。根据对石核和石叶的观察，部分地点也存在直接法剥制石叶的技术。二是以石片石器为主的遗存地点，少数地点有大石片工具及石核、砾石工具与之共存。

西藏西北地区的石器遗存与西藏东南地区、中部地区的新石器遗存相比较有几个特点：一是遗存分布范围与已知的西藏旧石器时代遗存分布区基本重合，表明西藏高海拔区的史前人类活动历史相当久远，新石器文化应有一定的高原本土渊源；二是西藏西北地区尚未发现新石器时代的定居农业聚落遗址，但该地区新石器时代的狩猎采集人群与相邻地理区的农业人群保持着密切的互动关系，如距今 3000 年左右的当雄加日塘遗址，地处海拔 4234 米的农、牧生业区交接地带，出土与细石器共层的陶器（残件），发现了火塘等居住遗迹，被认为是新石器时代末期的季节性营地遗址；三是西藏西北地区新石器时代人群的居住形式可能不同于西藏东南部和中部地区，一个明显的例子是革吉县距今 4000 年的梅龙达普遗址，该遗址地处海拔 4600 米的阿里高原，是一处使用陶器和细石器、长期居住的河流附近的洞穴遗址。

值得提及的还有位于狮泉河畔的丁仲胡珠孜遗址[①]。丁仲胡珠孜（亦称"丁珠"）遗址地处狮泉河左岸支流朗曲河的北侧，海拔 4260 米，1992 年 6 月由西藏自治区文物管理委员会文物普查队调查发现并采集到细石器、打制石器共 132 件和陶器残片 30 件，其中 1 件燧石原料制作的梯形石斧毛坯显示该地点可能已有磨制石器技术；而 30 件陶器残片显示的夹砂黄褐陶、泥质红陶等陶系特征，以及刻划线纹、压印绳纹和条形纹彩陶等陶纹特征和 1 件陶片制成的带孔纺轮残件等特征，则表明丁仲胡珠孜可能是一处史前人群在此有过较长时期停留的旷野遗址。丁仲胡珠孜遗存虽然没有 ^{14}C 测年数据，但结合相距 100 多千米、同处狮泉河左岸、海拔约 4600 米、已知年代为距今 4000 年的革吉县梅龙达普洞穴遗址来看，二者同处 4200 米以上的高海拔地区，皆是有细石器与陶器共存的定居遗址，它们可能代表着西藏西部高海拔地理区新石器文化的某些特征。

西藏西北地区新石器时代遗存大多缺乏测年数据，其文化的地域性分布目前还不清晰。从现有的考古材料看，西藏西北地区新石器文化的起始年代应当不会晚于藏东卡若遗存，只是现有考古测年数据还不多，且仅见于距今 4000～3000 年这一时段。在遗址类型上，西北地区的新石器文化包括不同形式的定居或半定居遗址，特别是"穴居式"遗址可能有比较久远的源流。在今后的工作中，有关西藏西北高海拔区的居住

----

① 索朗旺堆主编，李永宪、霍巍、更堆编写：《阿里地区文物志》，西藏人民出版社，1993 年，第 36～44 页。

遗迹、与生产经济相关的动植物遗存、石工具类型及技术、墓葬形式等多个专题的研究，将是认知西北高原新石器文化的重要基础。近十年来有学者对西藏西部新石器文化的专门梳理与研究显示，西藏西部与南亚北部的喜马拉雅地区史前文化有过密切接触，它们之间的一些共性因素表明，"跨喜马拉雅"的文化互动早在新石器时代就已存在[①]，因此要进一步了解西藏高海拔地理区的新石器文化，仍有待于持续不断的、有更宽广视野的研究工作。

（3）西藏中部地区

"中部地区"主要指雅鲁藏布江中游及其两侧支流流域的广大地区，大致相当于西藏历史上的"卫、藏"地区或俗称的"西藏腹心地区"。中部地区新石器时代遗存主要有拉萨曲贡遗址、贡嘎县昌果沟遗址、堆龙德庆达龙查遗址、拉孜县廓雄遗址等，此外，还包括在拉萨河流域堆龙德庆、曲水、达孜、林周等区县和雅鲁藏布江南岸贡嘎县域内调查发现的 10 余处打制石器地点[②]。中部地区新石器时代遗存的地貌特点是以海拔 3500～4000 米的低山及其河谷沟口、山前缓坡地带为主，历史上属于以农为主或半农半牧的生业经济区。从考古报告的 [14]C 测年数据看，拉萨曲贡遗址的年代为距今 4000～3500 年，贡嘎昌果沟遗存为距今 3400～3000 年，拉孜廓雄遗址的测年数据为距今 3200 年前，堆龙德庆达龙查遗址与邻近的达孜、曲水等 7 处石器地点尚无测年数据，被认为与"曲贡文化"接近，部分遗存的年代可能与"曲贡文化"相当。总起来看，中部地区新石器文化目前的年代数据集中在距今 4000～3000 年，但从更多的迹象或线索来看，中部地区新石器文化起始时间应更早一些，随着考古发现与研究的扩展，该区域新石器时代的上限将会进一步明确。

西藏中部地区新石器文化的特征十分明显，如拉萨河流域的"曲贡文化"作为雅鲁藏布江中游新石器时代的代表性文化，与东部"卡若文化"相比较，"不论在时代上还是在文化内涵上，都有很大的不同，它们是分布在不同地域的两支不同类型的高原史前文化"[③]。曲贡遗址代表的中部新石器文化其物化特征主要表现为：用石块砌筑边框的灰坑、窖穴和墓葬等遗迹显示中部地区新石器时代的建筑流行"以石为材"；生产工具以打制石器为大宗，砾石石片利用率较高，表明石器打制技术普遍具有较高水平；

① 吕红亮：《跨喜马拉雅的文化互动：西藏西部史前考古研究》，科学出版社，2015 年。

② 国家文物局主编：《中国文物地图册·西藏自治区分册》，"文物单位简介"（达孜县、曲水县、堆龙德庆县），文物出版社，2010 年，第 219、230 页；郭周虎、颜泽余：《拉萨河流域石器地点》，《中国考古学年鉴·1992》，文物出版社，1994 年，第 299 页；索朗旺堆、何强：《贡嘎县岗堆乡打制石器地点》《贡嘎县杰德秀镇打制石器地点》《贡嘎县多吉扎细石器地点》，《中国考古学年鉴·1992》，文物出版社，1994 年，第 297～301 页。

③ 中国社会科学院考古研究所、西藏自治区文物局：《拉萨曲贡》，中国大百科全书出版社，1999 年，第 222 页。

磨制石器中以加工食物或颜料的磨盘和磨石为多，相较于西藏东南部地区常见的条状磨光石斧、锛、凿等器类则很少；磨制的"短齿梳形石器"较有特色，而骨器中也有此类器形并发现带针鼻的骨针，说明该地区当时已出现原始的织物及其缝纫技术；细石器出土数量除个别遗址（如贡嘎昌果沟遗址）以外比较少见，发现的细石叶残段多为角岩或角页岩，石材选料不及西藏东部、西北高海拔地区细石器丰富多样。中部地区的陶器群与藏东"卡若文化"陶器也有明显的差异，器类以较小的罐、碗、豆、盂、杯、钵等为主，数量上食器占多数；器形以圜底器为大宗，也有少量的圈足器，但不见平底器，其中单耳杯、带把豆等器形比较有代表性，表明有饮用液体食物的习俗；中部地区发现的陶器注重装饰，采用磨光、磨花、剔刺、刻划、堆塑等多种手法形成十分丰富的各种纹样，其中曲贡遗址发现的"磨花工艺"最有特色，在西藏及邻近地区的史前文化中都极为罕见；陶器颜色以褐色、灰色为多，不见彩陶器，有夹砂陶和泥质陶两大陶系。中部地区的曲贡、昌果沟等遗址的石质工具上均发现有"涂朱"现象，数量较多的磨盘、磨石遗留着红色颜料的痕迹，从研磨颜料的体量看，红色颜料可能用于妆饰，也可能用于其他物件的局部涂染。

　　贯穿西藏新石器时代文化最主要的特征是出现了种植农业，从而导致西藏高原史前人群发生了新的分化，在不同的地理环境中，高原居民形成了不同生业模式和不同区域的聚类分布。中部地区新石器文化值得关注的一个重点是它的农作物，如在贡嘎昌果沟、拉孜廓雄等遗址发现距今 3200 年前后的青稞等麦类遗存，曲贡遗址所处海拔比昌都卡若遗址高出 400 米左右，但"由于地区、地形的差异，卡若和曲贡属于不同的植被分区，因此孢粉组合相差很远。卡若遗址中包含更多的乔木植物花粉，……而曲贡的组合中则反映了高寒草原的植被特征"[①]。曲贡遗址的孢粉分析曾发现草本植物中的禾本科（Gramineae）花粉，但不能确认其属种及其与栽培农作物之间的关联性。雅鲁藏布江中游河谷宽阔，可耕土地及灌溉条件相对优越，先前的发掘中虽未提取到农作物遗存，不过从曲贡遗址等中部各遗址中数量较多的磨盘、磨石等工具来看，"曲贡文化"的生产经济应是以农业为主，兼有狩猎的类型，农作物种类有可能与昌果沟遗址相类似，即包括粟、麦等两类。曲贡遗址的灰坑 H12 出土了 1 件铸造的青铜镞，略呈扁体叶片状，短铤，尖翼，形态与该遗址出土的玉镞接近，发掘者认为应是本土制造，这也是西藏迄今所知年代最早的金属器。

　　上述西藏新石器时代的三大地域性文化只是一个概括的归纳，各区域内所涵盖的文化内容也有一定程度的差异，如中部的昌果沟遗存虽与拉萨河谷的"曲贡文化"距离不远、时代稍晚，但与曲贡遗存打制石器、磨制石器、细石器分别占 71%、26%、

_____

① 　中国社会科学院考古研究所、西藏自治区文物局：《拉萨曲贡》附录三《曲贡遗址孢粉分析研究报告》，中国大百科全书出版社，1999 年，第 244～246 页。

3% 的比例结构不同，昌果沟遗址的打制石器、磨制石器、细石器所占比例分别为 30%、1%、69%，细石器所占比例明显要高很多，在陶器器类上也有明显差别[1]。而离曲贡遗址更近的堆龙德庆达龙查遗址，在试掘中（1991 年）完全不见细石器，陶器器类亦有不同[2]。这些同一区域内考古材料所呈现的差异，可能与它们之间的相对年代早晚有关，也可能与发掘工作限制和研究深度有关。但从总体上看，西藏新石器时代的聚落型遗址、种植农业等要素，主要分布于东南部和中部等海拔较低、水系发达的地区，其中的雅鲁藏布江中游是西藏新石器时代晚期文化发展水平最高、内容最为丰富的区域。在物质技术方面，"曲贡文化"青铜器、玉器、磨花陶器都显示了其文化及产品的发达程度，代表了西藏金属器时代的先声。在农业发展水平上，昌果沟、廓雄、邦嘎等遗址距今 3200 年前后的青稞等麦类遗存，或表明西藏早期粟类作物可能最早在雅鲁藏布江中游地区被麦类作物所替代，并由此发展出集约化的青稞种植农业。而在生业结构的转化方面，雅鲁藏布江中游的邦嘎、邦塘布等遗址和该区域邻近的当雄加日塘等遗址所发现的距今 3000 年前后的畜牧文化因素，暗示了该区域在西藏畜牧业的出现与发展中具有重要的区域性意义。简言之，中部地区的新石器文化代表着西藏新石器时代晚期的文化高峰，是西藏新石器时代居民"迈开了跨入青铜器时代的步伐"[3]的一个关键地区。

3. 西藏新石器时代的文化互动

　　西藏新石器时代区域文化面貌的不同，奠定了西藏史前时期多部落群团格局的基础，这种文化格局与多样性地理环境和生业形态的背景有关，另外，这也与西藏新石器时代同高原周邻地理区史前文化交流互动有关。

　　（1）与黄河流域史前文化的关系

　　"卡若文化"发现之后，发掘者认为这"是一种吸收了西北氐羌系统文化而发展起来的土著文化"，同时"在澜沧江以东、川西高原、滇西北横断山脉的诸原始文化中，可追见卡若文化的部分因素"[4]。这个观点首先注意到了西藏与黄河上游史前文化的距离和时代关系，而最能显示二者之间关联性的则是黄河流域粟类作物向西藏的传播，从

---

　　① 中国社会科学院考古研究所西藏工作队、西藏自治区文物管理委员会：《西藏贡嘎县昌果沟新石器时代遗址》，《考古》1999 年第 4 期，第 1～10 页。

　　② 达嘎、仵君魁：《堆龙德庆县德龙查新石器遗址》，《中国考古学年鉴·1992》，文物出版社，1994 年，第 302 页。

　　③ 中国社会科学院考古研究所、西藏自治区文物局：《拉萨曲贡》，中国大百科全书出版社，1999 年，第 228 页。

　　④ 西藏自治区文物管理委员会、四川大学历史系：《昌都卡若》，文物出版社，1985 年，第 151～156 页。

而使"卡若文化"成为西藏史前农业的地域性标志。

中国是粟类作物的主要发源地,根据考古发现的材料和植物考古学最新方法的分析,中国粟类作物的驯化可上溯到距今 10000 年前后,起源中心在桑干河及海河流域的华北北部地区。距今 9000～7000 年,北方的粟类作物已在西辽河流域、黄河中下游流域、渭河流域等广大地区有所分布,统计资料显示,在这三大片区共发现 21 处属于这一时段有粟类作物的新石器时代早期遗址[①]。有分析认为,新石器时代早期粟、黍两种作物的发现并不平衡,如在西北黄土地带渭河流域(甘肃秦安大地湾遗址)7000年前的粟类作物仅有黍(broomcorn millet)而不见粟 [*Setaria italica* var. *germanica* (Mill.) Schred.],距今 7000 年以后源于华北地区的粟才扩散到黄河上游,在距今约 6000 年之后,粟(小米)才成为该地区农业的主要作物[②]。而值得注意的是,黍、粟两种作物在甘肃大地湾遗存第一期到第四期近 3000 年的演进中,又发生过物种比例上的反转,即早期以黍为主的作物结构在距今 5500 年左右转而变成了以粟为主。黍、粟原本都是耐干旱、耐低温、耐碱性土壤的北方旱地作物,但由于粟的单位产量要比黍高出一倍[③],当全新世"大暖期"导致史前人口规模扩大和聚落数量增加时,显然粟的食物支撑意义更为重要,所以在小麦等麦类作物出现之前[④],黄河流域新石器文化一直是以粟(小米)为主产作物。在距今 5500 年前后,黄河上游流域的粟类作物扩散到了"卡若文化"所处的澜沧江上游等西藏东部。根据考古记录,卡若遗址 1979 年发掘的编号 79CHKF8:58(早期居住房址)中发现了保存较好且未经炭化的栽培作物粟(小米)[*Setaria italica* (L) Beauv][⑤],这是西藏首次经考古发现的古代农作物遗存,其后2002 年卡若遗址的发掘用浮选法在 02XCKT7 第 3 层下的 H4(晚期灰坑遗迹)中获得"数十粒脱壳粟炭化粒"[*Setaria italica* (L) Beauv][⑥],2012 年再次在卡若遗址的小规模发掘中,用浮选法对 2012XCKT1 的第 3、4 层(晚期地层)128 份有效土样的分析中再次发现了较多的粟(*Setaria italica*)和较少的黍(*Panicum miliaceum*)[⑦],说明"卡若

①　李国强:《北方距今八千年前后粟、黍的传播及磁山遗址在太行山东线的中转特征》,《南方文物》2018 年第 1 期,第 230 页。

②　李国强:《北方距今八千年前后粟、黍的传播及磁山遗址在太行山东线的中转特征》,《南方文物》2018 年第 1 期,第 232 页。

③　赵志军:《植物考古学:理论、方法和实践》,科学出版社,2010 年。

④　一般认为小麦起源于西亚,大约在龙山时代(距今 4500～4000 年)传入中国。

⑤　吴玉书、于浅黎、孔昭宸:《卡若遗址的孢粉分析与栽培作物的研究》,《昌都卡若》,文物出版社,1985 年,第 167～169 页。

⑥　傅大雄:《西藏昌都卡若遗址 2002 年浮选标本鉴定》(未刊稿),2003 年 2 月。

⑦　Jixiang Song, Yuanyuan Gao, Li Tang, et al., Faming and multi-resource subsistence in the third and second millennium BC: archaeobotanical evidence from Karuo, *Archaeological and Anthropological Sciences*, Vol. 13, 2021, p. 47. (https://doi.org/10.1007/s12520-021-01281-9).

文化"从早到晚都存在以粟类作物为主的非灌溉型种植农业。

粟（小米）除具有耐干旱、耐低温、耐碱性土壤的特性，其籽粒还有富含色氨酸、蛋氨酸及多种维生素的特质，其脂肪和蛋白质含量均高于稻米，而且具有贮藏期长（密封状态下保质期可长达 20 年）、生长期短的特点[①]。从作物移种技术上讲，当粟的移种目的地为相异地理区时，其生长期势必会长于原生地理区，因而粟（小米）的移种具有"短日性作物"的属性，即"对光照的反应因品种生育期而不同。……因此，引种时必须考虑原产地纬度或海拔的高度与引种地之间光照的差异"[②]。否则将出现提前或延迟抽穗而导致低产甚至不能成熟的现象，但如果"经过自然和人工选育，小米的生物学特性也可发生很大的变化"[③]。所以从逻辑上讲，"卡若文化"中粟类作物的来源（引进）应当出自与高原邻近、自然环境近似（差异较小）的地理区，而且需要较长时间的种植实践以保证产量和物种基因不发生大的变异。因此可以推测，从相邻地区将粟类作物移种到青藏高原东部的过程中，可能还包括熟练掌握了粟类种植技术的一部分人群融入高原。

中国西部黄土高地与青藏高原的地缘关系，不仅是地理单元上"两级台阶"的过渡与连接，更有从旧石器时代以来就持续不断的文化接触[④]，"卡若文化"的确认更显示了在"这相邻的两个地区之内，古代的文化交流似乎非常密切"[⑤]。从地貌、地势的大特征来讲，青南、藏东地区与西北黄土高原的接壤，其实是青藏高原与周邻地理单元之间最为平缓的接触地带，也是古往今来最易通达的地区。与卡若文化发生交流并向高原输入粟类作物的究竟是黄土高原的何种文化呢？有研究认为，西藏的史前农业是从甘青地区经过四川西部传播而来[⑥]，"距今 5500 年左右马家窑文化从甘肃中南部向西南挺进至四川西北部，再深入影响到西藏东南而形成了'卡若文化'"[⑦]。不过更多的证据却显示，距今 5000 年前与"卡若文化"有过交流互动的，可能是青海南部以"宗日文化"为代表的史前文化。

"宗日文化"因青海海南藏族自治州同德县宗日遗址的发掘与研究得名，发掘者以

①　李扬汉：《禾本科作物的形态与解剖》，上海科学技术出版社，1979 年，第 379、380 页。

②　李扬汉：《禾本科作物的形态与解剖》，上海科学技术出版社，1979 年，第 379、380 页。

③　李扬汉：《禾本科作物的形态与解剖》，上海科学技术出版社，1979 年，第 379、380 页。

④　Huang Weiwen, *The Prehistoric Human Occupation of the Qinghai-Xizang Plateau*, Göttinger: Göttinger Geographische Abhandlungen, Heft 95, 1994, pp. 201-219.

⑤　西藏自治区文物管理委员会、四川大学历史系：《昌都卡若》，文物出版社，1985 年，第 151～153 页。

⑥　Jade d'Alpoim Guedes, Millet, rice, social complexity and the spread of agriculture to the Chengdu Plain and Southwest China, *Rice*, Vol.4:3-4, 2011, pp.104-113.

⑦　韩建业：《5000 年前的中西文化交流南道》，《社会科学战线》2012 年第 6 期，第 105 页。

宗日遗存中与"马家窑文化"年代相始终的 C 组陶器为主要识别依据，认为这是一支分布于黄河上游而有别于马家窑文化的"土著文化"，主要分布于青海共和盆地东南部黄河两岸海拔 2600～3000 米的河流台地，距今年代为 5600～4000 年，前后延续长达 1600 年之久[①]。此前有研究认为，"卡若文化"主要是受到黄河上游马家窑文化的影响，突出表现在"卡若文化"的彩陶及其器类器形上[②]，然而仔细梳理后可发现"卡若文化"的彩陶器十分有限，《昌都卡若》报告中仅有 2 件，并不构成陶器群的主要特征，"卡若文化"也极少有马家窑文化常见的泥质红陶器。而若将"卡若文化"与"宗日文化"相比较，我们则可以发现二者之间有着更多相似或相同的因素。从陶器上看，"卡若文化"与"宗日文化"相同处较多，二者皆为夹砂陶，且多为手制，在器形上，"卡若文化"最有代表性的器形是饰多重连续折线纹的小口平底罐、器口外饰长三角纹的敞口平底盆（钵）等，这也是宗日文化常见的主要器形；两地陶器的主要不同处在于，卡若陶器多呈灰黄色、灰褐色，宗日陶器则多为白灰色、乳黄色；卡若陶器流行刻划和戳印的纹样，宗日陶器则用紫红色颜料彩绘纹样（图 3-30）。在生业模式方面，宗日遗址的发掘者认为宗日遗存主体可能源自以拉乙亥遗址为代表的土著狩猎采集人群[③]，到"宗日文化"阶段已发展为狩猎采集占一定比例、主要种植粟和黍的农业经济人群。从总体上看，黄河上游流域距今 6000 年之后新石器文化的农作物结构是粟多、黍少，但宗日遗址则反映了粟与黍在比例上的不平衡性，即早期粟多、晚期黍多的现象[④]。宗日遗址与卡若遗址都出土了大量显示狩猎生业特征的细石器、动物骨角制品（骨叉、鱼钩、骨针、骨镞、骨锥、骨笄等），其中骨片制成的组合腕饰与卡若遗址的出土物相似；宗日遗址动物骨骼的属种鉴定结果是以旱獭为多，黄羊和狍的比例也较高，黄牛占有一定比例且有一定数量的幼年个体，说明其时其地黄牛可能已被驯化成家畜。但值得注意的是，动物遗存中并无与农业经济关系密切的家猪，且不见畜养的羊属（如山羊、绵羊等），所以发掘者认为"宗日文化"并没有真正形成所谓"畜牧经济"[⑤]，这一点与卡若遗存中动物属种分析结果比较相似，即动物属种几乎皆为猎获的野生动物。

① 青海省文物管理处、海南州民族博物馆：《青海同德县宗日遗址发掘简报》，《考古》1998 年第 5 期，第 1～14 页；陈洪海、格桑本、李国林：《试论宗日遗址的文化性质》，《考古》1998 年第 5 期，第 15～26 页。

② 西藏自治区文物管理委员会、四川大学历史系：《昌都卡若》，文物出版社，1985 年，第 152 页。

③ 陈洪海：《环境变迁与宗日遗存的关系》，《中国史前考古学研究——祝贺石兴邦先生考古半世纪暨八秩华诞文集》，三秦出版社，2003 年，第 376～383 页。

④ 刘雨嘉：《青海省宗日遗址植物遗存分析》，兰州大学硕士学位论文，2018 年。

⑤ 安家瑗、陈洪海：《宗日文化遗址动物骨骼的研究》，《动物考古》（第 1 辑），文物出版社，2010 年，第 232～240 页。

图 3-30　西藏卡若文化、青海宗日文化陶器比较

1～6. 宗日遗址出土　　7～14. 卡若遗址出土

（据西藏自治区文物管理委员会、四川大学历史系：《昌都卡若》，文物出版社，1985 年，图六五、图六七、
图六八；青海省文物管理处、海南州民族博物馆：《青海同德县宗日遗址发掘简报》，《考古》1998 年第 5 期，
图二七、图二八选绘）

宗日遗址人骨材料的体质人类学分析显示,"宗日组"数据与"古代甘青组""现代华北组""现代藏族 B 组"之间均有较多相似性,而与马家窑文化"柳湾组""东灰山组"相比较,"宗日组"则更接近"现代藏族 B 组",故研究者认为"有理由推测,早在史前时期,我国西北可能已经存在宗日组这样的与现代藏族 B 组在体质上关系密切的居民"[①]。

综而论之,"宗日文化"分布于海拔 2600～3000 米的青藏高原东部,其文化面貌的诸特征皆显示出比马家窑文化更接近"卡若文化",在地域上也更接近"卡若文化"的分布地。有研究认为,甘青地区东南部新石器时代文化在相当于仰韶文化晚期(距今 5500～5000 年)时发生过明显的扩散移动[②],地处高原东部的宗日先民可能正是在此时期将粟类作物及其种植技术传递到了卡若文化所处的西藏东部,实现了 5000 年前小米向西藏地区的成功移种[③]。

根据现有考古材料的对比,"卡若文化"与"曲贡文化"及西藏其他新石器文化之间虽可观察到一些相似之处,但它们的差异性是明显而且是主要的,目前还未发现与"卡若文化"有明确承继关系的晚期文化。但不可否认的是,"卡若文化"在与西藏其他地区新石器文化的互动交融中,突出表现在早期种植作物的传播和扩散上,源自黄河流域的粟类作物是在"卡若文化"的推动下,对西藏高原新石器时代的种植农业产生了重要的影响。而另外,与"卡若文化"分布区相邻的川西、滇西北高原的澜沧江、金沙江、雅砻江、大渡河等流域的新石器时代晚期文化中,亦可寻见卡若文化的某些踪迹,如陶器类遗物在器形、纹样、器类组合方面的相似性(图 3-31)、磨光石器在器类与形态上的相似性、细石器技术方面的相似性,以及骨角器器类与器形方面的相似性,等等。而且川西、滇西北这些遗址凡发现作物遗存的都有粟类作物,它们代表了"藏彝走廊地区"史前时期人群的移动与融合,也可能代表了"卡若类型文化"沿横断山区由北向南所产生的影响。

(2)雅鲁藏布江中游新石器文化的意义

如上文所论,"卡若文化"对西藏新石器时代的主要影响,就是把源自黄河流域的粟作农业因素传播到了雅鲁藏布江中游等西藏其他地区。可以想见,如果没有早期粟类作物在西藏长时间种植实践中积累起来的技术经验,后期的麦类作物(青稞、小麦)是难以取代粟类作物而成为青藏高原的传统主产作物,这一点与黄河流域等中国北方地区从早期的粟/黍作物到后期转换为小麦、大麦的过程是一样的。从理论上讲,

① 陈靓:《宗日遗址墓葬出土人骨的研究》,《西部考古》(第一辑),三秦出版社,2006 年,第 114～129 页。

② 〔澳〕刘莉著,陈星灿、乔玉、马萧林等译:《中国新石器时代:迈向早期国家之路》,文物出版社,2007 年。

③ 李永宪:《略论西藏考古发现的史前栽培作物》,《中国考古学会第十次年会论文集(1999)》,文物出版社,2008 年。

1　　　　　　　　　　　　　　2

图 3-31　西藏卡若遗址、四川汉源石棺墓出土的双体陶罐

1. 西藏卡若遗址出土　　2. 四川汉源石棺墓出土

青藏高原史前粟类作物向麦类作物的转化，应率先出现在种植农业不曾间断、有换种技术条件和自然条件（土壤、气候、水源等）的"宜种区"。

根据自然地理学的统计，西藏海拔 4500 米以上高海拔地理区的面积约占西藏自治区总面积的 78%，3800 米以下低海拔地理区的面积则不到 13%，这样一个地理格局决定了西藏史前集约性农业应只可能是先在低海拔河谷区得以形成和发展。而从现今占西藏自治区总面积约 0.5% 的 700 万亩[①]宜农耕地分布看，雅鲁藏布江中游日喀则、山南、拉萨三地市的河谷地区占 700 万亩宜农耕地的约 70%，东部昌都地区的河谷宜农耕地约占 20%，东南部林芝地区宜农耕地约占 8%，那曲、阿里两地区宜农耕地合占 2%。这个比例与目前考古发现的西藏新石器时代具有农业因素的遗址分布状况基本一致，即有种植农业因素的新石器遗址全部处于宜农耕地的主要分布区。古今一致的这个现象说明，自然地理科学划分的"雅鲁藏布江中游谷地"[②]应是西藏史前农业文明的核心区域。

雅鲁藏布江中游目前已知的新石器时代遗存都比藏东"卡若文化"要晚，曲贡遗址的发掘者推断"曲贡文化应当是由本地区年代稍早的新石器文化发展而来，这个文化的年代与卡若文化接近，文化内涵与卡若文化当有较多的相似之处，它的确认也许还要等待一些时候"[③]。从逻辑上讲这个推论是有道理的，即雅鲁藏布江中游应存在过"本地区年代稍早的新石器文化"（早于曲贡文化），而且这种文化应是一种以定居和农业为主的文化，才可能发展出有青铜器、玉器等文明新因素的"曲贡文化"，后者"对

---

① 1 亩 ≈ 666.67 平方米。

② 关于西藏高原的地形分区，可参见中国科学院青藏高原综合科学考察队：《西藏自然地理》，科学出版社，1982 年，第 27～30 页。

③ 中国社会科学院考古研究所、西藏自治区文物局：《拉萨曲贡》，中国大百科全书出版社，1999 年，第 220 页。

周围同期文化一定产生过居高临下的影响"①。当然，对雅鲁藏布江中游新石器文化产生过影响的或许除了"曲贡文化"之外还有别的文化，如昌果沟等遗址大量的成熟细石器则很可能曾受到藏北细石器技术的影响，地处曲贡遗址以西不足 100 千米的当雄加日塘遗址主要出土物为细石器、陶器，也显示了藏北细石器技术与雅鲁藏布江中游定居农业文化的某种交融。因此，雅鲁藏布江中游新石器文化的源头很可能并不是单一的。

　　雅鲁藏布江中游新石器文化呈现的农作物种类也很值得关注。贡嘎昌果沟遗址曾在 1994、1995 年两次发掘中提取到栽培作物的遗存（出土单位 H2），其中除了"尚需进一步鉴定才能确认的"炭化裸燕麦（*Avena. Nuda* L.）、草本植物"人参果"（*Potentilla anserine* L.）和豌豆（*Pisum sativum*）之外，在总共五个灰样的两次漂洗中获得了大量农作物籽粒，其中有大麦属的青稞（*Hordeum vulgare* L. var. nudum）125 粒和小麦属的普通小麦（*Triticum aestivum* L.）1 粒，以及脱壳炭化粟（*Setaria italica* L. Beauv）279 粒②。最新的 ^{14}C 测年数据显示，昌果沟遗址的青稞粒年代为距今 3400～3000 年③，这也应是遗址中其他作物种粒的年代。昌果沟遗址的农作物遗存表明，当雅鲁藏布江中游出现麦类作物的青稞后，从藏东传来的粟类作物仍然"占有相当大的比重"，说明"粟肯定是西藏高原上长期、普遍栽培过的农作物"④。拉萨北郊的曲贡遗址在 1990～1992 年的发掘中虽未提取到农作物遗存，但从其所处地理环境看，曲贡、昌果沟两遗址同处于雅鲁藏布江中游河谷地区，曲贡遗址也应是有粟类作物和青稞麦类作物共存的种植农业，因此发掘者认为"只是我们目前还不能确认当时所种植的是什么谷物，也许就是青稞麦之类"⑤。此外，同处雅鲁藏布江中游的拉孜廓雄遗址发现了距今 3200 年前青稞粒，这与昌果沟遗址青稞的距今 3400 年相近。所以现今日喀则、山南、拉萨等地市所处的雅鲁藏布江中游流域河谷地区应是西藏史前时期最早

　　①　中国社会科学院考古研究所、西藏自治区文物局：《拉萨曲贡》，中国大百科全书出版社，1999 年，第 222 页。

　　②　傅大雄：《西藏昌果沟遗址新石器时代农作物遗存的发现、鉴定与研究》，《考古》2001 年第 3 期。

　　③　根据吕红亮、强巴次仁等从该遗址提取青稞粒样本直接测年，其结果为距今 3400～3000 年，转引自吕红亮：《跨喜马拉雅的文化互动：西藏西部史前考古研究》，科学出版社，2015 年，第 36 页注释③。

　　④　傅大雄：《西藏昌果沟遗址新石器时代农作物遗存的发现、鉴定与研究》，《考古》2001 年第 3 期。

　　⑤　王仁湘：《关于曲贡文化的几个问题》，《西藏考古》（第一辑），四川大学出版社，1994 年，第 69 页。

实现了灌溉技术的"集约型农业"[①]区，该地区不仅在距今 3500 年前后实行了粟、麦类作物的混种或换季间种，并且由此长期积累而成的农作物种植技术，最早在该地区实现了青稞等麦类作物对小米等粟类作物的取代。粟类作物自 5000 年前在西藏得以扩散，其中不单是表现为种植时间和空间的延伸，还包括了粟类作物的高原种植技术得到普及和提高，其标志之一是利用高原局部地理条件不断提高粟类作物的"种植上线"。昌果沟、曲贡两遗址地处海拔在 3600～3700 米（比卡若遗址高四五百米），表明新石器时代晚期粟在西藏的种植高度已有所上升，很可能当时已接近 4000 米。现代农学研究显示，粟（*Setaria italica* L. Beauv）在西藏西部阿里高原的种植上线为 4150 米[②]，而拉孜廓雄遗址发现的青稞地处海拔 4000 米，这说明雅鲁藏布江中游史前居民对西藏早期农业种植技术的贡献，不仅包括在粟、麦作物混种（间种）实践中发展出高原的灌溉型农业（青稞等麦类）技术，而且很可能早在 3000 年前就已将粟、麦类的高原种植上线提升到 4000 米以上。

综合来看，雅鲁藏布江中游考古发现的农作物遗存有三个重要的标志性意义：一是证实了源自黄河流域的粟类作物在西藏有着较长的种植历史，并且曾向高原更为广泛的地区扩散和传播；二是证明距今 3500 年前后麦类作物已在雅鲁藏布江中游出现，同时存在粟、麦兼种的技术；三是麦类、粟类作物种植上线的提升，以及麦类作物种植所需的灌溉技术，表明雅鲁藏布江中游在西藏新石器时代晚期是种植农业发展水平最高的地区，而种植农业"高原化"的实践与进步，则标志着该地区农业人群所具有的自我驱动能量。至此，西藏新石器时代的生业经济基本形成了一种"二元格局"，即以狩猎 – 采集业为主的高海拔地区新石器文化和以种植农业为主的河谷地区新石器文化。

新石器时代晚期发达农业文明的形成，对雅鲁藏布江中游的后续文化产生的重大影响至少有两个方面，一是距今 3500 年前后出现在西藏中部河谷的粟、麦混种或换季间种，使西藏史前农业规模大幅度向前迈进了一步，粮食产量的增升与适量的粮种储存，可以促使本地区畜牧生产的发展，进而建立起与高海拔地理区之间的农、牧产品及其技术的交流互惠，在本地区农牧兼营生业得以保持并发展的基础上，进一步发展出金属冶炼及产品制造、制陶、稀有物品贸易等生产性行业。二是雅鲁藏布江中游的宜农耕地的地域优势、农牧兼营的经济优势，势必加速中部河谷地区人口的增长、扩大聚集的规模，从而产生控制人群集团的权力组织，加速史前社会的复杂化、政治化，更进一步则可发展出推动高原社会格局大变革的"雅砻部落"这样的新兴农业集团。

---

① "集约型农业"是由粗放经营向集约经营转化的农业类型，它与土地面积、土壤肥力的有限性密切关系。与"粗放型农业"相比较，集约型农业需要把相当数量的劳动力和生产资料集中投入较少的土地上，并通过提高种植技术水平来增加农作物的产量。

② 阎学礼、黄煜涛：《阿里的作物生产》，《西藏农业地理》，科学出版社，1984 年，第 137～147 页。

而藏文史籍记述悉补野王系"第九代赞普"（上丁二王）布代贡杰时期开始垦荒为田、灌溉农作物、冶炼金属、驯养牛羊等生产新技术的出现，皆发生在雅鲁藏布江中游的河谷地区，这些文献记述的社会经济变化虽然要比考古学的发现晚得多，但二者在地域上的重合则不应当仅仅理解为"巧合"。

（3）西藏新石器时代的"跨喜马拉雅文化互动"

卡若遗址 1978、1979、2002 年的发掘都出土过多枚海贝（Cowrie shell，亦称"子安贝""宝贝"）①，发掘者认为这些来自海洋的物品"也反映出了当时部落之间的交换，不论是直接或间接的，已经达到了很远的范围"②。同样，5000 年前出现在西藏东部的海贝在黄河上游的马家窑文化③和宗日文化④诸遗址也屡有出土。有研究认为，中国西部考古发现的史前海贝当产于东海，它们通过中原地区沿黄河流域向上游地区及西域、西南等地区扩散，所以在先秦时期就已形成了一条由东（沿海）向西（内陆）传播的"海贝之路"⑤。日本学者木下尚子的分析则认为，中国史前时期海贝出现在内陆地区可能有多条途径或路线，其中之一是由印度洋的孟加拉湾北上进入西域之后，再向东到达黄河上游流域⑥，这与由东至西的"海贝之路"观点不同。不过西藏与孟加拉湾或阿拉伯海的距离都没有东海那么遥远，产于印度洋暖海的贝类等物品无论通过何种交流途径到达高原，也并非一定要先途经黄河流域或西域。从考古材料看，西藏新石器文化与横断山南段的中国西南地区、喜马拉雅西段的印度河上游地区都有过交流互动，而这两大地区也都是史前海贝出土频率很高的区域，这或可说明西藏新石器时代的海贝不一定是"北来"，应该也存在"南来"的可能性。

考古出土的海贝只是我们关注史前西藏与南亚地区文化互动的物品之一，学者们更多的讨论则聚焦于中国西藏史前文化与克什米尔谷地等印度河上游新石器文化的关联上。《昌都卡若》作者之一的童恩正最早指出中国西藏昌都卡若遗址与克什米尔布鲁扎霍姆（Bruzahom）遗址之间存在的某种相似性⑦，继而霍巍指出"卡若文化"的某

① 考古报告《昌都卡若》（第 147 页）称之为"宝贝"，一般也称"玛瑙贝"或"子安贝"，世界多地都有用此物作为货币的传统。

② 西藏自治区文物管理委员会、四川大学历史系：《昌都卡若》，文物出版社，1985 年，第 154 页。

③ 青海省文物管理处考古队、中国社会科学院考古研究所：《青海柳湾：乐都柳湾原始社会墓地》，文物出版社，1984 年，第 167、168 页；青海省文物管理处考古队：《青海大通县上孙家寨出土的舞蹈纹彩陶盆》，《文物》1978 年第 3 期。

④ 青海省文物管理处、海南州民族博物馆：《青海同德县宗日遗址发掘简报》，《考古》1998 年第 5 期，第 1～14 页。

⑤ 李凯：《先秦时代的"海贝之路"》，《青海社会科学》2010 年第 1 期，第 146～150 页。

⑥ 〔日〕木下尚子：《从古代中国看琉球列岛的宝贝》，《四川文物》2003 年第 1 期，第 29～34 页。

⑦ 童恩正：《西藏考古综述》，《文物》1985 年第 9 期，第 13 页。

些因素很可能由藏东向西沿雅鲁藏布江经由西藏西部的河流通道扩散到了克什米尔地区[①]。俞方洁等认为"卡若文化"是中国西南地区与南亚史前文化交流的"喜马拉雅廊道"的代表性遗存[②]。吕红亮则比较系统地梳理了南亚西北高原山地距今 5000～4000 年的两个区域性（克什米尔盆地[③]、斯瓦特河谷地区）的新石器文化类型，指出"卡若文化"等西藏新石器遗存与南亚高原山地新石器文化之间的诸多关联要素，还包括玉质珠饰和骨质发笄等装饰品、系绳穿孔石刀、蒙古人种特征、粟类与麦类作物的交互传播、雅鲁藏布江等高原河流的通道作用等，并指出印度河上游及克什米尔盆地的新石器文化与中国西藏史前文化的接触由来已久，二者之间虽不一定发生过大规模的人口迁移，但存在包括远程贸易在内的多种途径的文化互渗，通过中国西藏西部狮泉河、象泉河等印度河上游河流通道进入克什米尔地区，自古以来就有一条"跨喜马拉雅文化互动"的交往通道[④]。韩建业的研究进一步认为，对南亚克什米尔地区产生过影响的还包括黄河上游与卡若文化相类似的其他史前文化，大约在"距今 5000 年左右，卡若文化或类似文化穿越山口而至喜马拉雅山南缘，然后沿着山麓西进，终至克什米尔地区，这样就构成一条早期中西文化交流的南道。……黄土或类似土壤就可能长期作为其发展农业的基础，一直到克什米尔也是如此"[⑤]。值得注意的是，近年来有关麦类作物基因测序的研究再次讨论了青藏高原青稞与南亚北部麦类作物的关系，由西藏自治区农牧科学院与深圳华大基因科技公司合作的"青稞育成品种以及半野生大麦全基因组重测序和比对分析"结果显示，中国西藏的青稞应源自南亚的大麦类作物，约在距今 4500～3500 年由巴基斯坦北部、印度北部及尼泊尔北部等地进入中国西藏地区，其后青稞种群规模急速缩小，因此西藏现生青稞应皆为史前青稞适应高原环境的后代[⑥]。根据巴基斯坦和印度北部的考古材料可知，地处印度河中下游山前地带的梅尔伽赫（Mehrgarh）遗址群"第二时期"（距今约 8000～7500 年）遗存中发现了大量六倍体大麦和少量小麦及枣属果实、葡萄、棉籽等农作物，其中的六倍体大麦（即六棱大麦）

①　霍巍：《喜马拉雅山南麓与澜沧江流域的新石器时代农业村落——兼论克什米尔布鲁扎霍姆遗址与我国西南地区新石器时代农业文化的联系》，《农业考古》1990 年第 2 期，第 101～106 页。

②　俞方洁、李勉：《我国西南地区与南亚新石器时代的文化联系——以卡若文化与梅尔伽赫文化为例》，《重庆师范大学学报》（社会科学版）2018 年第 6 期，第 33～40 页。

③　此处的"克什米尔"非指广义的"克什米尔地区"，是指今印控克什米尔地区以斯利那加为中心的"克什米尔盆地"。

④　吕红亮：《跨喜马拉雅的文化互动：西藏西部史前考古研究》，科学出版社，2015 年，第 51 页。

⑤　韩建业：《5000 年前的中西文化交流南道》，《社会科学战线》2012 年第 6 期，第 102～106 页。

⑥　Zeng Xing-quan, Guo Yu, Xu Qijun et al., Origin and evolution of Qingke barley in Tibet, *Nature Communications*, Vol. 9, 2018, pp.1-11.

"显示出地方品种的特色"[1]。而晚于梅尔伽赫文化的位于克什米尔盆地的布鲁扎霍姆、古夫克拉（Gufkra）等遗址也都发现过距今5000~4000年的六棱大麦、小麦、扁豆等农作物遗存[2]。与麦类作物向高原传播相对应的，则是近年来中国考古队在巴基斯坦北部印度河流域姜–巴哈尔塔遗址（Jhang Bahatar）发现的粟类作物（粟和黍）[3]。巴基斯坦学者曾对布鲁扎霍姆、古夫克拉等克什米尔盆地遗址，洛伊班–斯瓦特谷地（Loebanr-Swat）的加利盖岩棚遗址（Ghaligai），巴基斯坦北部波托瓦尔高原塞赖克勒遗址（Sarai Khola，亦译作"塞纳柯拉"）等南亚北部高原山地史前遗址所见骨器、系绳穿孔石刀、席纹陶器底、作为居址的袋状灰坑等遗迹遗物特征分析后认为，南亚北部高原山地这类距今4500年前后的遗存皆可能受到了来自中国北方仰韶文化的影响[4]（图3-32、图3-33）。显然，在这个跨越喜马拉雅的史前文化传播过程中，西藏高原新石器时代文化的中介作用至关重要。

图3-32　克什米尔布鲁扎霍姆遗址
地穴式居住遗迹

〔采自〔巴〕A. H. 丹尼、〔俄〕V. M. 马松主编，芮传明译：《中亚文明史》（第一卷），中国对外翻译出版公司，2002年，第六章，图3〕

　　无论是来自南亚的海贝或大麦青稞作物，还是源自北方黄河流域的有孔石刀、席纹陶器底、地穴式居所、粟类小米作物等，这些物化的史前文化因素虽各有渊源或各有地域特征，但无疑都体现了不同的史前文化经由西藏地区所发生的交流汇集或传播扩散，显示了西藏史前文化极强的地理跨越能力。青藏高原东、西两端都是高海拔冰川发育、融水成流的大江大河发源地，这些大江大河的流向虽各不相同，但在人类及其文明的发展史上，大江大河都是古今文化交流传播的重要通道。青藏高原的史前人

　　① 参见 M. 沙里夫、B. K. 撒帕尔：《巴基斯坦与北印度的食物生产聚落》，《中亚文明史》（第一卷），中国对外翻译出版公司，2002年，第86~90页。

　　② 参见 M. 沙里夫、B. K. 撒帕尔：《巴基斯坦与北印度的食物生产聚落》，《中亚文明史》（第一卷），中国对外翻译出版公司，2002年，第86~90页。

　　③ 2018~2020年，笔者参加的河北师范大学、南京大学、湖北省文物考古研究所三家单位组成的印度河谷考古队对该遗址的发掘，在距今2000多年的地层里出土了粟和黍（broomcorn millet, foxtail millet1）等可能经由青藏高原传入的史前作物。

　　④ M. 沙里夫、B. K. 撒帕尔：《巴基斯坦与北印度的食物生产聚落》，《中亚文明史》（第一卷），中国对外翻译出版公司，2002年，第135~149页。

群正是借助这些切割深度不同、方向不同的条条汇水沟谷及其水流方向，在或难或易的交往通达中形成了自己的"地理坐标体系"，并从此奠定了高原古代人群的地缘文化基础。

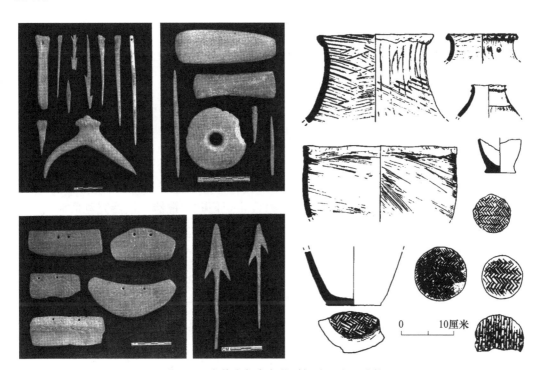

图 3-33　克什米尔布鲁扎霍姆遗址出土遗物

〔采自〔巴〕A. H. 丹尼、〔俄〕V. M. 马松主编，芮传明译：《中亚文明史》（第一卷），

中国对外翻译出版公司，2002 年，第六章，图 4、图 5〕

第四章 西藏早期金属时代考古

一、概　　说

西藏"早期金属时代"是 20 世纪 80 年代针对西藏考古学编年提出的一个概念，鉴于当时的考古材料尚不能明确西藏石器时代止于何时，铜器、铁器究竟何时出现等问题，童恩正认为"我们还不能在考古学上划出独立的铜器时代来，暂时只能概括地称为'早期金属时代'。根据最概括的推测，这一时代可能开始于公元前一千年，而结束于公元六世纪，即吐蕃王朝兴起之前"[①]。时至今日，有关西藏"早期金属时代"所涉及的石器时代与铜铁金属器时代分界等问题已取得了一些进展，早年童恩正提出这一西藏史前分期的"概括性"也得到了多数考古学者的认同。西藏史前文化在其发展过程中，未必同古代其他地区一样必然经历一个特征明确的"铜器时代"或"青铜时代"，这与新疆等部分西部省区的史前考古有着某些相似之处[②]；同时，西藏"早期金属时代"本身有着比较明确的起止时限，即始于石器时代结束，止于藏文文字创制并记载高原历史的吐蕃政权时期。在考古材料上，西藏的"早期金属时代"既包括最早制造和使用铜器的阶段，也包括铁器出现与使用的早期阶段，总体上这一时段的主要文化要素和新的文化特征也都是有迹可循和有据可依的。此外，相对于部分中外研究者使用的"上古时期""部落时期""小邦时期""前佛教时期""前吐蕃时期"等起止时间节点、物质文化面貌不甚明确的历史分期概念，"早期金属时代"所涵盖的考古遗存大多有比较明确的年代标志，物质文化特征亦较明显，因此它的概括性、标示性目前仍基本可行。

从目前的考古发现看，西藏"早期金属时代"的考古遗存主要有四大类，一是发现于西藏各地出土金属器、陶器、石器及装饰品等物件的不同形制的墓葬（墓地）；二是发现于各地的一批遗址（包括居住遗址和生产活动遗址）；三是集中分布于藏北、阿

---

① 童恩正：《西藏考古综述》，《文物》1985 年第 9 期，第 14 页。

② 参见吕红亮：《跨喜马拉雅的文化互动：西藏西部史前考古研究》，科学出版社，2015 年，第 6，7 页。

里的一批岩画；四是主要分布在藏北、阿里等区域的多种形式的石构遗迹。这些遗迹或遗址最主要的共同点，是它们的"不可移动性"，即它们所处位置及区域与当时高原居民生产及生存活动、文化事件的发生及其范围密切相关，因此它们所处区域和环境都有助于我们分析这些活动、事件发生的可能原因。再者，属于"早期金属时代"的不可移动遗存时常表现为同一地点有多类遗迹或遗址"共处""共时"的特征，这就有利于我们认识其文化的面貌和观察文化区域之间的关联。此外，西藏"早期金属时代"多处遗址和墓葬/墓地出土的金属器、陶器、骨器等遗物都有着比较具体的时代标识，是我们分析它们所属文化的构成因素、文化渊源的重要依据。总而言之，有关西藏"早期金属时代"的认识和探究，主要是建立在田野考古材料分析的基础之上，这也是考古学对于"重现"西藏史前史能做出重要贡献的基础。

从考古材料及已有研究来看，西藏新石器时代之后的"早期金属时代"出现了一些新的变化或新的文化要素，其中最能观察到的是牧业、金属器的出现及其发展。在雅鲁藏布江中游、藏东南等海拔较低的河谷山地发展出了聚落型的农作与牧业兼营的生业文化，而在海拔较高的藏北、藏西地区则出现了冬夏季转场的"游牧"生业。移动性牧业的形成和发展，促进了西藏史前社会组织的复杂化和高原人群的多群化（部落化），加强了高原文化内部的凝聚力和互动能力，对于西藏早期历史的进程具有明显的推动作用。而金属器（金银器、铜器、铁器等）在这一时段迭次出现，形成了制造生产工具、武器、生活用具、装饰物件等各类产品的手工业人群。居住形式与建筑物也表现为多样化，既有多开间的家户式地面建筑群落和依山崖而建的洞窟群聚落，也有带防卫设施的"城堡式"聚落建筑群，而且出现了与早期宗教相关的"祭坛"等"非功利性"的公共建筑类别。这些都表明西藏"早期金属时代"社会发展进入了一个新时期，那些因生业模式、地理环境、人口规模各异的人群逐步整合为部落、部落联盟、小邦集团，为吐蕃政权的出现搭建了最基础的历史舞台。

二、早期金属时代墓葬考古

世界各地的墓葬（墓群、墓地）都是当地历史一种特有的承载形式，它不仅是逝者的安葬地点，更记录了生者物质世界与精神世界的观念意识。从遗存形式上看，古代墓葬的地下/地面构建形式、葬式及葬具、随葬物品、墓葬的排列分布等，一方面体现了当时物质生产技术、经济发展水平、地理生态环境等物质世界的要素，同时在整体上也反映了墓葬所属社会人群的生死观念、精神信仰、艺术传统、族群关系等一般不易观察的社会特征和时代背景。所以，针对西藏古代墓葬的研究不仅是考古学的一个重要领域，更是我们了解西藏古代历史文化的一个不可或缺的窗口。

（一）墓葬考古的主要发现

1. 藏东地区

（1）贡觉石棺墓[①]

昌都贡觉县自 1971 年以来多次发现石棺墓葬，1986 年西藏自治区文物管理委员会文物普查队对相皮乡驻地西北的香贝墓地、莫洛镇北侧石棺墓地两个地点的 6 座墓葬进行了清理，清理的墓葬形制为竖穴土坑石棺或石室，棺用数块石板围砌而成，或沿土坑坑壁四面直接用石块砌成墓室，石棺与土坑四壁之间填充石块以为椁，多无底板但有盖板（个别盖板上发现马骨），墓室有头厢或无头厢，石棺尺寸为长 0.9～1.3、宽 0.4～0.7、深 0.4～0.8 米，可辨认的葬式为屈肢葬，随葬器物包括"桃核形"口及圆形口的夹砂陶双耳或单耳平底罐（少数绘红彩）、粗砂灰褐陶直口单耳平底杯、铜质双环三坠镶石耳饰、铜刀、夹木柄铁刀、铜刻刀等（图 4-1）。贡觉县发现的这批石棺、石室墓与邻近的四川省甘孜、阿坝两州境内发现的石棺墓诸特征都较相似，其时代大致相当于秦汉时期，属西藏早期金属时代。

（2）昌都小恩达石室墓[②]

1986 年西藏自治区文物管理委员会文物普查队在昌都小恩达遗址的试掘中清理了一座石室墓，编号 M1。该墓形制为长方形竖穴土坑四壁用砾石砌筑墓室，室顶用直径 8 厘米的圆木棚盖，其上再覆盖砾石。墓室长 1.16、宽 0.9、深 0.7 米，葬式为侧身屈肢葬，墓主为成年男性。墓中出土遗物为一件侈口双耳平底陶罐，夹砂灰陶质，器表饰刻划的折线纹，器耳饰刻划的交叉纹（图 4-1）。M1 因打破遗址的上文化层（即 T1 第 1 层）因而被发掘者定为遗址"晚期遗存"，根据墓室形制及出土物判断，其时代可能与贡觉县香贝石棺墓大致相当，属西藏早期金属时代。

（3）昌都沙贡古墓葬[③]

2000 年西藏自治区文物局与四川大学考古学系在联合开展的昌都地区文物补/复查工作中，根据昌都文化局提供的线索，对沙贡乡莫仲村、江热村两座墓葬进行了调查试掘。莫仲村墓葬编号 2000CSM1，地处昂曲河右岸二级阶地，海拔 3450 米，调查得知该墓原有占地约 80 平方米的地表石堆，后因村民建房拆除已不存，经清理发现地面以

---

①　西藏文管会文物普查队：《西藏贡觉县香贝石棺墓葬清理简报》，《考古与文物》1989 年第 6 期，第 30～34 页；西藏文管会普查队：《西藏贡觉县发现的石板墓》，《文博》1992 年第 6 期，第 70、71 页。

②　西藏文管会文物普查队：《西藏小恩达新石器时代遗址试掘简报》，《考古与文物》1990 年第 1 期，第 28～43 页。

③　国家文物局主编：《中国文物地图集·西藏自治区分册》，文物出版社，2010 年，第 251 页；李永宪：《昌都县沙贡古墓葬》，《中国考古学年鉴·2001》，文物出版社，2002 年，第 297 页。

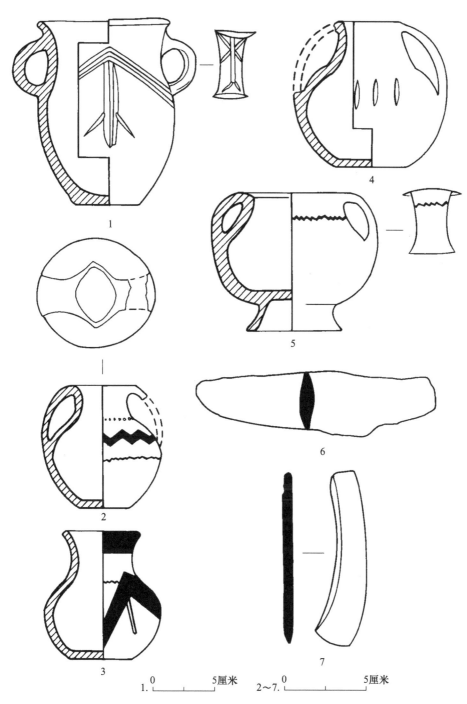

图 4-1　贡觉石棺墓、昌都小恩达石室墓出土遗物

1. 小恩达石室墓出土陶罐　2～7. 贡觉香贝石棺墓出土陶罐、铜刀、铜刻刀

（据西藏文管会文物普查队：《西藏小恩达新石器时代遗址试掘简报》，《考古与文物》1990 年第 1 期，图七；

西藏文管会文物普查队：《西藏贡觉县香贝石棺墓葬清理简报》，《考古与文物》1989 年第 6 期，图四重绘）

下有边长 6 米的方形石砌墙基一圈，石墙残高约 1 米，墙体内外均充填大量石块，推测其下即为石块砌建的墓室，因其部分压在现村民房基之下未能清理。墓丘下石墙内外的石块中出土了灰色夹砂陶质、外饰绳纹的双耳或单耳侈口平底罐、单耳平底杯等陶器残件 10 件（图 4-2）。江热村墓葬编号 2000CSM2，地处昂曲河左岸二级阶地，与 2000CSM1 隔河相对，海拔 3440 米，该墓用大小不一的石块垒砌成圆形墓丘，墓丘底径约 5、残高 0.7 米，墓丘底部中央有一小而浅的长方形土坑，坑口盖一块石板，坑内有儿童骨骸一具，未见随葬物。沙贡莫仲村 M1 结构有别于西藏吐蕃时期墓葬，也不同于贡觉、昌都热底垄等处的石棺墓、石室墓，所出陶器器形及纹饰与川西地区部分石棺墓出土陶器相似，发掘者推测"其时代可能早于吐蕃时期"[①]，属西藏早期金属时代。

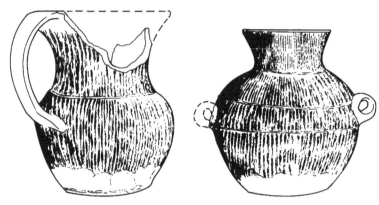

图 4-2　昌都沙贡莫仲村 M1 出土陶罐
（据 2000 年昌都地区文物补、复查资料所绘）

（4）昌都热底垄石棺墓、石室墓[②]

热底垄墓地由西藏自治区文物局与四川大学考古学系于 2002 年调查发现，墓地位于卡若遗址以北约 2 千米的澜沧江右岸，在名为"热底垄"的沟谷两侧坡地上共发现墓葬 5 座。热底垄沟口与江面高差约 100 米，海拔 3260 米，墓地分布在约 2000 平方米的范围内，地属昌都县加卡乡卡若村。调查中对水流冲刷而暴露于地面且破坏严重的 5 座残墓进行了清理，编号 02XCKRM1～02XCKRM5，5 座墓都有程度不同的残损，墓中填土亦多有流失。02XCKRM1～02XCKRM4 相对集中地分布于沟谷东侧，皆由数块石板镶砌成棺，无底板及盖板（不排除盖板因山洪冲刷已不存），石棺长 1.3～1.6、宽 0.65～0.8、深 0.3～0.5 米；02XCKRM5 位于沟谷西侧，为石块砌建的石室墓，墓室

① 李永宪：《昌都县沙贡古墓葬》，《中国考古学年鉴·2001》，文物出版社，2002 年，第 297 页。

② 李永宪：《昌都县热底垄墓群》，《中国考古学年鉴·2003》，文物出版社，2004 年，第 342 页；王华、李永宪、冯玉梅等：《西藏昌都热底垄石棺墓人骨年代的研究》，《地球学报》2003 年第 24 卷第 6 期，569～572 页。

长 1.5、宽 0.85、深 0.6 米，无铺底石或盖顶石。5 座墓内皆有人骨遗存，可辨葬式为侧身屈肢葬；除 02XCKRM3 出土磨制骨针 1 件、02XCKRM5 出土弧背铜刀 1 件（残）外，其余墓中未见随葬物（图 4-3）。热底垄石棺墓、石室墓除未见陶器外，墓的形制及随葬器物与贡觉香贝石棺墓都比较相似，二者的时代也可能接近，根据人骨骨胶原、明胶两种方法的 ^{14}C 测年数据，皆显示为距今 4000～2400 年，可归为西藏早期金属器时代。

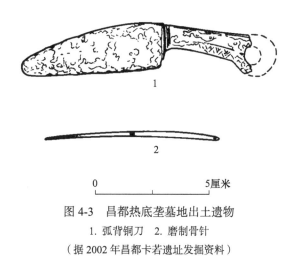

图 4-3 昌都热底垄墓地出土遗物
1. 弧背铜刀 2. 磨制骨针
（据 2002 年昌都卡若遗址发掘资料）

除上述各墓例之外，在昌都地区察雅、芒康等县境内亦曾发现过类似的石棺墓或石室墓，具体材料尚未见报道。

2. 藏东南地区

藏东南地区经过田野考古工作并刊布基本材料的早期金属时代墓葬，主要是林芝多布石棺墓群[1]。多布石棺墓群位于林芝市城区西北约 30 千米的尼洋河北岸（左岸）河谷阶地，海拔 3100 米，地属林芝市巴宜区多布村。1991 年西藏自治区文物管理委员会文物普查队调查发现该墓群并清理了其中已暴露的 7 座墓，编号 91 林多 M1～M7。7 座墓皆为东西向，地面无封土或墓丘，墓室依建造形式分为两类，其中 M1 为竖穴土坑石室墓，坑口距地表 1.3 米，坑内石块砌筑的墓室长 2.2、宽 0.45、深 0.5 米，墓室无底无盖，未见人骨，据墓室尺寸推测应为仰身直肢葬式，出土陶器、磨制石器等遗物 3 件。M2～M7 为竖穴土坑石棺墓，坑内用厚 3～4 厘米的青灰石板镶砌成石棺，其中 M3 石棺为两端宽窄不同的梯形，棺长 1.55、宽 0.55～0.64、深 0.4 米，仅见人骨残块，应为屈肢葬式，出土陶器 1 件；其余 5 座墓皆为长方形石棺，棺长约 2、宽

① 西藏文管会文物普查队：《西藏林芝县多布石棺墓清理简报》，《考古》1994 年第 7 期，第 665～670 页。

0.45～0.55、深 0.5 米，均有盖板但无底板，皆因破坏未见随葬物。7 座墓出土遗物包括夹砂黑陶陶器 2 件：一为小敞口束颈鼓腹平底罐，腹部饰折线纹一周；二为小敞口束颈长圆腹平底瓶（壶），素面无纹。磨制石器 2 件：一为长条形单刃石锛，二为长条形双刃石斧（图 4-4）。发掘者认为"无封土堆的石棺墓，是继新石器时代土坑墓以后的一种进步葬俗，比有封土堆的墓时间要早，……应是吐蕃早期墓葬"[①]。

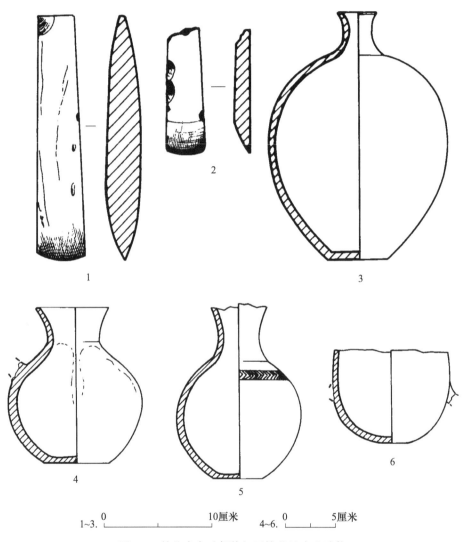

图 4-4　林芝多布（都普）石棺墓地出土遗物

1. 石斧　2. 石锛　3～6. 陶器

（据西藏文管会文物普查队：《西藏林芝县多布石棺墓清理简报》，《考古》1994 年第 7 期，图四；

丹扎：《林芝都普古遗址首次发掘石棺葬》，《西藏研究》1990 年第 4 期，第 141 页插图重绘）

① 西藏文管会文物普查队：《西藏林芝县多布石棺墓清理简报》，《考古》1994 年第 7 期，第 666 页。

值得提及的是，《西藏林芝县多布石棺墓清理简报》提到该石棺墓群分布在"原印刷厂（注：即西藏自治区林芝印刷厂）与多布村之间"，而先前另一篇考古简报《林芝都普古遗址首次发掘石棺葬》亦称"都普石棺葬位于林芝八一镇都普村原林芝印刷厂西墙外的洼地里"[①]，二者报道的似乎应是同一地点的同一墓群，后文中的"都普"似为"多布"的汉字异写。《林芝都普古遗址首次发掘石棺葬》认为该处石棺墓的年代"其上限为新石器时代晚期，下限为吐蕃早期"与《西藏林芝县多布石棺墓清理简报》的年代推断基本一致，而且对比两篇简报中所描述的石棺墓形制及所出陶器中"小敞口束颈平底罐"和"小敞口束颈平底瓶／壶"器形及其所饰折线纹等陶器特征也基本相同，故两篇简报报道的石棺墓性质应是相同的，可认为属于西藏早期金属时代遗存。藏东南地区的林芝一带过去曾多次发现过史前时期的人骨遗存，因未获得有效的测年数据，所以这些人骨是否代表墓葬及墓葬的具体年代等问题，仍有待更多资料的综合分析。

3. 雅鲁藏布江中游地区

（1）拉萨曲贡墓地[②]

1990～1992 年中国社会科学院考古研究所西藏工作队与西藏自治区文物管理委员会（现西藏自治区文物局）合作对曲贡遗址进行了三次发掘，在遗址的 I 区和 II 区分别发现并清理了 29 座土坑石室墓，其中 12 座墓分布在 I 区西侧，17 座墓分布于遗址 II 区（即西藏军区总医院墙内）。据发掘者估计，此墓地原分布面积在 1 万平方米以上，遂在遗址发掘报告《拉萨曲贡》中称其为"曲贡墓地"，即指曲贡遗址的 29 座土坑石室墓。该墓地地处 3675 米的色拉乌孜山南坡下，年代晚于曲贡遗址早期遗存代表的"曲贡文化"，可归入西藏早期金属时代。

曲贡墓地 29 座墓皆开口于地表层下，个别墓葬已暴露于地面，墓向各有不同，以朝东北方向者为多；墓的平面有长方形和近方形两种，长方形墓略多于方形墓，其长、宽之比为 2 : 1～3 : 1，墓坑深 0.5～1 米；墓室筑法是沿墓坑四壁用块石和砾石垒砌至坑口高度形成墓室，或仅在坑底四面用块石或砾石置放一周，墓底未见铺垫物，亦未见覆盖墓顶的石质材料及遗痕，也有用大石块、石板拼砌墓室的，但多无地面标志，仅有 4 座墓有面积略大于墓口的丘状石堆。29 座墓的长度多为 1.2～1.7、宽多为 0.6～1.3、深则多为 0.35～1 米。多数墓中仅见散乱人骨，少数墓中未见人骨，葬式多属二次葬（有单人二次葬、双人二次葬两种），仅有 2 座墓为侧身屈肢葬。曲贡墓地 29 座墓中仅 10 座墓有随葬器物，以陶器为主，共计 15 件，器类主要有圜底的双耳罐、

① 丹扎：《林芝都普古遗址首次发掘石棺葬》，《西藏研究》1990 年第 4 期，第 140、141 页。

② 中国社会科学院考古研究所、西藏自治区文物局：《拉萨曲贡》，中国大百科全书出版社，1999 年，第 185～217 页。

单耳罐、束颈罐等罐类（图 4-5），单耳杯、带流单耳杯、舟形杯、浅腹杯、深腹杯等
杯类，以及平底或圈底的钵、盆等器类；陶质有夹砂陶和泥质陶之分，夹砂陶为多，
陶色以红褐色为多，器表基本为素面，均为手制；每座随葬有陶器的墓一般为一两件，
另 M203 出土了铁柄铜镜 1 件（图 4-6）。曲贡墓地的墓室形制较有特色，共有三种形
式：一是墓坑四壁整齐地垒砌多层石块至坑口高度，为"典型的石室墓"；二是坑底沿

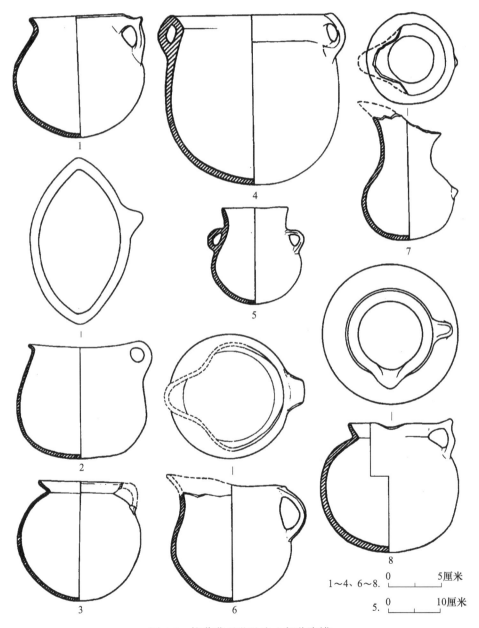

图 4-5　拉萨曲贡墓地出土部分陶罐
1. Ⅰa 式　2. Ⅰb 式　3. Ⅱ型　4. Ⅲa 式　5. Ⅲb 式　6. Ⅳa 式　7. Ⅳb 式　8. Ⅳc 式
（采自中国社会科学院考古研究所、西藏自治区文物局：《拉萨曲贡》，中国大百科全书出版社，1999 年，图 142）

四壁置放石块一周（单层）而并不向上垒砌，是一种简略的石室墓形式；三是仅在坑底一侧、一隅或两端放置砾石数块，为"象征性"的石室墓。有关曲贡石室墓的年代，发掘者根据对 ^{14}C 测年数据等材料综合分析，认为其"绝对年代当在公元前 8 世纪前后，最晚不会晚于公元初年"[1]，即约为距今 2700～2000 年。

（2）昂仁布玛墓群[2]

布玛墓群是西藏自治区文物管理委员会文物普查队 1990 年在昂仁县境内调查发现的 12 处古墓群之一，该墓群位于昂仁县卡嘎乡布玛村南侧 500 米处的湖滨冲积扇，国道 219 线由东向西穿过墓群中部，地处海拔 4350 米。布玛墓群遗存共有圆丘状封土墓 39 座，封土底径多为 10～20 米，残高 2～5 米，墓群分布范围约 20 万平方米。调查中试掘了 2 座中型墓，编号 ABM1、ABM2。两墓的建筑方式均为平地起建墓室，再夯筑封土形成墓丘。ABM1 的筑法是先在地面夯筑四面土墙构成一长方形墓室，墓室长 4.5、宽 1.45 米，墙体厚 0.4、高 2 米，上

图 4-6 拉萨曲贡墓地 M203 出土铁柄铜镜

（采自中国社会科学院考古研究所、西藏自治区文物局：《拉萨曲贡》，中国大百科全书出版社，1999 年，图 145）

下皆分为五节，每节高 30～40 厘米，墓室四壁下部竖砌厚 5～10 厘米的石板；在墓室内近北壁 40 厘米处用同样方法夯筑一边长 1、高 0.8 米的方形"随葬坑"，并有两个方形龛孔与墓室相通；墓室及"随葬坑"建成后，以砂砾土与石板相间夯筑成平面呈圆形的封土，并与墓室口（高 2 米）平齐；待入葬后再在墓室、"随葬坑"上加盖数块石板，并以砂砾土分层夯实封土，其间用石板和圆木檩条分层间隔，封土筑成后在其顶部（高出地面约 4 米）的中央设边长 20 厘米的小坑一个，其内发现动物（狗？）骨块，似为"牲祭"。ABM1 墓室及"随葬坑"内外、封土中皆出土人骨，但皆散乱、残缺，据现场观察，ABM1 墓室内的人骨分属五个个体，包括男、女二人（墓主）和可

① 中国社会科学院考古研究所、西藏自治区文物局：《拉萨曲贡》，中国大百科全书出版社，1999 年，第 211 页。

② 国家文物局主编：《中国文物地图集·西藏自治区分册》，文物出版社，2010 年，第 328、329 页；西藏文管会文物普查队：《西藏昂仁县古墓群的调查与试掘》，《南方民族考古》（第四辑），四川科学技术出版社，1992 年，第 137～160 页。

能为"殉人"身份的其他死者三人。ABM2 形制略小，墓室及封土筑法与 ABM1 基本相同，亦为平地起建的长方形夯土墓室，不同之处在于 ABM2 不见墓室一端的"随葬坑"，而是在一端向下建长方形"头坑"，此外，在墓室四壁亦不见石板铺砌。ABM2 仅在"头坑"中散见零星人骨残块，墓室内未见人骨痕迹，可能是"二次碎骨葬"。ABM1、ABM2 两墓出土多件随葬器物，以陶器、骨器为主，另有石质磨盘、磨石、装饰品及朱砂块等。陶器以夹砂红陶为主，有少量的泥质红陶和磨光黑陶，器形以圜底的钵、碗、杯、罐等类为主，有少量的小平底杯、碗等器类，陶器中带耳、流、鋬的食器较多，器表装饰以红褐色陶衣为主，有少量刻划的双重或三重曲线纹（图 4-7），骨器主要有匕、笄等。布玛墓群在建墓方法及墓葬形制上与雅鲁布江中游的吐蕃时期墓葬有明显的区别，出土陶器的器类、器形亦不同于吐蕃时期墓葬所出陶器，故发掘者认为布玛墓群"其年代要早于朗县列山墓地、乃东普鲁沟墓群"[1]，结合 ^{14}C 测年数据综合分析，昂仁布玛墓群 ABM1、ABM2 的时代为公元 2~4 世纪，属西藏早期金属时代。

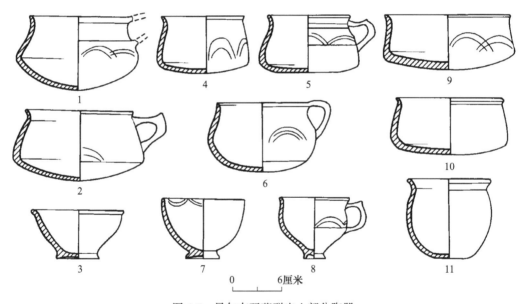

图 4-7　昂仁布玛墓群出土部分陶器

1、2、5、6、8. 单耳杯　3、7. 碗　4、9、10. 钵　11. 直腹罐

[据西藏文管会文物普查队：《西藏昂仁县古墓群的调查与试掘》，《南方民族考古》（第四辑），
四川科学技术出版社，1992 年，图十七重绘]

---

① 西藏文管会文物普查队：《西藏昂仁县古墓群的调查与试掘》，《南方民族考古》（第四辑），
四川科学技术出版社，1992 年，第 157 页。

（3）隆子夏拉木、涅荣石棺墓[①]

1991 年西藏自治区文物管理委员会文物普查队山南组在隆子县境内调查发现了 7 处石棺墓地点，其中夏拉木石棺墓发现于斗玉乡驻地东南约 500 米的土崖上，海拔 3020 米，编号 DXM1，石棺用四块厚约 3 厘米的石板拼镶而成，两端板略大于两侧板，无底板但有盖板五块，盖板上压多层不规整的石板，总厚度达 0.6 米，石棺长 1.16、宽 0.7、深 0.4 米；石棺内仅有少量散乱的人骨残块，推测葬式应为二次葬。棺内出随葬器物 3 件，为小口短颈球腹圈底罐 1 件、双口长细颈球腹圈底罐（瓶）1 件、墨绿色长条形玉斧 1 件。陶器陶质为灰褐色夹砂陶，双口长颈罐有刻划的二方连续折线纹，另在当地采集到小口长细颈球腹圈底罐 1 件。

涅荣石棺墓群发现于列麦乡第六村隆子河南岸土崖上，海拔 3650 米。呈南北一线分布的 10 座石棺均已毁坏，仅存最南端暴露于地表的一具残棺，棺由四块较规整的石板拼镶成，石板厚 4～8 厘米，无底板但有一层封顶石为盖。棺内仅见零星的人骨残块，据村民称棺内原有陶器、磨光石斧各 1 件，陶器已不存，仅采集到夹砂灰陶片 1 片、磨光条形玉斧 1 件，玉斧形制、色泽皆与夏拉木石棺所出玉斧相似，在与刃端相对的顶端有对钻圆孔一个。夏拉木、涅荣两地石棺墓的形制及出土物有明显的共性，但与隆子县境内其他 5 处石棺墓所出遗物不同，发掘者推断夏拉木、涅荣石棺墓应早于吐蕃王朝时期，可定在"新石器时代晚期至战国—西汉前期"[②]，夏拉木石棺墓中 ¹⁴C 样品的测年数据为公元前（855±125）年（经树轮校正为公元前 1048～前 800 年，即距今 3048～2800 年），故归入西藏早期金属时代。

（4）扎囊结色沟墓地[③]

结色沟墓地位于扎囊县城以南约 12 千米处的顶布钦山东麓结色沟，地处山前洪积扇前缘，海拔约 3800 米。墓地共发现呈"器"字分布的 5 座墓，一墓居中，其前后左右四角各有一墓。1993 年山南地区文物管理委员会（山南文物局前身）对已暴露墓室的 M3（即居中一墓）进行了清理。M3 平面呈梯形的封土因水土流失已基本夷为平地，占地面积 36 平方米，封土四边有片状石块砌筑的边框；墓室顶部距地表 0.5 米，墓室用比较均匀的石片砌筑，由平面呈长方形的主室、近圆形的后室及后室旁侧的龛室构成，主室长 2.8、宽 1.8、高 1.7 米，后室直径约 1.6 米，龛室直径 0.6 米。M3 出土随葬的陶器 10 件和"石祖"形砾石 1 件。陶器包括夹砂褐陶短颈小口尖圈底双耳罐

① 西藏自治区文管会文物普查队：《西藏山南隆子县石棺墓的调查与清理》，《考古》1994 年第 7 期，第 600～606 页。

② 西藏自治区文管会文物普查队：《西藏山南隆子县石棺墓的调查与清理》，《考古》1994 年第 7 期，第 605 页。

③ 西藏山南地区文管会：《西藏扎囊县结色沟墓群调查简报》，《西藏考古》（第一辑），四川大学出版社，1994 年，第 49～53 页。

1 件、夹砂红陶细颈圜底罐 2 件、夹砂黑陶直口单耳圈足杯 1 件、泥质黑陶细颈盘状口双耳圜底壶 1 件、泥质黑陶双细长颈盘口球腹圜底罐 1 件、泥质红陶高柄细颈敞口球腹器 1 件，另有管状器足或器流等陶器残件 3 件。陶器的颈、腹、耳等处刻划的纹样多为二方连续的双重菱形纹、多重三角形折线纹（即所谓 "V" 形纹）等，绝大多数陶器上腹部正中皆有一个双重菱形符号。结色沟墓群 M3 的封土形制及墓室结构与雅鲁藏布江中游地区经考古清理的吐蕃时期墓葬比较接近，但所出陶器却与隆子县夏拉木石棺墓的 "双口长细颈球腹圜底罐（瓶）" 十分相似（图 4-8），而夏拉木石棺墓的年代为距今 3048～2800 年，显然不属于吐蕃时期。综合多种因素分析，结色沟墓地的年代当早于吐蕃时期，是西藏早期金属时代具有地域特色的一种遗存。

（5）浪卡子查加沟古墓 [1]

浪卡子县查加沟墓地处羊卓雍湖东南湖岔的南岸，距湖面约 1 千米，墓葬发现于一条东南—西北向冲沟的侧缘，海拔 4600 米。2004 年山南文物局根据当地牧民提供的线索，对已被洪水冲损的一座墓葬进行了清理。该墓原地表封土或墓丘已不存，仅见砾石围砌的方形边框残迹，石框边长约 7 米，其正中原封土顶部有一边长 2、残高 0.35 米的方形砾石堆。地表以下深约 1.9 米处有两层日字形砾石垒砌的遗迹，应为墓室部分，在日字形砾石遗迹中出有零星的陶片、人骨及动物骨碎块。经现场清理和从当地村民手中征集的墓中遗物计有 108 件（片），种类主要有饰件、陶器（片）、武器、织物等。饰件为墓中数量最多的遗物，包括有马形牌饰、圆形盔饰、筒形盔饰、耳坠、指环等金器 17 件；三角形、三菱形、十字形等各种扣件、牌饰等铜器 47 件；玛瑙、琥珀、翡翠质圆珠组成的串饰 1 件；子安贝饰件 4 件。陶器残片 20 余片皆出于日字形遗迹中及其下的炭灰层，均为夹砂陶质，表面有红、灰两色之分，除素面外有刻划的弦纹和几何纹（三角形折线纹），可辨器形仅见宽带状耳的圜底罐、直口器（杯?）。武器皆为铁质，因锈蚀严重均为残段，种类有刀、剑、镞等，镞为三棱形锥状，与吐蕃时期山南一带常见的扁体三角形短翼镞不同。织物仅残片 1 件，大小仅为 5 厘米 ×2 厘米，素色无花纹图案（图 4-9、图 4-10）。查加沟古墓是雅鲁藏布江中游最早出土黄金物件的墓葬，推测墓主应有较高的身份级次，所出马形牌饰有 "北方草原文化" 的风格。查加沟墓葬的形制与山南地区的吐蕃时期墓葬有所不同，清理者 "推测该墓的时代可早至距今 2000 年前后" [2]，可归入西藏早期金属时代。

① 西藏自治区山南地区文物局：《西藏浪卡子县查加沟古墓葬的清理》，《考古》2001 年第 6 期，第 45～47 页。

② 西藏自治区山南地区文物局：《西藏浪卡子县查加沟古墓葬的清理》，《考古》2001 年第 6 期，第 47 页。

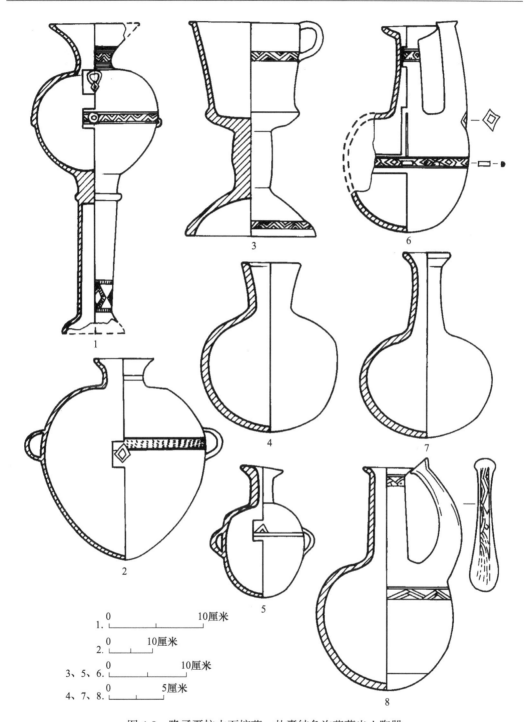

图 4-8　隆子夏拉木石棺墓、扎囊结色沟墓葬出土陶器

1. 高柄壶　2. 罐　3. 高足杯　4、5、7. 细颈罐　6、8. 双颈罐

4、7、8 为夏拉木石棺墓出土和采集，余为结色沟墓葬出土［据西藏自治区文管会文物普查队：《西藏山南隆子县石棺墓的调查与清理》，《考古》1994 年第 7 期，图四；西藏山南地区文管会：《西藏扎囊县结色沟墓群调查简报》，《西藏考古》（第一辑），四川大学出版社，1994 年，图三选绘］

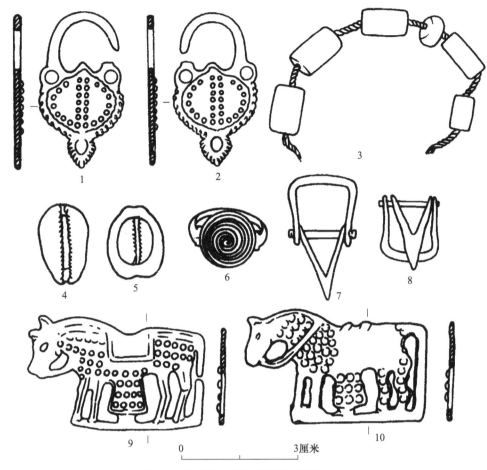

图 4-9　浪卡子查加沟墓葬出土遗物（一）

1、2. 金耳饰　3. 石串饰　4、5. 贝饰　6. 金戒指　7、8. 铜带扣　9、10. 马形金牌饰

（采自西藏自治区山南地区文物局：《西藏浪卡子县查加沟古墓葬的清理》,《考古》2001 年第 6 期, 图二）

4. 藏西地区

自 20 世纪 80 年代起，西藏西部地区田野考古中就不断发现早期金属时代的墓葬或墓群，它们主要分布在札达、噶尔、日土等阿里地区西部三县境内，主要有下列各地点。

（1）日土阿垄沟石丘墓地[①]

阿垄沟石丘墓地于 1992 年由西藏自治区文物管理委员会文物普查队在日土县调查发现，墓地位于日土区政府以南约 800 米的沟口冲积扇，在大约 1.5 万平方米的范围内分布有近百座大小不同的石丘，地处海拔 4400 米。根据现场调查，阿垄沟石丘墓建

---

① 索朗旺堆主编，李永宪、霍巍、更堆编写：《阿里地区文物志》，西藏人民出版社，1993 年，第 132、133 页。

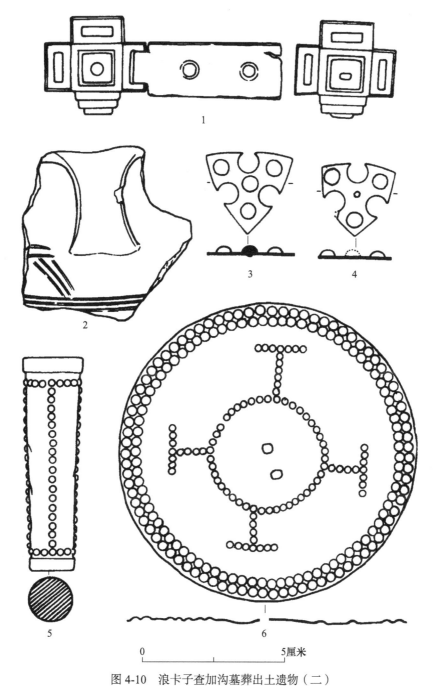

图 4-10 浪卡子查加沟墓葬出土遗物（二）

1. 铜带扣 2. 陶器残件 3、4. 铜饰件 5. 金饰件 6. 金盆饰

（采自西藏自治区山南地区文物局：《西藏浪卡子县查加沟古墓葬的清理》，《考古》2001 年
第 6 期，图三）

造方式是先用石块在地表围成（或向下挖掘浅坑）长方形墓室，其长、宽、深分别为0.8～1、0.6～0.8、0.3～0.5 米，入葬后再用大砾石或石块掩盖并用石块及砾石垒成高1～1.5 米的丘状石堆，石丘平面呈圆形或椭圆形，直径为 1.3～2.2 米。葬式有侧身屈肢葬、二次葬及可能的火葬等几种。经清理的 M6 墓丘是倚靠一块琢刻有动物、武士等岩画图像的大型砾石，再用大小不同的多块砾石堆垒而成，石丘下的墓室为石块围砌的长方形，墓主呈侧身屈肢葬式，已"木乃伊"化，人骨上附着织物的残片，出土陶器、铁钩残片及饰珠等遗物（图 4-11）。石丘墓是西藏西部比较常见的墓葬形式，调查者推断阿垄沟石丘墓"属于西藏早期金属器时代的遗存"[①]。

（2）札达卡尔普墓地[②]

卡尔普墓地位于札达县古格故城遗址以东约 1 千米的象泉河南岸二级阶地，海拔约 3750 米。1998 年由西藏自治区文物局"阿里文物抢救办公室"考古队根据当地牧民提供的线索，对三座被洪水冲刷已残损的墓葬进行了清理。三座墓皆不见地面标志，M1 为带长方形墓道的土洞墓，墓道长 1.48、宽 0.8、深 1.73 米，墓室长 2.12、宽 1.8、高 1.64 米，葬具为四足木箱，木箱长约 1、宽约 0.5、残高 0.35 米，箱内人骨仅见头骨、肢骨、肋骨等残块，推断葬式应为屈肢葬。M2、M3 为两座残损的竖穴土坑墓。经清理的三座墓中随葬数个羊头骨和木器、陶器、铁器、苇草编织物等多类遗物，陶器皆为夹砂红陶，器形有双耳罐、单/双耳带流罐、双耳直口罐等圜底器，陶器腹、底部饰绳纹，一件高 40 厘米的双耳罐颈部绘红色竖条纹；木器有方盘、梳、刻纹木牌等，铁器仅见铁镞一类。卡尔普墓葬的年代根据墓中木片样品的 ^{14}C 测年数据，推测为距今 2650 年左右，属西藏早期金属时代的遗存。

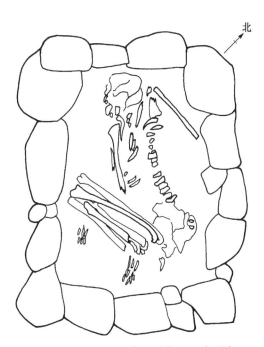

图 4-11　日土阿垄沟石丘墓 M6 平面图
（据索朗旺堆主编，李永宪、霍巍、更堆编写：《阿里地区文物志》，西藏人民出版社，1993 年，图 46 重绘）

① 索朗旺堆主编，李永宪、霍巍、更堆编写：《阿里地区文物志》，西藏人民出版社，1993 年，第 133 页。

② 国家文物局主编：《中国文物地图集·西藏自治区分册》，文物出版社，2010 年，第 361 页；张建林：《秘境之国：寻找消失的古格文明》，西北大学出版社，2019 年，第 33～36 页。

（3）札达皮央·东嘎遗址群墓地[①]

　　皮央·东嘎遗址群是位于札达县城以北约 60 千米一条近东西向山谷中的大型遗址群，海拔约 4100 米，四川大学与西藏自治区文物局自 1992 年起在遗址群分布区进行过多次田野考古工作。1999 年对分布于东嘎遗址第Ⅴ区的朗布钦和皮央遗址区萨松塘、格林塘三处的近百座墓葬进行了调查记录，并清理了石丘墓、土洞墓、竖穴土坑墓等各类墓葬 26 座，以及分布于墓地范围内的殉马坑、石构遗迹各 1 处。其中，朗布钦、萨松塘两处墓群为地面有石堆的石丘墓，地面石丘体积、面积皆有不同，面积最大者如 PSM4 石丘占地 54 平方米，从下至上呈递减的台阶状，最小的如 PSM6 石丘占地面积不足 20 平方米。格林塘墓群则有竖穴土坑墓和穹隆顶土洞墓两种，竖穴土坑墓平面有长方形、圆角长方形、不规则形等几种，墓坑长 1.65～2.9、宽 0.38～1.75、深 0.38～0.53 米；穹隆顶土洞墓 2 座，其中 PGM5 为带斜坡墓道的土洞墓，墓室呈东西长 3.4、南北长 3.1 米的近方形，顶高 1.7 米，墓室中部地面有一长方形浅坑内置人骨，靠近墓道的墓室两侧壁上各有一个小龛；PGM6 与 PGM5 结构相似，呈东西长 2.4、南北长 2.3 米的近方形，顶高约 1.4 米，土洞墓室一侧壁下有一浅坑遗有人骨，其余三壁上各开一小龛。皮央·东嘎遗址群的三处墓地出土遗物有陶器、铜器、铁器、石制品、竹木器等，陶器质地有夹砂陶和泥质陶之分，泥质陶占多数，陶色则有红、红褐、黄褐等几种，器表纹饰以绳纹为主，另有少量刻划纹、戳印纹等，陶器大多带有器耳（单耳陶器多于双耳陶器），皆为圜底器；器类以敞口单耳长颈的球腹圜底罐最为普遍、数量最多，另有少量单耳或无耳的圜底杯/钵、小罐等器形；铜器有短剑、片状器、指环、扣饰、泡饰等；骨器主要有锥、带孔圆形饰片等；石器主要有三棱状镞、纺轮等，另出土铁剑、桦树皮袋等物件残块（图 4-12）。皮央·东嘎遗址群墓地的石丘墓与日土阿垄沟石丘墓等西藏西部的其他石丘墓有相似之处，而土洞墓则是札达县象泉河流域常见的墓葬类型。墓室中随葬多个羊头的习俗（如 PGM6 墓室龛内置放 7 个羊头）在札达境内的其他墓地也很常见，墓室有铺垫红色（朱砂类）颜料的现象也非孤例，总之，皮央·东嘎遗址群墓地的墓葬形制在阿里札达地区具有比较明显的地域性。根据格林塘土洞墓所出木片样品的 ^{14}C 测年数据，显示该墓地的年代在距今 2725～2170 年，东嘎Ⅴ区朗布钦石丘墓样品的测年数据则为距今（2370±80）年，因此皮央·东嘎遗址群的几处墓地皆属于西藏早期金属时代，其中三处墓地之间或有相对早晚的区别。

----

　　① 　四川大学中国藏学研究所、四川大学考古学系、西藏自治区文物局：《西藏札达县皮央·东嘎遗址古墓群试掘简报》，《考古》2001 年第 6 期；四川大学中国藏学研究所、四川大学历史文化学院考古学系、西藏自治区文物事业管理局：《皮央·东嘎遗址考古报告》，四川人民出版社，2008 年，第 189～221 页。

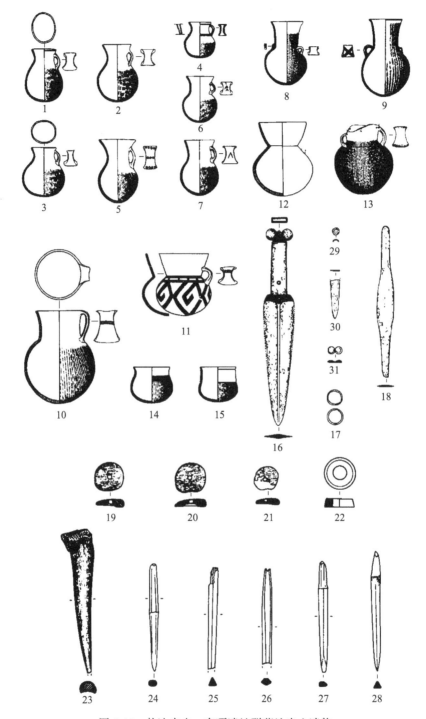

图 4-12　札达皮央·东嘎遗址群墓地出土遗物

1～15. 陶器　16～18、29～31. 铜器　19～21. 骨饰　22. 石纺轮　23. 骨锥　24～28. 石镞

（据四川大学中国藏学研究所、四川大学历史文化学院考古学系、西藏自治区文物事业管理局：
《皮央·东嘎遗址考古报告》，四川人民出版社，2008 年，图 8-75、图 8-77、图 8-81、图 8-85 选绘）

（4）札达格布赛鲁墓地^①

格布赛鲁墓地位于札达县城以北约 15 千米的山谷中，谷底有一条小河由北向南汇入象泉河，墓地地处河流左岸高阶地，与河面高差约 20 米，海拔 3780 米。该墓地于 1997 年由四川大学与西藏自治区文物局、西藏博物馆联合组成的考古队进行了首次调查。墓地分布范围超过 1 万平方米，据现场调查多数为地面有块石堆垒墓丘的竖穴土坑墓，少数为无地面标志的土坑墓或土洞墓，在阶地前缘靠南部分的地面散布 50 余座石堆墓丘，平面以方形居多，大者占地面积百余平方米，小者仅十余平方米，因破坏严重，地面石丘残高多在 0.8 米以下，根据因水流冲刷而暴露的墓室推测，其距当时地表的深度应为 1～2 米。调查中在地表采集到大量陶器残片、打制石器、细石器（细石叶）及铜环饰（镯）、铜泡饰各 1 件。打制石器包括石核、石片和砾石工具、石片工具及细石核；采集陶片显示陶器质地有夹砂陶和泥质陶之分，以夹砂陶为多，陶色以不太纯正的红褐色为主，器表多饰压印绳纹、水波纹等，刻划的线纹、三角折线纹、菱形纹等；陶器器形以单耳或双耳的敞口短颈或长颈的球腹圜底罐为多，另有少量单耳圜底杯和无耳的圜底钵等（图 4-13）。根据地表陶片的诸要素分析，格布赛鲁墓地与其北侧皮央·东嘎遗址群的三处墓地所出陶器十分接近，故调查者"推测两者在时代上亦比较接近，应为距今 3000～2000 年左右"^②，属于西藏早期金属时代遗存。

2017～2020 年，西藏自治区文物保护研究所与陕西省考古研究院联合对格布赛鲁墓地墓葬进行了数次发掘，证实该墓地墓葬存在三种不同的形制，即单室土洞墓、石室墓、土坑墓，早期以仰身直肢葬式的石室墓为多，晚期多见土洞墓。墓地出土遗物包括陶器、铜器、铁器、木器、骨器及坯料、贝类等。陶器中早期以圜底罐为主，晚期则多见平底罐，陶器纹饰以绳纹为主，另有水波纹、几何纹、彩陶等样式。晚期墓葬所出陶器中的肩部带圆柱状实心錾的陶罐、四足陶器等可能代表一种新的文化因素，值得关注。格布赛鲁墓地延续时间有千余年，可分为早、晚两期，早期为距今 3600～3000 年，晚期为距今 2600～2100 年，墓中出土了距今 3000 年的青稞遗存，是西藏西部迄今为止所知年代最早的农作物遗存^③。

---

① 四川大学中国藏学研究所、四川大学考古学系、西藏自治区文物局等：《西藏札达县格布赛鲁墓地调查简报》，《考古》2001 年第 6 期，第 39～44 页。

② 李永宪：《札达县格布赛鲁古墓群》，《中国考古学年鉴·2000》，文物出版社，2002 年，第 252、253 页。

③ 据西藏自治区文物保护研究所（微信公众号）：《2018 年度西藏文物保护研究所业务工作公众分享报告会纪要》（一），2019 年 4 月 4 日发布；《2019 年度西藏文物保护研究所业务工作公众分享报告会纪要》（二），2020 年 4 月 22 日发布；《2020 年度札达县格布赛鲁墓地考古发掘工作圆满结束》，2020 年 10 月 16 日发布。

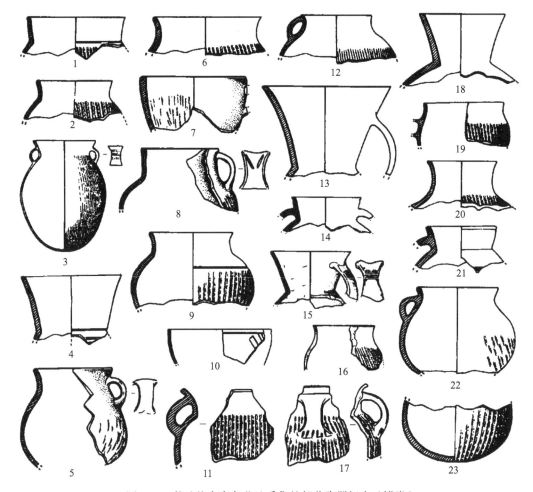

图 4-13　札达格布赛鲁墓地采集的部分陶器标本（罐类）

（采自四川大学中国藏学研究所、四川大学考古学系、西藏自治区文物局等：《西藏札达县格布赛鲁墓地调查简报》，
《考古》2001 年第 6 期，图五）

（5）噶尔故如甲木墓地[①]

2012～2014 年，中国社会科学院考古研究所西藏工作队与西藏自治区文物保护研究所在共同开展的象泉河上游田野考古工作中，根据噶尔县门士乡故如甲木寺僧人提供的线索，在故如甲木寺附近调查发掘了一处古代墓地。故如甲木墓地位于曲那河、曲嘎河两条支流与象泉河干流的三水交汇处，地处象泉河北岸一级阶地后缘，海拔4300 米，其东约 1.3 千米即为卡尔东聚落遗址。该墓地首次发现时有部分遗物被故如甲木寺僧人收藏，其中有"王侯"字样的禽兽纹织物残件引起关注，两单位考古人员于 2012～2013 年发掘了该墓地的 4 座竖穴土坑石室墓，墓室顶部有保存完整的横木，

① 中国社会科学院考古研究所、西藏自治区文物保护研究所：《西藏阿里地区噶尔县故如甲木墓地 2012 年发掘报告》，《考古学报》2014 年第 4 期，第 563～587 页。

墓室距地表深 1.4～4 米，采用石块和小砾石、石片垒砌墓坑四壁，部分石块有"涂朱"痕迹，墓室中发现了四足长方形箱式木棺，葬式有单人葬、多人合葬（二次葬），出土了马、牛、绵羊、山羊、狗等 30 余个个体的动物骨骸。4 座墓共出土随葬遗物 55 件，包括金器、银器、铜器、铁器、石器、骨器、木器、草编器、陶器、料珠和织物等，陶器以夹砂红陶为主，器形有绳纹双耳束颈球腹圜底罐、绳纹圜底杯、绳纹直口或敞口高足杯、平底杯等（图 4-14）；铜器有盆、钵、壶、釜、杯、碗、勺、饰件等；铁器有剑、矛、镞等武器、工具及马具等；金器为面具；银器多为饰件；木器有案、勺、奁、梳等；织物有锦、纱、绢、麻布等。故如甲木墓地先后共清理发掘 11 座墓葬，其中 8 座墓葬的年代略早，为距今 1855～1715 年，即公元 2 世纪至 3 世纪前半叶，属西藏早期金属时代；3 座墓的年代稍晚，为公元 7～9 世纪的吐蕃政权时期。

（6）札达曲踏墓地 [①]

曲踏墓地位于札达县县城西侧的象泉河左（南）岸阶地，海拔 3710～3715 米。2010～2012 年在基础建设中发现 3 座古代墓葬，墓中发现箱式木棺、黄金面具及青铜器、铁器、木器等。2013～2018 年，中国社会科学院考古研究所与西藏自治区文物保护研究所、阿里地区文物局、札达县文物局组成的联合考古队对该墓地进行了多个年度的田野考古工作，经调查确认曲踏实为一处有墓地的古代遗址，其中Ⅰ、Ⅱ区主要为墓地。2014 年清理发掘了Ⅱ区的 5 座洞室墓，5 座墓葬呈一字排列，建于厚约 2 米的次生砂石堆积之下，皆有竖井式长方形墓道，墓道长 2.5、宽约 0.5、深达 5 米。各墓墓室均见长方形箱式木棺，随葬成组陶器及大量马、羊等动物，木棺内墓主为侧身屈肢葬式，身上留存较厚的服饰，服饰上保存成组的青铜片饰，墓主周围放置的随葬物还包括彩绘对鸟纹和对羊纹的四足木案、方形木梳、有柄铜镜、刻纹木条、纺织工具及大量玻璃珠和长方形木盘、草编器物及彩绘陶器等，其中一墓出土"天珠"（蚀花玛瑙珠）。箱式木棺下为块石及砾石铺砌的"棺床"及大量羊骨，随葬的马匹置于墓室与墓道连接的位置；墓室四壁开方形或者长条形小龛，龛内放置草编器物，其内盛食物，有的墓室壁上有刻划符号，可能与丧葬习俗有关。

2015 年在Ⅰ区和Ⅱ区墓地共发掘清理墓葬 8 座、房址 1 处，墓葬形制有竖穴洞室墓和方形石室墓两种，出土了木柄铁器、陶器、草编器、海贝、蚀花玛瑙珠等。发掘者初步推测，曲踏墓地两种形制的墓葬其年代均处于距今 2200～1800 年（约当两汉时期）。2018 年在Ⅰ区墓地清理了 6 座方形石室墓、4 座瓮棺葬共 10 座墓葬，石室墓用砾石垒砌成方形或长方形的墓室，墓口用大石板封盖，墓底铺设沙土，有草编葬具，但人骨散乱且零星，故葬式不明；瓮棺葬则以大型陶罐/瓮为葬具，其内安葬夭折的婴

① 中国社会科学院考古研究所、西藏自治区文物保护研究所、阿里地区文物局等：《西藏阿里地区故如甲木墓地和曲踏墓地》，《考古》2015 年第 7 期，第 29～50 页。

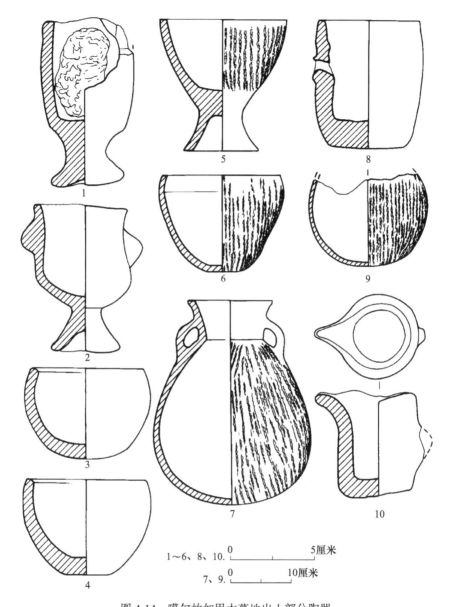

图 4-14　噶尔故如甲木墓地出土部分陶器

1、2、5. 高足杯　3、4、6. 圜底杯　7、9. 圜底罐　8、10. 平底杯

（据中国社会科学院考古研究所、西藏自治区文物保护研究所：《西藏阿里地区噶尔县故如甲木墓地
2012 年发掘报告》,《考古学报》2014 年第 4 期，图一二、图一三选绘）

幼儿，亦随葬部分物件。曲踏墓地出土了陶器、铁器、木器残片、织物残片、骨质纽扣、海贝饰件、羊骨、植物种子、红玉髓珠、蚀花玛瑙珠、玻璃珠、铜饰珠等。经综合分析，发掘者认为曲踏Ⅰ区墓地的多座瓮棺葬应是集中安葬婴幼儿，其年代为公元前 2～公元 1 世纪，与Ⅱ区墓地同属西藏早期金属时代的遗存（图 4-15）。

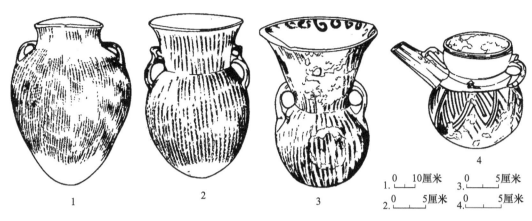

图 4-15　札达曲踏墓地出土部分陶器

1～3. 双耳圜底罐　4. 长流圜底罐

（据中国社会科学院考古研究所挂网照片改绘）

（7）噶尔加嘎子墓地[①]

2015 年，中国社会科学院考古研究所西藏工作队、西藏自治区文物保护研究所、阿里地区文物局等单位组成的考古队对地属噶尔县门士乡五组的加嘎子墓地进行了考古调查。该墓地位于曲龙村以北海拔较高的牧区草场，地处象泉河右（北）岸，海拔约 4600 米。经现场调查得知当地村民在加嘎子墓地曾发现过 3 座因水流冲刷暴露的竖穴土坑石室墓，墓中发现了箱式木棺，并发现有一墓多棺的葬式；该石室墓形制及随葬器物与同处象泉河上游的故如甲木墓地相近，墓中出土了包裹墓主的丝绸织物、银器、木器、铜器等遗物，银质箔片上绘左旋的"雍仲"符号。对出土器物内食物残渣的检测分析，发现了分属青稞、稻、粟、黍等多种农作物的颗粒遗存。调查者分析认为，加嘎子墓地与故如甲木墓地大致处于同一时期，即相当于汉晋时期（2～3 世纪），属于西藏早期金属时代的遗存。

（8）札达桑达隆果墓地[②]

桑达隆果墓地位于札达县城以北数千米的象泉河右（北）岸桑达沟沟口，地貌为象泉河右岸一级阶地后缘，海拔 3695 米。2017～2020 年西藏自治区文物保护研究所、西北大学等单位先后进行过多次调查和发掘，共发现古代墓葬超过 60 座。该墓地可分为土洞墓和石丘墓两类，其中土洞墓可分四种墓型：单室土洞墓、双室土洞墓、无墓道单室土洞墓、双墓道单室土洞墓；石丘墓为大石块砌建的方形墓室，其中土洞墓所

① 仝涛、李林辉、赤列次仁等：《西藏阿里地区故如甲木墓地和曲踏墓地》，《考古》2015 年第 7 期，第 29～50 页。

② 西藏自治区文物保护研究所、札达县文物局、阿里地区文物局：《西藏札达县桑达隆果墓地发掘简报》，《考古》2022 年第 12 期，第 3～26 页。

占比例最大。墓内填土以河床砾石及沙土为主。有葬具的墓比较少，葬具亦有四种形式：在人骨身下铺设砾石或石板的简单葬具、四足箱式木棺、草编器具、木板铺底，木棺仅发现 2017WM3 一例。葬式亦可分四类：捡骨葬、肢解葬、仰身直肢葬、屈肢葬。捡骨葬与肢解葬等二次葬占比较大，根据墓内人骨可知有单人葬、双人葬、多人丛葬等不同葬法，仰身直肢葬与屈肢葬仅各一例，部分人骨附裹织物（残迹）。有的墓室有多次入葬的现象，如东区的 2017WM2、2017WM3 等，此现象在西藏古代墓葬中迄今属首次发现。部分墓葬附近发现祭祀坑，坑内出土人头骨、动物骨、海贝等祭祀遗物。桑达隆果墓地出土遗物包括陶器、铜器、铁器、木器、料珠、扣器、草编器、金器、海贝、动物骨骼等，随葬品种类和数量的差别显示出墓主之间可能存在社会或经济地位方面的差异（图 4-16）。综合 ^{14}C 样品测年数据及墓葬形制与出土物综合分析，桑达隆果墓地的年代亦有早中晚三期之别，早期墓葬约为公元前 200 年前，中期墓葬为公元前 200～公元 600 年，晚期墓葬在公元 600 年及其以后，属于西藏早期金属时代晚期。

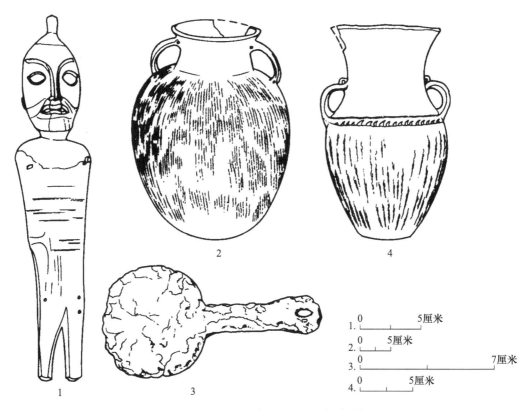

图 4-16　札达桑达隆果墓地出土部分遗物

1. 木俑　2、4. 陶罐　3. 铜镜

（据西藏自治区文物保护研究所官网照片改绘）

（9）札达玛朗墓地[①]

墓地位于札达县托林镇玛朗村，西北距县城约 11 千米，因水流冲刷而暴露部分墓室，2019～2020 年由西藏自治区文物保护研究所、札达县文物局对墓地进行了抢救性清理和初步整理。玛朗墓地主要为带长方形墓道的单室土洞墓，墓中除有 6 个个体的人骨之外，出土遗物包括陶器、铜器、铁器、木器、贝雕、料珠、织物等，另有较多动物骨骼，属种有绵羊、山羊、马和鱼，其中以羊最多。经实验室检测分析，墓主人骨形态特征显示为蒙古人种，根据墓中 ^{14}C 样品的测年数据，玛朗墓葬的年代为公元前 1～公元 1 世纪（距今 2000 年前后），墓葬反映的文化特征与札达县境内的曲踏、桑达隆果、皮央·东嘎等墓地的考古学文化趋于一致。

（10）札达曲龙墓葬[②]

曲龙遗址位于故如甲木寺下游方向约 10 千米的象泉河岸，海拔 4200～4600 米。2017～2019 年陕西省考古研究院等单位在曲龙遗址的田野工作中确认该遗址存在早、晚两个时期的遗存，其中布让曲拉细石器地点、布让曲拉石构遗迹、塞拉钦波普墓地、萨扎墓地、嘎尊居住遗迹等为曲龙遗址的早期遗存，墓葬的形制多为竖穴土坑石室墓或石板墓，葬式有单人葬及多人合葬，出土遗物包括陶器、铜器、铁器、石器、木器、骨器、螺饰、贝饰、玉髓、缠丝玛瑙等，其中海螺质饰品多为亚字形、圆饼形，计有 16 种 98 件，另有马、牛、羊、鱼等动物骨块及农作物遗存等，曲龙遗址两墓地的诸特征与札达境内象泉河流域其他墓葬比较相似，年代为公元前 8～前 5 世纪至公元 4～5 世纪，属于西藏早期金属时代。

除了上述墓例材料之外，近年来西藏西部阿里地区早期金属时代的墓葬考古仍不断有新的发现，如陕西省考古研究院、西藏自治区文物保护研究所 2020 年调查清理的噶尔县觉莫林墓地，该墓地的墓葬形制以土洞墓为主，墓地有殉马坑遗迹，出土了刻划回形纹的陶片、圈足带耳圜底陶罐、条形穿孔磨光石器、海螺质饰品等遗物，墓地年代为公元前 700 年左右。四川大学于 2018～2020 年对皮央·东嘎遗址群新调查发现的七个墓地的发掘共清理了 50 座包括土坑墓、石丘墓、洞室墓在内的各型墓葬，出土遗物包括陶器、铁器、铜器、金器、珠饰、海贝、蚌饰、石器、织物、竹木器等，以及羊、马、牛等动物骨骼，^{14}C 测年数据显示，这批墓葬的时代可分为四期（公元前

[①] 西藏自治区文物保护研究所、札达县文物局、阿里地区文物局：《西藏札达县玛朗墓葬调查简报》，《藏学学刊》（第 25 辑），中国藏学出版社，2021 年，第 1～17 页。

[②] 据西藏自治区文物保护研究所（微信公众号）：《2018 年度西藏文物保护研究所业务工作公众分享报告会纪要》（一），2019 年 4 月 4 日发布；《2019 年度西藏文物保护研究所业务工作公众分享报告会纪要》（二），2020 年 4 月 22 日发布；席琳：《西藏阿里札达县曲龙遗址》，《2019 考古年报》，第 19～21 页。

7～前 4 世纪、公元前 4～公元 1 世纪、公元 1～6 世纪、公元 6～10 世纪）[①]，其中前三期可归入西藏早期金属时代。四川大学与西藏自治区文物局、西藏博物馆等单位的"象泉上游流域考古调查"在噶尔县门士乡卡尔东遗址以北 3 千米调查发现泽蚌遗址及其墓地[②]。在占地面积达 50 万平方米的泽蚌遗址居住区西、北侧分布着百余座石丘墓，其中 M1、M2 为大型墓，M2 用砾石垒砌的墓丘平面为长 62、宽 17.3 米的长方形，最大残高 6 米，墓丘西侧（背面）有可能为祭坛的圆形石台，显示此类大型墓的墓主应有很高的社会层级。

5. 藏北地区

藏北那曲地区过去曾发现过多处古代墓葬或墓地，根据墓中随葬遗物及地面封土形制，一般认为多属吐蕃王朝时期的遗存，迄今可知属于西藏早期金属时代的墓例至少有两处。

（1）安多布塔雄曲石室墓[③]

2012 年 6 月那曲地区文物局在安多县强玛镇一村东南约 4 千米的布塔雄曲西岸（海拔约 4600 米）抢救清理了一座竖穴土坑石室墓，该墓形制为土坑中用石块砌筑墓室四壁，墓底铺垫砾石，用石板封盖墓顶，墓主葬式为侧身屈肢葬，出土遗物有陶器、铜器、木器等，另有马、羊、狗等驯养动物骨骸。布塔雄曲石室墓诸特征显示与川西高原、藏东等地石室墓比较相似，[14]C 样品测年数据为距今（2460±30）年（校正后约为公元前 8～前 5 世纪），是藏北第一个有测年数据的早期金属时代墓例。

（2）班戈扎迥俄玛石棺墓[④]

2019 年夏，西藏自治区文物保护研究所在那曲地区班戈县马前乡调查发现了扎迥俄玛石棺墓群，当年即进行了抢救性考古发掘。石棺墓地所在处海拔约 4700 米，共清理石棺墓 2 座，出土遗物有陶器、铜器、珠饰等类，[14]C 测年数据显示，该处石棺墓的年代约为距今 2700 年，是藏北早期金属时代墓葬的又一个断代参照。

---

① 据西藏自治区文物保护研究所（微信公众号）：《2018 年度西藏文物保护研究所业务工作公众分享报告会纪要》（一），2019 年 4 月 4 日发布；《2019 年度西藏文物保护研究所业务工作公众分享报告会纪要》（二），2020 年 4 月 22 日发布。

② 李永宪、霍巍：《西藏阿里噶尔县"琼隆银城"遗址》，《2004 中国重要考古发现》，文物出版社，2005 年，第 137～144 页；李永宪：《西藏西部两处史前聚落遗址的考古学观察》，《青藏高原的古代文明·北京首届国际象雄文化学术研讨会论文集》，青海民族出版社，2018 年，第 113～122 页。

③ 张正为、夏格旺堆、吕红亮等：《藏北安多布塔雄曲石室墓动物遗存的鉴定分析》，《藏学学刊》（第 12 辑），中国藏学出版社，2015 年，第 1～18 页。

④ 据西藏自治区文物保护研究所（微信公众号）：《2019 年度西藏文物保护研究所业务工作公众分享报告会纪要》（二），2020 年 4 月 22 日发布。

（二）墓葬考古材料的文化特征分析

西藏早期金属时代的墓葬材料体现了该时段考古学文化的一些基本特点，相对西藏新石器时代而言，早期金属时代墓地在遗存数量、规模、分布范围上都有明显的增扩，显示了高原居民在这一阶段已形成了比较稳定的地域性人群集团，死后回归"故地"或"属地"已是一种普遍的社会意识。

西藏早期金属时代墓葬的形制和建造方法都有一定的共性，如以石棺墓、石室墓、石丘墓为主的墓类继承了西藏新石器时代土坑石室墓"以石为葬、入土为安"的传统，而新石器时代不见的"积石、筑土成丘"的地面标志则具有标识"世居地"位置、范围的意义，成为后期墓葬封土形制、墓地位置规模等代表特定人群集团"势力范围"标志的一种传统。竖穴土坑墓、土洞墓等墓类的数量多少和有无，则可作为早期金属时代地域性文化及地理环境差异的观察点，如在藏东、藏北、藏东南及雅鲁藏布江中游等地区，地面无封土或墓丘的石棺墓、石室墓所占比例较高，有墓丘的墓例较少，而且不见土洞墓，这可能与墓地"隐秘性"的意识有关，另外也可能与民居传统及材料技术有关，板状石材的开采与加工可能在这些地区已是一种建筑文化传统，即多用规整的石板拼砌石棺和用块石砌建墓室，未见使用木棺等葬具者。在藏西阿里地区则很少见以石棺为葬具的墓例，而"以石为葬"的特点主要体现为石块砌筑墓室和石块堆筑墓丘。藏西地区最有特色的墓型应是带墓道的土洞墓（包括穹隆顶洞室、双墓道洞室、双墓室土洞墓），这同样是一种"事死如事生"的建墓理念，而在土洞墓墓室地面开小坑或在壁上开小龛置放随葬品的方法，可能与藏西地区长期流行在山体崖坡开凿居住洞窟的"土工"传统有关。在一定程度上，墓葬的建造反映了该区域居住建筑的某些特点，如雅鲁藏布江中游昂仁布玛墓群的建墓方法是先在平地起建夯土墓室四壁、后在其上夯筑封土，为西藏其他地区所不见。西部阿里地区的土洞墓多见使用箱式木棺、苇草编织物、石板/砾石铺底等葬具的现象，则可能是具有更大地域范围背景的文化特征。

在葬俗葬式方面，据墓中遗存有人骨的墓例看，单人直肢葬、屈肢葬等一次葬式和骨骸散乱的二次葬式在各地区都存在，但藏西地区象泉河流域发现的多人丛葬、双人葬、一墓多棺等葬俗，以及同一墓室多次使用、多座土洞墓一线排列的有规划的墓地现象，则在西藏其他地区极为罕见，这可能与当时该地区居民"族亲""血亲"等族群认同意识有关，如札达曲踏遗址 I 区的婴幼儿瓮棺葬区也是"血亲"观念意识的表现。

从墓地的使用时间上看，各墓地 ^{14}C 测年数据显示，西部象泉河流域的格布赛鲁墓地、皮央·东嘎遗址群墓地、桑达隆果墓地、曲龙村遗址群墓地等几处墓地的使用时限都有 1000 年之久，其时段下限都已进入或接近吐蕃政权时期，反映出该区域人群集团具有长期的社会稳定性，即社会处于相对"稳定态"的时间很长。当然，随着西藏田野考古工作的进展，会在其他地区的墓葬考古材料中获得更多、更为明确的年代依据和文化信息，使我们对西藏早期金属时代不同的地域性文化的社会特征有更多、更准确的了解。

从墓葬考古材料中还可观察到，藏西阿里地区如皮央·东嘎遗址群墓地、泽蚌遗址墓地、曲踏遗址墓地、曲龙遗址墓地、卡尔普遗址墓地、格布赛鲁墓地等地点，都发现了与墓地同时期（或相近时期）的遗址或其他遗迹，这与西藏其他地区至今很少发现墓地与遗址共处或共时的情况不同，其中的原因或隐含的社会背景目前还难有确切的解释，但推测这应与不同地区人群集团的"定居"模式有关，即墓地的选位与规模与所属人群的居住位置和规模有着直接的关联性。

西藏早期金属时代墓葬出土遗物和相关遗迹，是我们了解该时段高原居民物质文化与精神文化的重要信息源。与新石器时代出土遗物不同，就是这一时段墓葬出土物中有了大量的金属器具，其材质包括金、银、铜、铁四种，用途上至少包括了武器、工具、生活用品、马具、装饰物件等多个种类，其中金、银器主要是"面具"等片状、牌状、筒状的装饰物件，铜、铁器的种类则较多，包括武器中的剑、矛、刀、镞和生产工具中的削、钩、刻刀等，以及生活用具中的炊食器、有柄镜、装饰物件和各种马具等。与中原黄河流域等其他地区早期金属器中礼器、酒器、乐器等器类占有较大比例不同，西藏各地墓葬出土的早期金属器有两个明显的特点。

其一，是体现了比石器时代更为广泛和频繁的跨地理单元文化互动，如在黄金面具和金箔、青铜短剑、马形铜牌、有柄铜镜等器物的工艺、形制、纹样上，可观察到与中亚北方草原和南亚北部高原等区域性文化之间的关联；西部墓葬出土茎首为双圆饼形的青铜短剑既与蒙古高原及南西伯利亚等北方草原文化青铜短剑相类似，也与川、滇西北地区云南剑川、永胜、德钦和盐源盆地出土物相近[1]，体现了游牧文化因素在这样一个广袤地域的传播与影响。虽然目前还不能确定西藏早期金属器制造业及冶铸技术起始于哪个特定的区域，或是有着多个技术渊源，但若以拉萨曲贡遗址 H12 所出青铜镞[2]和堆龙德庆嘎冲遗址发现青铜炼渣[3]来看，至少可以认定雅鲁藏布江中游地区在3000 年前已经出现了相对成熟的青铜冶炼技术，西藏早期金属器并不缺乏本地技术和产品。关于这一点，还可以曲贡墓地出土的有柄青铜镜[4]和拉萨西藏牦牛博物馆陈列的

---

①　参见四川大学中国藏学研究所、四川大学历史文化学院考古学系、西藏自治区文物事业管理局：《皮央·东嘎遗址考古报告》，四川人民出版社，2008 年，第 258、259 页。

②　中国社会科学院考古研究所、西藏自治区文物局：《拉萨曲贡》，中国大百科全书出版社，1999 年，第 228 页。

③　李映福、哈比布：《西藏堆龙德庆县嘎冲村遗址冶炼遗物的发现与初步研究》，《藏学学刊》（第 10 辑），中国藏学出版社，2014 年，第 1～10 页。

④　中国社会科学院考古研究所、西藏自治区文物局：《拉萨曲贡》，中国大百科全书出版社，1999 年，第 211～216 页。

一件有柄青铜镜[①]为例，两件铁柄铜镜的形制、工艺、纹样几乎完全相同，尤其是两件铜镜背面下方近柄部用錾花工艺刻制的"剪影式"牦牛图像堪称最具西藏特色。这种"剪影式"的牦牛图像在青藏高原岩画中十分普遍，是青藏高原早期图像中最具有原创性的样式。造型完全相同的牦牛图像出现在岩画和铜镜上，表明这类图式在西藏早期金属时代已形成了"标准格套"，故在同一人群中进而成为被承继、被模仿的"图像传统"。

其二，是西藏早期金属器从整体上反映了畜牧生业的文化特色和影响。首先，从墓葬出土物看，将生活用具、生产工具等金属器用以随葬，当是墓主所属人群和所属文化的标志，早期金属时代墓葬所出金属器的大宗器类，主要显示了与牧业生产、生活对应的功效和用途，即以武器、工具、饰件、马具为主，这显然与农业为主的人群集团对金属器的需求有所区别。其次，早期金属时代墓中所出金属器标志着继石器时代之后一个新时期的开始，在地理环境的分布上还有一个意义，即这一时段考古发现的墓葬在分布与数量上都有一个向高海拔区发展的趋势，如目前所知出土金、银、铜、铁等金属器类较多的墓葬几乎都在海拔较高的藏西、藏北地区，西部象泉河流域的绝大部分墓地都在海拔 4000 米以上，最高墓地海拔为 4700 米，而雅鲁藏布江中游出土 17 件金器和近 50 件铜器的浪卡子县查加沟墓葬，所处海拔亦为 4600 米，故这些墓葬的文化属性都被归结为"与牧业人群有关"。这个现象或提示我们，当新石器时代末期以种植农业为主的人群及其文化在较低海拔的河谷地区得到长足发展时，藏西北高海拔区则发生了地域性的生业转变，出现了以畜牧为主的经济文化，从此角度似可理解墓葬考古材料反映的"牧区"与"农区"之间在金属器类别上的差异，即在较低海拔的河谷农业区可能发展出相对专业的金属器手工业，制作出类似曲贡墓地有柄铜镜一类的生活器具，在以牧业为主的高海拔地区虽不排除可能有小规模的金属器手工业，但更多的是流动性牧业活动从更广袤地域的物资贸易中获得的各种金属器，包括贵重金属和制作技艺复杂的金属器，如青铜短剑、黄金贴箔等。毫无疑问，西藏早期游牧人群及其生产活动在史前金属器的传播中有过重要的贡献。

从早期金属时代墓葬出土动植物遗存中，可以发现西藏高海拔地区既有成熟的牧业，同时也有来自农区的因素。墓中出土的马、牛、羊、狗等动物遗骸是牧业常见的牲畜，西部多处墓地还发现了用马、羊等动物"牲殉"的现象，如有的一座墓里随葬羊头多达 55 个，反映了该地区畜牧生业已具有相当的规模。有研究者分析了皮央·东嘎遗址群墓地、故如甲木墓地随葬的羊、牛、马等大量动物，认为早期金属时代牧业

---

① 西藏牦牛博物馆展陈的有柄铜镜于 2018 年由吴雨初馆长慷慨应允笔者进行了仔细观察与图文记录，有关这面铜镜的分析研究笔者将另文刊布。

经济应是高海拔区居民的主要生计模式①，而通过实验室对动物骨块和墓中人骨的同位素检测分析，则显示这些墓地所属人群的食物具有较高的氮同位素值，表明食物结构中肉、奶等动物类食物占比较高②，但同时阿里地区的墓中也发现了来自农区的食物遗存，如海拔约4600米的加嘎子墓地2015M1发现的炭化块状食物（¹⁴C测年数据显示为公元300年左右）经检测均属淀粉类农作物颗粒，其种类包括大麦（青稞）、小麦、水稻、黍/粟等，以及将这些作物颗粒经过碾压加工而成的"面粉"（粉状物），颗粒物中的淀粉粒未见膨胀、糊化或变黄等现象，表明其未经过蒸煮、烘烤等过程，应是制作块状食物时将粟黍类颗粒直接加入麦类粉状物中，从而形成一种"粒食"和"面食"的混合食物③。这种将谷物颗粒直接添加到青稞粉中的食物是作为日常生活的食物，还是另有其特殊寓意（如与丧葬礼仪有关）还有待进一步明确，但这个例子可表明生活在4600米高海拔地区的牧业人群，应与农区有着频繁的食物交易。

墓葬考古材料还提供了早期金属时代文化交流的一些线索，如噶尔县加嘎子墓葬的块状食物中检测到来自粳稻（水稻）的谷蛋白，可能出自喜马拉雅南麓的低海拔地区，表明阿里地区古代食物的多样化应是与跨地理区的文化互动密切相关的。而象泉河流域多处墓地出土的大量"天珠"（蚀花玛瑙珠、缠丝玛瑙珠）、玛瑙、琥珀、翡翠珠、玻璃珠、玉髓、海贝、海螺等装饰品，可能来自与西南亚等邻近地区的文化交流与物资贸易。故如甲木墓地出土有"王侯"字样的织锦及茶叶，则显示了西藏西部与黄河流域长期以来保持的交流互动。在早期金属时代西藏各地墓中所出金属器（金、银、铜质等）中也都可以观察到青藏高原与中亚、北方草原地区青铜文化的交流或受到的影响。

（三）早期金属时代墓葬的区域特征

综观西藏早期金属时代的墓葬考古材料，可以观察到在不同的地域，墓葬材料所反映的文化面貌仍然有着比较明显的差异，而这种差异基本保持了新石器文化的地域格局，即在西藏的东部、东南部、中部（雅鲁藏布江中游）及高海拔的北部和西部的

① 罗友华、姚军：《皮央格林塘墓群人骨样品的初步观察》，《皮央·东嘎遗址考古报告》，四川人民出版社，2008年，第294、295页；李凡：《西藏阿里地区曲踏墓地和故如甲木墓地动物遗存研究》，吉林大学硕士学位论文，2015年。

② 罗友华、姚军：《皮央格林塘墓群人骨样品的初步观察》，《皮央·东嘎遗址考古报告》，四川人民出版社，2008年，第294、295页；张雅军、仝涛、李林辉等：《西藏故如甲木墓地人群牙齿磨耗和食物结构的关系》，《人类学学报》2019年第38卷第1期，第107～118页；陈相龙、张雅军等：《从故如甲木和曲踏墓地看西藏阿里地区距今2000年前后的生业经济与文化》，待刊稿。

③ 任萌、杨益民、仝涛等：《西藏阿里曲踏墓地及加嘎子墓地可见残留物的科技分析》，《考古与文物》2020年第1期，第122～128页。

几个区域内，墓葬考古材料所反映的"西藏早期金属时代"各有不同的表现。

　　为了有更直观的印象，我们在下文的分析中把墓葬出土陶器群作为观察和比较的主要依据，这是因为在史前时期陶器作为最普遍的生活器具，它不仅是反映当时、当地人群制造技术和生活状态的物件，同时也是表达人们精神活动和观念意识（如陶器造型、装饰的纹样，以及在墓中的位置与数量等情况）的载体，因此在考古研究中常被视为具有高"敏感度"的文化遗物。

1. 西藏东部

　　东部地区属于西藏早期金属时代的墓例主要有贡觉香贝、昌都小恩达、昌都沙贡等处，它们的年代分布在距今 3000～2000 年。出自墓中的陶器多为平底器，皆为夹砂灰陶系，器形以大口及"桃核形"口的侈口双耳平底罐、单耳平底罐（少数绘红彩）为主，另有单耳直口平底杯等；器耳呈宽带状且多与器口平齐且多饰刻划纹样；陶器器身纹样多为绳纹、直线刻划纹等。墓中所出金属器有铜耳饰、铜刀、铁刀等。藏东早期金属时代墓葬综合其陶器、金属器诸特征及墓葬形制来看，与川西滇北高原及黄河上游甘青地区同期墓葬有一定的相似性，在陶器器形上可明显观察到黄河上游齐家文化等原始文化的影响，而与西藏中部、西部同期墓葬之间的差异十分明显。

2. 西藏东南部

　　东南部地区属于西藏早期金属时代且出土陶器的墓葬仅有林芝多布石棺墓地一处。在先后两次报道的材料中，共出土陶器共 5 件：1988 年出土束颈鼓腹平底罐 2 件、圜底带耳（？）陶钵 1 件；1991 年出土陶器 2 件，皆为束颈小口鼓腹平底罐和小敞口细颈陶瓶各 1 件，前者在腹部饰折线"V"形纹一周。多布墓地另出土磨制条形石锛、石斧等石器，未见金属器。多布石棺墓陶器与西藏东部石棺、石室墓所出陶器同为夹砂灰陶质、以平底器为主，但器形之间存在差异，与雅鲁藏布江中游墓葬陶器亦不相同，最明显的差异在于东南部墓葬所出者几乎不见圜底器，有器耳者亦很少见。原报告称林芝多布石棺墓年代"其上限为新石器时代晚期，下限为吐蕃早期"，显得太宽绰，故其与西藏东部及雅鲁藏布江中游墓葬陶器之间的差异，除了地域不同是否也有时代早晚的原因，尚有待今后更多的考古材料证明。

3. 中部地区（雅鲁藏布江中游）

　　西藏中部主要指雅鲁藏布江中游流域的广大地区，与历史上的"卫藏"地区接近。中部地区属早期金属时代的墓葬考古材料相对较多，主要墓例有拉萨曲贡墓地、昂仁布玛墓地、隆子夏拉木和涅荣石棺墓、浪卡子查加沟墓地、扎囊结色沟墓葬等。中部地区陶器的共性是以夹砂红陶质为主，器形以侈口深腹的圜底罐类为大宗，各种圜底罐之间的差异主要是耳、流、颈的形态及有无，以及单、双耳的区别，同时也有极少量的平底盆、钵、杯等器形，器类以食器为主。雅鲁藏布江中游东西绵延长1000余千米，其中又可分出三个不同的陶器群组。

一是以雅鲁藏布江中游西段昂仁布玛墓地陶器为代表，布玛墓地所出陶器保持了中部地区以夹砂红陶为主、以圜底器类为大宗的传统，但器类中缺少深腹的圜底罐，而是以单耳陶杯、无耳钵、盆等圜底器为主，同时有小圈足单耳杯、碗等，另有极少的平底器，如罐。布玛墓地的年代为公元2～4世纪，属西藏早期金属时代偏晚阶段的遗存。

二是以隆子夏拉木、涅荣石棺墓及扎囊结色沟墓地所出细长颈（含双口细长颈）的球腹圜底罐（或称瓶、壶）为标志的组合。值得提及的是，结色沟墓地在封土样式、墓室结构上与雅鲁藏布江中游多处吐蕃政权时期的墓葬也比较接近，但发掘者认为所出陶器与吐蕃时期墓葬陶器"在形制、风格上都有十分明显的差异"，如结色沟M3所出"高柄细颈球腹器"〔原报告称为"高足（柄）豆"〕与同出的"双细长颈盘口球腹圜底罐"在外形上接近，器身相对的两侧均有带孔的系和重菱纹纹样；前者与后者不同之处仅在于"柄部"与球形腹之间是完全隔绝而并不相通，故很难置于平面之上，器身两侧对应的有孔双系显示此类陶器也可能采用吊置或支架（支石）的置放方式，结合陶器的修补痕迹分析，这两种陶器都有可能并非一般食器或炊器，或许具有"礼器"的性质。此外，结色沟M3所出单耳圈足黑陶杯不见于雅鲁藏布江中游的其他吐蕃时期墓葬，但与曲贡遗址早期遗存的同类陶器比较接近；M3所出"双细长颈盘口球腹圜底罐"与隆子夏拉木石棺墓所出"双口长细颈球腹圜底罐（瓶）"十分相似，这种有双细长颈器口的球形腹圜底器（曾有罐、瓶、壶等不同称谓，其实"双口"之一可能作为"流"而非器口）目前仅见于中部地区的雅鲁藏布江南岸。夏拉木石棺墓[14]C测年数据为距今2800年左右，远早于吐蕃政权时期，结合其他因素分析，结色沟墓地年代很可能与夏拉木石棺墓年代属于同一时期，代表着中部地区雅鲁藏布江南岸的某个地域性文化，属于西藏早期金属时代早、中期阶段的遗存。

三是以拉萨北郊曲贡墓地（即曲贡遗址晚期遗存之一部分）出土陶器为代表的组合，包括浪卡子县查加沟墓葬等墓例。曲贡墓地29座墓中有10座墓出土陶器，共15件，陶质以夹砂红陶（或红褐陶）为主。器形上80%的是圜底器，平底器仅有3件；器类以深腹束颈侈口圜底罐为多，器耳、器流比较发达，器耳较窄且多与器口平齐，单耳陶器数量上多于双耳器；器流的末端多高于器口，其位置与器耳（指单耳者）有相向或相垂直（呈90°夹角）两种；平底器主要是大口斜腹盆和直口杯等。浪卡子查加沟墓葬的陶器未能复原，从陶片看，仍是以夹砂红陶质为主，除素面外有刻划的弦纹和几何纹（三角形折线纹），可辨器形仅见宽带状耳的圜底罐、直口器（杯？），与曲贡墓地陶器比较相似。曲贡墓地的年代为距今2700～2000年，查加沟墓葬年代推测为"距今2000年"，在大时段上与雅鲁藏布江南岸夏拉木、结色沟等墓地年代相去不远，亦属西藏早期金属时代早、中期阶段。

西藏中部地区（雅鲁藏布江中游）早期金属时代墓葬出土陶器的共性特征比较明显，即陶系以夹砂红陶为主，器形以圜底器为大宗，器流、器耳较发达，纹饰中横向的"V"形折线纹和重线菱形纹十分常见。该区域内的三个陶器群组之间的差异，既可能代表了更小地域的人群及其文化间的差异，也可能是年代上的相对早晚原因。简言之，中部地区各墓地的年代在总体上基本能涵盖西藏早期金属时代的大部分时段，它们是距今2800～1700年活动于雅鲁藏布江中游南北两岸广阔地带的人群及文化的遗存。

4. 西藏西部地区

迄今为止，西藏西部早期金属时代的墓葬考古材料集中在象泉河流域的札达盆地，墓中所出陶器数量也很丰富，已发表考古报告或简报的墓例有札达皮央·东嘎遗址群墓地、格布赛鲁墓地、曲踏墓地和噶尔故如甲木墓地等几处[①]，其他地点或因资料整理工作尚未结束，或因考古报告尚未刊布，相关出土遗物等图文信息仅见于不多的新闻报道。从札达盆地象泉河流域的多处墓葬考古材料来看，西部地区的墓葬形制比较多样，其中以无封土或墓丘的单室及多室的土洞墓最具特色。西部早期金属时代墓葬的年代基本上是持续不断的，从公元前1600年前后一直到公元4～5世纪，有近2000年。墓葬出土陶器从总体特征看，"一脉相承"的特征比较明显，即陶系以夹砂陶为多，泥质陶数量较少且仍有羼合料，故与夹砂陶的区别不太明显；陶色以红色为主，但因烧制及使用，部分陶器表面呈红褐色或褐色，灰陶很少，黑陶基本不见。器形上始终以带耳的绳纹圜底罐为标识性器物，其他如杯、豆、钵/碗等数量较少的器形也是以圜底器为主，平底、圈足等器类主要见于杯、豆等。陶器器表纹饰以粗细、方向各异的绳纹为主，另有刻划、剔刺的水波纹、折线纹、圆点纹及彩绘等纹饰。从札达皮央·东嘎遗址群几处墓地和格布赛鲁墓地所出陶器看，绳纹带耳圜底罐的尺寸差异较大，大者可高达80厘米，小者仅高10余厘米，多数圜底罐器高为18～30厘米；在形制上这类圜底罐上部有颈的长、短之分和溜肩、折肩之分，器耳有单耳、双耳、无耳之分，以单耳罐为多，双耳罐次之，无耳罐很少，个别单耳圜底罐在器耳相对的一侧有小突，或有孔系；器耳的上、下端多在口沿下与颈、肩黏接而成，极少有与罐口平

---

① 四川大学中国藏学研究所、四川大学考古学系、西藏自治区文物局：《西藏札达县皮央·东嘎遗址古墓群试掘简报》，《考古》2001年第6期；四川大学中国藏学研究所、四川大学历史文化学院考古学系、西藏自治区文物事业管理局：《皮央·东嘎遗址考古报告》，四川人民出版社，2008年，第189～221页；四川大学中国藏学研究所、四川大学考古学系、西藏自治区文物局等：《西藏札达县格布赛鲁墓地调查简报》，《考古》2001年第6期，第39～44页；中国社会科学院考古研究所、西藏自治区文物保护研究所、阿里地区文物局等：《西藏阿里地区故如甲木墓地和曲踏墓地》，《考古》2015年第7期，第29～50页。

齐者；器耳多为宽带状，其上刻划纹样有麦粒纹、圆点纹、"X"形纹、"V"形纹、横线纹等。上述陶器的这些特征在象泉河流域其他各个墓地所出陶器群中皆可观察到。

象泉流河流域早期金属时代墓葬的大宗陶器是各型绳纹圜底罐，大约从公元前 600 年之后出现了一些形制上的变化，在皮央·东嘎遗址群、格布赛鲁、桑达隆果、曲踏、故如甲木、卡尔普等多处墓地的陶器中这种变化最为明显，如有部分圜底罐从长颈敞口变成带宽口流或小口流的单耳器；部分圜底罐在器底黏接了小而浅的圈足；少数圜底罐在器底黏接了三条柱状足；有的圜底罐在肩部接出一条形似上斜管状流的把手（实心），等等。有趣的是，圜底罐的这些变化并未彻底改变其基本特征，如器形、主要纹饰、器耳特征、大小尺寸等，故可视为原有器形基础上的"附件增加"。当然，也出现了一些新的器形，如随着"三足圜底罐"出现的"三足圜底钵"（有带双錾或无錾之分）及随着"圈足圜底罐"出现的圈足杯、圈足和有三角形镂孔的豆、方形钵等器形。

综合起来看，西部的象泉河流域早期金属时代墓葬所显示的文化特征十分明显，从形制、葬具、葬俗、葬地分布等多方面的观察，到出土陶器、黄金器、木器、织物、珠饰等遗物文化特征的分析，都可表明以象泉河流域为中心的西部地区至迟在距今 3000 年前后已经形成了一支农牧兼营、具有较高稳定性和持续发展能力的地域性文化，其社会复杂化及经济水平的层级差异在墓葬、聚落址及其他遗迹中也都有反映。在总体上，这支地域性的文化曾与我国新疆地区及中亚、西亚地区的史前文化有过交流和互动，同时在其发展过程中表现出向喜马拉雅山南麓的南亚北部扩散的趋向，如在现境外印度北方邦的马拉日、尼泊尔西北部木斯塘等地墓葬中都可以观察到相应的考古例证。

5. 西藏北部地区

西藏北部高海拔地区考古发现属于早期金属时代的墓例比较少，正式发表的考古报告目前不多，因此包括出土陶器在内的一系列考古材料目前尚不足以同西藏其他地区同期墓葬做详细的对比分析。根据那曲市安多县布塔雄曲石室墓出土羊骨的测年数据为距今（2460±30）年（校正后约为公元前 8～前 5 世纪），班戈县马前乡扎迥俄玛石棺墓测年数据为距今 2700 年前后的年代标识来看，北部地区部分石棺墓、石室墓可能与藏东同类墓葬的时代比较接近，但主要反映的是以畜牧业为主的文化类型。

基于上述对西藏早期金属时代以墓葬所出陶器为主的考古材料的梳理，可以发现该时段西藏东部、中部、西部这三个区域的陶器形制及组合皆各有特色，墓葬的形制类型及其墓中出土遗物亦各有其地域性，体现了不尽相同的考古学文化面貌。

就墓葬年代和分布地域而言，西部地区从格布赛鲁早期墓葬到皮央·东嘎遗址群诸墓地、桑达隆果墓地、曲龙村墓地等多处墓地的测年数据显示，其时段可早至公元前 1500 年，晚期则可与吐蕃政权建立前的公元 6～7 世纪衔接，其间约 2000 年基本没有大的缺环，在目前对"西藏早期金属时代"起止节点的认知上，可代表一个比较完整的年代序列，其主要分布地则集中在札达盆地，中、晚时段有向南扩展的趋势；中部地区（雅鲁藏布江中游）从年代较早的隆子夏拉木石棺墓、扎囊结色沟墓地、拉萨曲贡墓地（早期）到晚期的昂仁布玛墓群，其年代分布大致在公元前 9 世纪到公元2～4 世纪，时间跨度超过 1000 年，因目前缺乏距今 3000 年左右和公元 4～6 世纪的墓例，故中部地区的墓葬材料在与"西藏早期金属时代"的对应上似乎还有一些缺环，但 2019 年调查清理的吉隆顶恩布墓群测年数据显示为公元 5～7 世纪，为雅鲁藏布江中游地区墓葬考古提供了新的资料①。中部地区墓葬的分布比较广阔，其中亦可能存在更小的区域文化。东部地区（包括林芝等西藏东南部地区）属西藏早期金属时代的墓葬年代较明确者多为公元前的遗存，从公元前后到吐蕃政权建立之间的年代序列尚有缺环。

从墓葬出土陶器的主要形态特征看，圜底器在西藏早期金属时代始终代表着主要的器类和器形。这也是中部、西部陶器形态与东部陶器的主要区别。中部地区自新石器时代"曲贡文化"时期到吐蕃政权时期，圜底器一直是陶器的主流，也正是在这一点上，西部与中部在陶器方面似乎保持着某种相似性。而东部地区从"卡若文化"时期到早期金属时代的考古材料中却似乎一直很少见圜底陶器，这个现象背后的原因值得进一步研究。

上述有关西藏早期金属时代墓葬考古材料的讨论，目前还是一种初步的辨识，其局限性不言而喻，这也包括考古工作本身和考古材料的局限。不过我们仍可从中看到西藏新石器时代之后考古学文化的不平衡性或差异性，如西部地区墓葬材料显示其地在金属器工艺等方面有来自北方草原和中亚青铜文化的一些因素，以及可能来自南亚北部的农业元素（如大麦类作物遗存），显示了西部史前农、牧生业之间有比较高的契合度，故可能由此发展出稳定的、比较发达的地域性文化。中部以雅鲁藏布江中游为代表的地区，则在西藏高原河谷农区最早发展出与种植农业相适应的畜牧业，从而形成较大规模的人群集团，墓葬所出陶器显示的多样性组合，似乎又暗示中部地区亦存在多个小区域的社会人群。东部及北部地区早期金属时代墓葬所出陶器等考古材料则主要显示了其与东北、东南两个方向的关联，即来自齐家文化等黄河上游史前文化的影响，以及与滇北、川西高原"石棺葬文化"之间的类同性。

---

① 顶恩布墓群位于吉隆县贡塘乡，2019 年西藏自治区文物保护研究所抢救清理了其中的 2 座石室墓，采集及出土陶器、铜器、铁器、木器、蚀花玛瑙珠、动物骨骼等遗物。墓葬年代为公元5～7 世纪。

三、早期金属时代主要遗址

西藏早期金属时代的遗存除了墓葬之外，还有考古发现的部分遗址，这一时段已知的遗址可分为居住类遗址（聚落型及散居型）、生产活动类遗址、祭礼类遗址等几种，其中部分祭礼类遗址往往存在于居住类遗址的范围内，而部分祭礼类遗址则是独立存在（后文另述）。前两类遗址主要有以下地点。

（一）主要遗址

1. 琼结邦嘎遗址[①]

邦嘎遗址地属琼结县下水乡邦嘎村（今下水村一组），地处琼结河右岸二级阶地，海拔 3713 米。1985 年由西藏自治区文物管理委员会文物普查队调查发现并进行过试掘，2000~2002 年中国社会科学院考古研究所与西藏博物馆、山南地区文物局等单位对遗址进行了三次小规模发掘。2015~2018 年，四川大学考古学系与西藏自治区文物保护研究所、山南市文物局等共同对遗址进行了 4 个年度的发掘。遗址因地处冲沟侧缘故保存面积不大，目前共揭露面积 315 平方米，清理出灰坑、柱洞、活动面、墙体等聚居生活的遗迹，出土有陶器、石器等文化遗物及动物和植物遗存。邦嘎遗址为聚落型的定居遗址，遗存有大麦、小麦等农作物，动物则有绵羊、山羊、水牛等，显示邦嘎史前居民的肉类食物主要源于畜牧生产而非狩猎，属于农牧兼营的生业经济类型。遗址堆积清楚明确，^{14}C 测年数据显示遗址年代为距今 3000~2400 年，其早期遗存的文化面貌与雅鲁藏布江北岸的贡嘎昌果沟遗存类似。

2. 札达丁东遗址[②]

丁东遗址是四川大学考古学系、西藏自治区文管会（后为西藏自治区文物局）于 1994~2001 年对札达县皮央·东嘎遗址群进行的多次田野考古工作中确认的，遗址位于东嘎村西南约 500 米的山前坡地，属东嘎遗址区的 V 区，海拔约 4100 米。2001 年对丁东遗址的发掘共清理了居住遗迹三处，分别编号为 F1、F2、F4，其中 F1 为半地穴

---

①　西藏自治区文物保护研究所、四川大学考古学系、山南市文物局：《西藏琼结县邦嘎遗址2015 年的发掘》，《考古》2020 年第 1 期，第 37~45 页。

②　四川大学中国藏学研究所、四川大学考古学系、西藏自治区文物局：《西藏阿里地区丁东居住遗址发掘简报》，《考古》2007 年第 11 期；四川大学中国藏学研究所、四川大学历史文化学院考古学系、西藏自治区文物事业管理局：《皮央·东嘎遗址考古报告》，四川人民出版社，2008 年，第232~247 页。

式石墙居屋，平面大致呈长方形，面积约 50 平方米，由大小不同的两个单间构成，其间有石块垒砌的入室踏阶，室内有可能用于卧躺的长方形土台，室外有向外延伸的墙体残迹。F2 位于 F1 西北侧约 30 米处，是一座平面为长方形的单间地面石墙居屋，面积 20 余平方米，居屋东面辟门，屋内西北角有三块竖立的支石，应为火塘。F4 位于 F2 北侧，其东南角已被后期所建石砌佛塔破坏，为一座多隔间、平面呈长方形的石墙居屋，石墙墙基建于一块长约 15、宽约 10、高约 2 米的土台之上，土台上的石墙残高 0.6、宽（厚）0.8、残长 6.5 米，F4 内部分为两个隔间，其室内有可能用于储放物品的石台、石圈及火塘，出土了陶片、重石、石磨盘等遗物，表明房主人可能在室内进行过粮食加工活动（图 4-17）。丁东遗址的房屋附近还发现了一处立石遗迹，呈条形的碑状立石已倒伏在地面，立石长（高）1.75、宽 0.6、厚 0.15 米，其四周有用砾石围砌的椭圆形石圈，石圈内发现了少量炭灰和青稞粒，推测应是一处祭礼遗迹。丁东遗址的测年数据为距今（2065±60）年，经校正后为公元前 348～公元 71 年，即公元前 4～公元 1 世纪。房屋遗迹形制显示为一种"家户式"的散居模式，根据遗址中提取的炭化青稞粒及出土的大量牦牛、羊等动物遗骨分析，丁东史前居民的肉类食物来自畜牧动物，主食则可能为大麦类的青稞，该遗址可能属于冬季定居河谷、夏季移至高山草场的农牧兼营人群的遗存。

3. 噶尔卡尔东遗址[①]

卡尔东遗址地属噶尔县门士乡门士村四组，地处札达盆地东缘的曲那、曲嘎两河与象泉河交汇处北侧的山丘丘顶，海拔 4300 米。该遗址 2001 年由四川大学考古学系、西藏自治区文物局阿里考古队进行了考古调查，2004 年四川大学考古学系与西藏自治区文物局、西藏博物馆联合考古队再次对遗址开展了田野考古调查，并将该遗址定名为"卡尔东遗址"，2013 年四川大学考古学系再次对遗址各区进行了检测样品采集等田野工作。

卡尔东遗址所在山丘顶部略呈东北—西南走向的长三角形，与山丘下地面高差近 100 米，距象泉河与曲那、曲嘎河汇口约 200 米，根据遗迹分布与地形状况将遗址分为 A、B、C、D 四个区，总面积约 13 万平方米。A 区位于山顶地势最低的南部，东西长约 300、南北宽约 200 米，面积约 6 万平方米，地面相对平缓，经编号的建筑遗迹共有

① 霍巍、李永宪：《西藏阿里象泉河流域考古调查取得重大进展：古老象雄文明的神秘面纱有望早日揭开》，《中国文物报》2004 年 10 月 15 日第 1、2 版；李永宪、霍巍：《西藏阿里噶尔县"琼隆银城"遗址》，《2004 中国重要考古发现》，文物出版社，2005 年，第 137～144 页；霍巍、李永宪：《揭开古老象雄文明的神秘面纱——象泉河流域的考古调查》，《中国西藏》2005 年第 1 期，第 40～44 页；李永宪：《西藏西部两处史前聚落遗址的考古学观察》，《青藏高原的古代文明·北京首届国际象雄文化学术研讨会论文集》，青海民族出版社，2018 年，第 113～122 页。

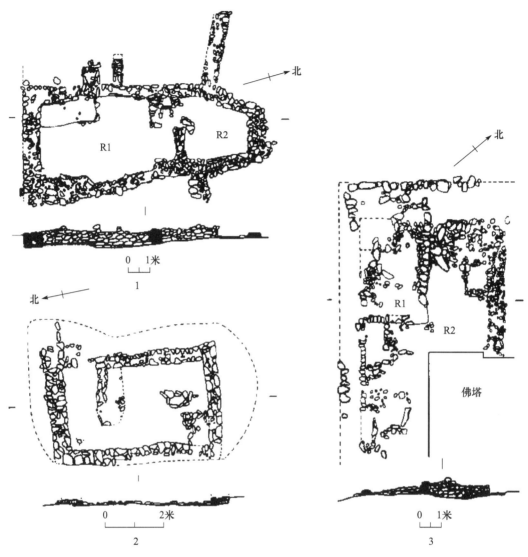

图 4-17　札达丁东遗址房屋遗迹

1. F1　2. F2　3. F4

（采自四川大学中国藏学研究所、四川大学历史文化学院考古学系、西藏自治区文物事业管理局：
《皮央·东嘎遗址考古报告》，四川人民出版社，2008 年，图 9-4、图 9-7、图 9-9）

90 余个单位，均为由砾岩岩块或砾石砌建的地面建筑，依用途大致可分为防御性建筑
（防墙和堡垒等）、家户型居屋、公共建筑（祭礼类）、生活附属设施（牲圈、蓄水坑
等）等类型，推测应是遗址居民的主要生活区。B 区位于遗址中部的西北缘，地势高
于 A 区，与其东面 C 区之间有一凹地相隔，东西长约 350、南北宽 15～50 米，面积近
1.5 万平方米，经编号的遗迹单位共计 13 个，其中主要是建在山崖边缘的防护墙、堡
垒等防御性工事建筑，防护墙现存总长度近 300 米，B 区东北端的一组建筑位于山顶
最高处，该组建筑下发现了早期文化层（灰土），包含动物骨块、炭灰等。C 区位于遗

址中部的东南边缘，地势亦高于A区，东西长近300、南北宽约30米，面积近1万平方米，经编号的建筑遗迹共计20个（组）单位，其中大部分为建在东北山崖边缘的防护墙、堡垒等防御性工事建筑，C区中部（现小拉康附近）有一组可能为礼仪或集会用途的公共建筑，C区防御性建筑自东向西再转向由南至北，形成一个"L"形，现存总长度200余米。D区位于遗址的最北端另一较低山丘顶部，经编号的建筑遗迹为8处，皆为防御性工事建筑，可能为聚落北缘守御之用。遗址除山顶的A、B、C、D四区之外，在山丘几面崖坡下亦见少数墙体遗迹和通向山顶的暗道口（图4-18）。

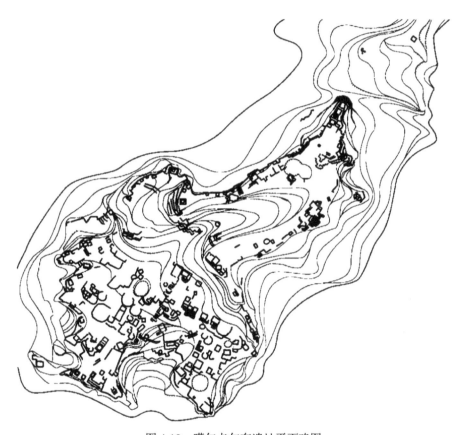

图4-18　噶尔卡尔东遗址平面略图

卡尔东遗址的防卫性特点十分突出，显示了其选址山顶聚民而居的主要意义，是西藏早期金属时代很有代表性的一处聚落遗址。遗址A区一处的祭台遗迹（编号04KLAS66）出土了1件小型的青铜双面神像，神像呈跪坐状，一手扶膝，另一手上举呈持物状，上身赤裸，两乳突出，五官粗犷，其身姿、造型与佛教造像截然不同，应与其时的宗教神系有关；在遗址地表采集到包括夹砂红褐片在内的陶器残件，磨石、石臼、石片等石制品和铁甲残片、铜器残件、料珠等装饰品、骨料及骨器残件在内的多类遗物。遗址堆积中提取到小麦、大麦（青稞）、荞麦颗粒与水稻基盘等作物种粒共计 161 粒，动物遗骨鉴定结果显示当时居民畜牧动物是较固定的牦牛和羊，另有极少量的鹿科动物可能来自捕猎，结合 A 区的牲圈类遗迹和大型的蓄水坑等遗迹内发现的大量羊粪堆积，表明卡尔东居民可能有在居住地圈养牦牛及羊的习俗，也是获得肉类食物的主要来源[①]。卡尔东遗址有多个 [14]C 测年数据，综合起来分属两个时段，较早的数据分布在公元前 2～公元 2 世纪，较晚的数据则集中于公元 4～5 世纪。

4. 噶尔泽蚌遗址[②]

泽蚌遗址是 2004 年四川大学考古学系与西藏自治区文物局、西藏博物馆联合开展"象泉河上游考古调查"中发现并确认的一处大型聚落遗址。遗址位于噶尔县门士乡政府驻地西南约 13 千米处，地处曲那河西岸（右岸）一级台地，海拔 4260 米。遗址包括居住建筑群、石构祭祀遗址、石丘墓群等多类遗迹，分布范围南北长约 1300、东西最大宽 500 米，面积近 60 万平方米。居住建筑群遗迹呈南北向分布，位于遗址中、南部，为九组结构独立但紧密相邻的地面石砌建筑，每组建筑皆由大小不同的 10～20 间房屋及其内的火灶、石台（坛）、台阶、道路等遗迹构成；房屋平面以方形、长方形为主，均残存砾石砌建的墙体遗迹，各建筑群还发现了多个石砌的"祭台"（祭坛）类遗迹。墓葬分布于遗址居住建筑群的南侧、北侧、西南侧，总数在 150 座以上，地面有大小不同的垒石墓丘。位于居住建筑群北侧、东侧的 M1 和 M2 为大型墓，其中 M2 地面用砾石垒砌。墓丘分为丘基、丘顶两部分，丘基平面呈长方形，长 62、宽 17.3 米，逐层向上收分形成丘顶，因早年破坏严重，丘顶已基本不存，墓丘残高 3～6 米，墓丘西侧（背面）有石砌祭台或祭坛的遗迹。小型墓则集中分布于居住建筑群的南侧，略呈东南—西北向排列，墓丘多为边长 1.3～1.5 米的方形。遗址东端近阶地前缘有一处石构遗迹，为平面略呈梯形的石框（墙），石框的西段与南段中部各立一根残高 1 米的条形石柱，此石构遗迹的形制在西部地区比较常见，推测可能属于举行祭礼活动的"祭坛"类遗迹（图 4-19）。泽蚌遗址由多类功能不同的遗迹组成，表明当时聚居于此的人群规模较大，大量的墓葬显示这是一处比较固定且长时期居住的聚落，石构遗迹（祭坛）和石丘墓的形制与西部早期金属时代同类遗迹相近，遗址地表采集的陶片、石制品等遗物与卡尔东遗址相似，故推测泽蚌遗址的年代与卡尔东遗址接近，可能为公元前后至吐蕃政权建立之前。

---

① 张正为、吕红亮：《西藏西部阿里卡尔东遗址 2013 年试掘出土动物遗存鉴定分析》，《藏学学刊》（第 16 辑），中国藏学出版社，2017 年，第 252～272 页。

② 四川大学中国藏学研究所、四川大学历史文化学院考古学系、西藏自治区文物局"2004 年度象泉河流域考古调查"资料。

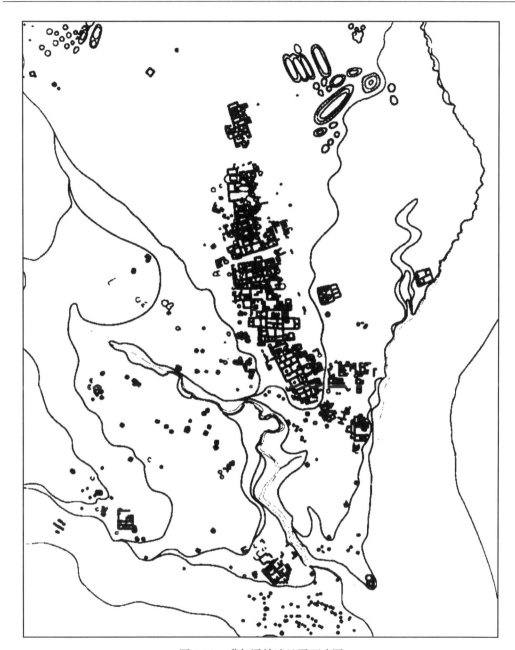

图 4-19　噶尔泽蚌遗址平面略图

5. 堆龙德庆嘎冲遗址①

　　嘎冲遗址位于拉萨市堆龙德庆区古荣镇嘎冲村北侧，地处山前冲积扇，海拔 3798 米。2004、2005 年西藏博物馆考古人员两次对遗址进行过调查，在取土形成的遗址剖

---

　　①　更堆：《西藏堆龙德庆县嘎冲村调查发现一处古遗址》，《中国文物报》2004 年 4 月 28 日第 1 版。

面上采集到打制石器和细石器等石制品、陶器残片和"残铁块"、"铁渣"、陶质鼓风管等冶炼生产的遗物。遗址所出石器、陶片等遗物的特征与拉萨曲贡、贡嘎昌果沟、琼结邦嘎等史前遗址遗物相类似，遗址的 ^{14}C 测年结果为距今 3000 年左右，属于西藏早期金属器时代早期阶段。遗址所出"残铁块"、"铁渣"、陶鼓风管等遗物经实验室技术分析证明，所谓"残铁块""铁渣"均为青铜炼渣，陶管表面黏附的炼渣粒分析也表明应与冶炼青铜的生产活动有密切关系。对陶鼓风管的考古类型学分析认为，嘎冲遗址所出陶鼓风管与黄河流域"中原式"陶鼓风管形制不同，可能与南亚、东南亚及中国西南的早期冶炼炉有一定关系，或受到南亚冶炼技术的影响。综而论之，嘎冲遗址的早期青铜冶炼遗存表明至少 3000 年前西藏中部地区已经具备了比较成熟的青铜生产技术，其冶铜工艺是将硫化矿还原为冰铜，再将冰铜冶炼成粗铜。由于检测样品数量限制，嘎冲遗址代表的青铜冶炼是否已掌握了添加砷矿物的合金技术，尚有待更多的考古发现与研究[1]。

6. 堆龙德庆昌东遗址[2]

　　昌东遗址位于拉萨市城关区以西约 18 千米的堆龙德庆区羊达街道西北 3 千米的昌东自然村北侧，地处拉尔日山和察仓别山之间的山谷谷坡冲积扇，海拔 3642 米。2007年西藏自治区文物保护研究所、拉萨市文物局根据西藏大学调查组提供的线索对该遗址进行了考古调查。在开采砂土形成的遗址剖面上观察到距现地表深约 3.7、厚 0.15～0.3米的文化堆积。从文化层采集到打制石片、磨石及陶器残片、动物骨块等遗物，动物骨骼的属种有牛、羊等类，陶片特征与拉萨"曲贡文化"相似，根据昌东遗址西面嘎冲遗址的 ^{14}C 测年结果（距今 3000 年左右）推测，昌东遗址的年代可能与嘎冲遗址接近。

7. 札达曲龙遗址[3]

　　曲龙遗址位于札达县达巴乡曲龙村以北，地处象泉河（朗钦藏布）北岸的山体下部，海拔 4200～4600 米。2017～2020 年，陕西省考古研究院、西藏自治区文物保护研究所等单位对曲龙遗址进行了持续的考古调查和遗迹清理。遗址东西长约 1.3、南北宽约 1.2 千米，遗存有包括房址 45 座、院落 105 处、护墙 29 段、碉楼 1 座、佛塔 20 座、

　　① 李映福、哈比布：《西藏堆龙德庆县嘎冲村遗址冶炼遗物的发现与初步研究》，《藏学学刊》（第 10 辑），中国藏学出版社，2014 年，第 1～10 页。

　　② 夏格旺堆：《西藏堆龙德庆县昌东村发现一处史前遗址》，《西藏研究》2007 年第 4 期，封二、封三。

　　③ 据西藏自治区文物保护研究所（微信公众号）：《2018 年度西藏文物保护研究所业务工作公众分享报告会（一）》，2019 年 4 月 4 日发布。

洞窟 742 座等在内的多种遗迹。在遗址区及附近经考古发掘清理的遗迹有墓葬 9 座、石构遗迹 1 处、殉葬坑 3 座、居住建筑遗迹 5 处、洞窟 7 孔、院落建筑 2 处、古塔 1 座，出土及采集遗物包括陶器、石器、金器、铜器、铁器、海螺 / 贝饰件、料器（珠饰）及动物骨块（多为马、羊）等。曲龙遗存的 ^{14}C 测年结果显示有早、晚两个时段，早期时段为公元前 8～前 5 世纪，晚期时段为公元前后至公元 4 世纪。

（二）早期金属时代遗址的文化意义

根据现有的考古记录和测年数据，西藏早期金属时代的遗址大体上可分为早、中、晚三期。早期遗址主要有琼结邦嘎及堆龙德庆嘎冲、昌东等遗址，还可包括当雄加日塘遗址等，它们的年代都在距今 3000 年左右。属于中期的遗址有札达丁东、曲龙（早期遗存）等，距今约 2700～2300 年。晚期有噶尔卡尔东、泽蚌两处遗址及曲龙遗址的晚期遗存，其年代大致处于距今 2200～1400 年。

从分布地域和遗存环境看，地处西藏中部河谷地区的邦嘎、嘎冲、昌东等遗址海拔较低，为 3600～3800 米，为聚落型的居民遗址，属于比较稳定的以农为主、兼有畜牧（短距离牧养）的生业模式，嘎冲遗址的冶铜遗存还显示中部河谷地区当时已有金属冶炼及铸造等手工业，可能已开始制作小型的金属器件。结合与之年代相近、处于高原草场与河谷低地接合部的加日塘游牧营地遗址（海拔 4234 米）分析，其时已形成相对稳定的地域性文化，即以"牧区"和"农区"为区别标志的人群集团，他们之间保持着比较稳定的共存状态，相互之间有着频繁的接触，通过农、牧区之间粮食及金属器具等生活资源的交换互惠，促进了人口增长和文化繁荣，在中部雅鲁藏布江流域的广大地区发展出较高水平的经济与文化。

在海拔较高的西部地区，距今 2300 年前后的札达丁东遗址（海拔约 4100 米）可代表一种高原"家户型"的散居遗址，其动植物遗存显示西部的这类散居人群既有一定规模的畜牧生产，以此获得肉、奶、油等食物资源，同时通过种植或交换获得青稞等麦类农产品，他们可能属于冬季在河谷定居、夏季则转场到高山草场的"游牧"人群。而西部以噶尔卡尔东、泽蚌为代表的大型遗址则有"中心聚落"的性质，两处遗址在分布面积、遗迹种类、建筑群布局等方面都表现出一种大型的"群聚而居"模式，与丁东遗址代表的"家户型"散居不同，它们反映出当时的群团社会内部已有一定的自我管理与协调组织能力，可以组织与协调群团力量与共有资源建造整个聚落区的防卫性设施等公共建筑。同时，作为大型聚落的卡尔东遗址对外防卫的性质十分明显，大量防卫墙、堡垒、工事、暗道等建筑的构筑，以及遗存的铁甲及其使用都暗示，与其他群团或部落之间的冲突与对抗都是大概率事件，因此"群聚而居"既是同一人群的自我设限，也是合力抗外的必要举措。再者，卡尔东、泽蚌两遗址的建筑群格局还表现出一种"社会复杂化"的现象，如泽蚌遗址紧邻而建却又自成单元的九组中心建筑中，大者有 20 余间居屋，而其外围则是散布的多座"家户型"居址；遗址中既有成片分布在居址建筑群附近的百余座小型石丘墓，也有远离建筑群数百米、占地 1 万余平方米的独立大墓，这些都可表明"群聚而居"可能是当时某些部落组织社会生活的一种表征，在这样的社会生活中，居址、葬所形制及位置的差异，实际上也是层级和身份差异，差异的升级则可导致某种"王权"的出现，而"王权"的施行必然进一步促进那些建立在血缘或地缘基础上的"部落"或"部落联盟"的形成，这也正是西藏早期金属时代的社会组织特征之一。

　　西藏早期金属时代的另一个重要文化特征，就是牧业的普遍出现。琼结邦嘎遗址的动物遗存主要有绵羊、山羊、水牛等，代表着中部河谷地区早期农牧兼营生业的畜种结构，即以羊属为主，牦牛及马等大型动物很少；西部卡尔东遗址（年代晚于邦嘎遗存）动物遗存则表现为基本畜种以牦牛为主，羊属较少，还有极少的鹿科动物，显示可能仍有狩猎活动。结合墓葬、岩画等考古材料中的牧业要素来看，至少从距今3000 年起，西藏高原已有畜种相对稳定、形式不同的畜牧生业，在海拔较低以农业为主的河谷地区，固定区域的牧养成为定居农业的一种补充形式，而在高海拔的西部及北部地区，则发展出以农业为补充的全年季节性草场游牧或半游牧。这种不同的畜种结构及其畜牧方式与地理环境、生业形态是紧密相关的，同时也有时间上的变量，如北部安多布塔雄曲墓葬出土的家马骨骸，年代为距今（2460±30）年（经校正为公元前 8～前 5 世纪）[①]，而在中部，时代更早的邦嘎遗址除了羊和水牛之外，暂未发现马、牦牛等大型畜种。

　　牧业的出现是各种因素的推动，其中发达的农业应是牧业的重要支撑条件。农业人群生产能力的提高不仅要满足作物种植地所在居民的食物需求，同时还有足够的食材（如麦类）作为交换资源与牧业人群互动以获得畜种及其他畜牧产品，而高原居民的肉类食源与其他地理区（如黄河流域等中原地区）史前时期主要饲养家猪的传统不同，牛、羊等畜种除有较高的产肉量之外，奶、油、皮、毛、骨等也都是高原居民长年必需的基本生活资料，这一点无论在牧业或是农业模式下对于高原人群都是没有区别的。因此，牧业的发展也并非仅缘于高海拔区牧业人群对自我消费的满足，而是以能获得更充足的奶、油、皮、毛等畜牧产品为目标，借此从农业生业区换取青稞、小麦等食材及金属器、服装饰件、建筑材料等其他物品。当然，以农为主的人群也以一定规模和形式的畜牧生产获得奶、油、皮、毛等生活必需品。在西藏早期金属时代的陶器器形上可以观察到两个特征，一是长颈、带流、带耳的圜底陶器居多，这个器形

---

　　① 张正为、夏格旺堆、吕红亮等：《藏北安多布塔雄曲石室墓动物遗存的鉴定分析》，《藏学学刊》（第 12 辑），中国藏学出版社，2015 年，第 1～18 页。

总特征表明无论是农业还是牧业经济的人群，用以储存、盛装、饮用液态食物的陶器需求最大，所以带耳的陶杯、陶钵、陶碗等食器十分普遍；再一个是圜底的陶器意味着难以在平面置放，而是需要器底有支撑物，因此最大的可能是圜底器主要用于火上支石放置来加热液体，即液体食物多是需要高温加工的熟食。

俞伟超等人曾就中国西部史前农业与牧业的关系有过专论[1]，如俞伟超认为中国新石器时代尚未出现过真正的牧业，也不存在所谓由农业向牧业转变的普遍现象。西藏新石器时代、早期金属时代考古材料所反映的生业形态是基本符合这一观点的，西藏高原从史前时期以迄现当代，农、牧生业从来就不是对立的，而是相互包容或兼营共存的"二元结构"，并由此保持着文化及传统的一致性。

高原牧业的出现并不排除有气候环境变化因素的影响，全球性的"全新世大暖期"在距今 4000~3000 年左右结束，青藏高原彼时进入了一个相对干冷低温的气候期，定居和农业生产的季节性可能带来一定的人口压力，迫使高原人群主动扩增有限的生业资源，以驯养和繁殖动物为基础的畜牧业因此在不同的地理区以不同形式发展起来。

四、早期金属时代的"岩石文化"

在西藏早期金属时代的考古研究材料中，岩画与石构遗迹是两类重要的遗存。岩画（Rock Art）是对刻绘在岩石表面各种图像、图形的总称或泛称，是一种世界性的、起始年代久远的文化遗存，其图像制作手法一般分为"岩绘"（Rock Painting）和"岩刻"（Petroglyph，Rock Carvings）两大类。"石构遗迹"在青藏高原考古中则具有特指性，指在露天旷野用块石、条石、砾石等石材构造的非居址类、非墓葬类的遗迹。早年西方学者常述及西藏的"巨石文化"（Megalithic Culture）或"大石遗迹"（Megalithic Monuments），中国考古学者在实践中认为，西方学者所谓的"大石"或"巨石"遗迹的主要特征并不在于石材的"巨"或"大"，而主要在于其功能、形式与墓葬、居址等类建筑并不相同，形式丰富多样，共同之处在于皆是"以石为体"来营建不同寓意的构造单元。

岩画、石构遗迹这两类遗存首先引发研究者关注的，是它们与一般的墓葬或墓地及留存古人生产行为证据的遗址不同，它们的构筑与建造更多是蕴含了古人对精神世

[1]　参见俞伟超：《关于"卡约文化"与"唐汪文化"的新认识》，《先秦两汉考古学论集》，文物出版社，1985 年；李智信：《试论马家窑至卡约文化经济转变的原因及影响》，《青海考古五十年文集》，青海人民出版社，1999 年，第 91~97 页；霍巍：《论卡若遗址经济文化类型的发展演变》，《中国藏学》1993 年第 3 期；王明珂：《华夏边缘——历史记忆与族群认同》，台湾允晨文化实业股份有限公司，1997 年，第 95~151 页。

界的理解及其表达。石构遗迹可视为一种"建筑"，但它并非为人们提供栖息或劳作的场所；岩画可视为在岩石上的一种"绘画"，但制作者并不仅仅是在展示他们的"艺术表达"。田野考古调查发现，"西藏岩画的主要分布区，几乎都有石丘墓、石棺墓、立石、石围圈、石砌地面居所乃至地面石器等'以石为体'的遗迹发现，它们与岩画的共存性（共时、共地点）已是一种具有重复性的考古现象"[①]。所以面对这些共存于某个地点的遗迹时，研究者不可能无视这些遗迹之间的关联性，它们是否代表同一文化或是属于同一时代？当岩画和石构遗迹都处于几乎没有可检测年代的"地层包含物"的情况下，必然需要结合多种史料去解读这两类遗迹。

（一）岩画的考古发现与研究

1. 西藏岩画概况

自 20 世纪初，有关西藏西部、北部古代岩画的记述便陆续出现在一些西方学者的著述中，他们把西藏西部岩画置于西喜马拉雅"岩画群"（Petroglyph Cluster）的背景中进行分析[②]，如弗兰克在田野调查中注意到拉达克地区与吐蕃时期石刻藏文文字、摩崖造像共存的古代岩画，并指出西藏西部岩画分布的北界沿印度河一直延伸到吉尔吉特一带。而对西藏其他地方的岩画如图齐在其书中提及的后藏江孜附近发现的岩画[③]，德国人奥夫施奈德提及在拉萨东郊"辛多山嘴"附近的巨大岩石上有马等动物的岩画等[④]，则没有进一步的分析。

西藏岩画的科学调查与研究，始于中国考古学者 1985 年对西部日土县任姆栋、鲁日朗卡、恰克桑三处岩画的调查记录[⑤]，此后，西藏自治区文物管理委员会组织的全区文物普查和其他考古项目的田野调查中不断有岩画新发现的记录与报道，截至目前的粗略统计，西藏境内已知古代岩画遗存地点已有 200 处之多，它们是西藏史前研究中的重要史料。

---

① 李永宪：《札达盆地岩画的发现及对西藏岩画的几点认识》，《藏学学刊》（第 1 辑），四川人民出版社，2004 年，第 17～26 页。

② 吕红亮：《跨喜马拉雅的文化互动：西藏西部史前考古研究》，科学出版社，2015 年，第 137、138 页。

③ 转引自吕红亮：《跨喜马拉雅的文化互动：西藏西部史前考古研究》，科学出版社，2015 年，第 138 页。

④ P. Aufschnaiter, Prehistoric sites discovered in inhabited regions of Tibet, *East and West,* Vol. 7, 1956, pp.74-88.

⑤ 西藏文管会文物普查队：《西藏日土县古代岩画调查简报》，《文物》1987 年第 2 期，第 44～50 页。

西藏岩画在遗存形式上可分为四类，一是露天旷野的岩面岩画（山体基岩自然面的岩画），二是地面大石岩画（脱离了山体基岩的地面大砾石、大石块上的岩画），三是岩棚岩画（山体岩面内凹形成"有顶无壁"的遮蔽处，也称岩厦、崖荫之处的岩画），四是洞穴岩画（自然洞穴内壁面或顶面的岩画）。在数量上以旷野岩面岩画和地面大石岩画为多，分布最为广泛；岩棚岩画和洞穴岩画较少，目前仅发现了藏北和西部的部分地点。

西藏岩画的制作技法分为两大类，一类属于"琢刻法"，即用硬质工具在岩石面上琢击（敲击）、凿刻、磨砺而形成各种图像图形，根据技术可分琢击、线刻、磨刻、磨砺等几种。另一类作画技法为"涂绘法"，一般是用单色颜料绘制图像，颜料多为红色，有少数为黑色，在绘制技术上可分为平涂法、线描法、二者综合法等几种。从总体上看，西藏岩画用"琢刻法"制作的图像数量最多，凡岩面岩画、大石岩画绝大多是这种技法形成图像，所以可认为"琢刻法"是西藏岩画的主要制作方法。"涂绘法"岩画不仅在数量上大大少于"琢刻法"，在遗存形式上也基本只见岩棚岩画和洞穴岩画两种。已有的研究认为，西藏岩画琢刻法中的"琢击法"可能是最早的图像技法，同时也是持续时间最长的技法。"琢击法"以硬质尖刃工具持续敲击岩面形成与石面凹凸相异、色泽有别的线条或"剪影式"图像，遗存有岩画图像的岩石常见为硅质岩、超镁铁质岩、细晶岩、页岩、角页岩等，这些岩石均有较高的硬度，经现场观察，采用"琢击法"形成的米粒形、圆形、近三角形的琢击点若保存完好，可以发现它们都有清晰且锐利的边缘，琢击点直径也很小，大多为 1～2 毫米，据此推测这种形态的琢点不是一般石质工具可以敲击完成的，更可能是金属尖刃工具瞬间发力所致，故这也是推断岩画时代的一个依据。用颜料涂绘图像应是相对较晚的岩画技法，一般仅见于岩棚和洞穴两种遗存地，表明这可能与岩画制作人群的日常居住栖息之处相关。由于"涂绘法"岩画的制作具有相对更高的成本（需要制作足够体量的颜料和专门的涂绘工具），故绘制岩画不宜远离居住栖息地（不宜携带颜料及绘制用具远行），所以"涂绘法"相对"琢击法"来说，是一种比较受条件限制的岩画技法。

西藏岩画的分布与发现有几个明显的特点，一是所处海拔都比较高，据统计，西藏岩画约有 85% 的遗存点海拔在 4200～4900 米，低于这个海拔的岩画目前仅见于雅鲁藏布江中下游及藏东南的少数地点。二是西藏岩画集中分布在纬度较高的西北部，即行政地理上的阿里地区和那曲地区，其中尤以阿里日土县发现的岩画点最多，截至 2013 年该县已知岩画超过了 50 处[①]，约占已知西藏岩画点总数的 1/4。三是西藏岩画的主要分布区呈东西长、南北短的带状，以雅鲁藏布江以北的北纬 30° 线为界，绝大多数岩画点分布在北纬 30°～35° 的"藏北高原区"，南北跨越约 5 个纬度；若以日土县为西界，西藏岩

---

① 方士武：《日土岩画世界·后记》，鹰翔飞云墨子格工作室制作，2014 年，内部印行。

画的东界则可至昌都的察雅县，大致处于东经 79°～98°，东西跨度近 20 个经度，主要分布区具有明显的"两高"（高海拔、高纬度）特征。四是西藏岩画所处地貌环境也比较有规律，岩画遗存地以湖盆山前平原、河谷或条形盆地侧缘等宽谷地貌为主，地势开阔、靠近水源、植被稀少、交通便利，古往今来基本上都是传统的畜牧生业区。

2. 西藏岩画的主要内容

岩画的内容，是指由各种图像及其组合构成具有场景、情节、寓意、象征等含义的画面。西藏岩画在图像分类上，动物图像数量最多（约占全部单体图像总数的 80% 左右），其次是包括猎人、牧人、武士、舞者、"巫师"、"神灵"等"人形图像"在内的人物，另外还有建筑物、器物、植物、车辆和各种符号及自然物等，以及不可辨识的图像、图形及其残迹。比较常见的岩画内容（图像组合）主要表现狩猎、畜牧、争战或演武、神灵崇拜、部落生活等，其中狩猎和畜牧内容最多。

西藏岩画中的狩猎与畜牧经常共存于同一岩面或同一画面，说明捕猎者和放牧者在身份上并无明确的区分，即通常猎人也就是牧人。作为捕猎对象的动物可以分为两大类，第一类是食草类动物如野牦牛、羚羊、岩羊、野山羊、野驴、公鹿等，较为常见的是野牦牛、公鹿、羊三种；第二类被猎对象是食肉类动物，如虎、雪豹等猫科动物和狼等犬科动物，捕猎这些动物可能主要是因其是牲畜的天敌，是一种维护牧业生产的"非主动性猎杀"行为（图 4-20）。

表现畜牧的动物主要有牦牛、羊、马等类，另外可能还包括驯养的鹿（如藏东八宿拉鲁卡岩画出现了骑鹿人物）。岩画表现的放牧方式除徒步的散牧之外，也有骑马（或牦牛）的"领牧"和"赶牧"人物（图 4-21）。西藏岩画反映的畜种主要是牦牛和羊，马匹较少，这种畜种结构与新疆、内蒙古、宁夏、甘肃等我国西北省区岩画中的畜种结构（以羊为主）相比较，具有明显的差异。

西藏岩画有关争战和演武的内容，主要是表现一些服装和所携器具皆异于猎人和牧人的"武士"。最常见的画面是两两相对的武士，这些武士或骑马对峙，或持武器而

图 4-20 表现狩猎的岩画

1、4～6. 日土县岩画；2、3. 尼玛县岩画

立，所持武器有盾、刀、长矛、弓弩等，也有作徒手角力状的武士。这些武士多身着宽肩束腰的长袍，在一些较大的画面中还可发现可能具有武士身份的人物脱离了其他人物或动物构成的画面，构成了相对独立的情节或场面（图4-22）。

图 4-21　表现畜牧的岩画　　　　　图 4-22　表现争战演武的岩画

1. 定日县岩画　2、3. 日土县岩画　　　1～4. 日土县岩画　5、6. 当雄县岩画

　　表现神灵或巫术的岩画大致有几种情况，第一种是与"狩猎巫术""丰产巫术""祈求巫术"有关，如表现被猎动物中箭、淌血，或通过在猎人与猎物（如野牦牛）之间的长线象征狩猎者对猎物的"控制"；或以一种程式化的图像组合寓意植物的丰产：枝状植物居中，主枝两侧有若干分枝，分枝末端或有点状的果实；或是植物上端表现日、月图像。第二种是通过夸张、变形、装饰的手法将某些动物或人物"神格化"，比较明显的是鹰的"人形化"或"神格化"，以及头上、身上披饰羽状物、手持圆鼓的"巫师"，以及高度装饰化的公鹿图像等。第三种是表现生殖崇拜，少量"人形图像"外露男性生殖器，有的生殖器被描绘成一条长线或曲线延伸到远处，可能暗示此类人物具有超凡生殖能力，这些"人形图像"往往有着比常人高大且怪异的身躯，或兽首人身，或人首兽身。第四种则可能与自然神灵崇拜的"献祭"仪式有关，如岩画中常有一些单纯表现畜种动物的画面，其中的主要动物为牦牛、羊等，推测可能是

以图形化的牲畜向山神、河神、岩神等自然神灵表达一种"献牲"观念，从而求得神灵的护佑（图 4-23、图 4-24）。

图 4-23　日土岩画中的"生殖崇拜"图像

图 4-24　日土岩画中的"神灵与巫师"图像

相对较晚的西藏岩画中常出现与佛教相关的内容，一是金刚杵、经幡、伞盖等佛教类器物图像频繁出现，并与后期刻绘的藏文"六字真言"出现在同一岩面上；二是右旋或左旋的"雍仲"、火焰、莲花等图形或符号，有的"雍仲"为双线勾画，其间有四点，与当下常见的佛教符号基本一致；三是佛塔类的宗教建筑物；四是有佛教礼仪活动的图像，如纳木错扎西岛洞穴岩画表现的"拜佛"画面。一些地点的岩画中出现的佛教类图像明显是晚近时期增刻所成，表明古代岩画遗存地在佛教时期仍是高原人群意识中的神灵所在地。

除了上述内容，西藏岩画中还发现了与当时人们生产、生活相关的一些线索，如纳木错扎西岛洞穴岩画中有表现舞蹈人物的画面，以及描绘帐篷及其中人物的画面，人物中有头戴形似汉地"葛巾"或"幞头"的一类帽饰，应是对当时多个民族在高原生活的记录（图4-25）。日土塔康巴岩画有表现部落"商队"行进的画面，数十个人物皆为侧视形象，他们背负重物，或手拄木棍，或赶着牲畜朝着相同方向行进，显示了有一定社会组织的部落生活场面，而在一垫状物正中则有一位身形高大的人物立于其上，其身姿手势与作法的"巫师"非常相似，似乎表现了岩画所属人群及所属时代具有本土色彩的西藏早期宗教的某种特征（图4-26）。

图 4-25　当雄纳木错洞穴岩画中的人物及帐篷

3. 西藏岩画的图像风格

西藏岩画在图像风格上表现出比较明显的共性，这种共性首先表现在造型和技法上，即作画技法以"琢刻法"中的"琢击法"为主，"涂绘法"较少，造型为"剪影式"和"线描式"两种，琢击而成的点状凹痕既能组成宽窄不同的线条，也可构成形状不同的块面，岩画制作者似乎对两种技法都能运用自如。"剪影式"造型比较简单、易于整修，但表现细节、纹样及图像辨识度等方面不及"线描式"，因此西藏岩画在塑造图像上（尤其是动物图像）常以"剪影式"和"线描式"表现不同的对象，如用"剪影式"表现出现频率最高的牦牛图像，而大量的公鹿图像则用"线描式"表现，形成了有分类意义的造型风格。这种针对两种动物造型的刻意区别，在整个青藏岩画中具有一定的普遍性，故可视为西藏岩画动物图像风格的一个特点。

图 4-26　日土塔康巴岩画表现的部落生活

　　牦牛和公鹿图像造型和风格的不同，可能隐含着高原图像史上不同动物图像的渊源关系。已有的考古材料显示，牦牛可能是西藏图像史上最早出现的动物，除了岩画中的牦牛图像，早期的金属器具（如铁柄青铜镜）上也出现了牦牛图像，两者的造型风格为完全一致的"剪影式"[①]，可见牦牛的"剪影式"造型在西藏图像史上具有原创性，它出现在属于史前"贵重物"的铜镜上，表明其造型早在公元前已成为被继承和模仿的传统图式。

　　根据考古资料的对比，西藏岩画中典型的公鹿造型可能来自北方草原文化（公元前 2000 年左右）的"斯基泰艺术"装饰风格，这种装饰化的公鹿与羊、虎、豹等动物样式和组合，被视为中亚草原艺术独有的"动物风格"（animal style）（图 4-27），比较普遍地出现在北方游牧文化的青铜器具、装饰物件及"鹿石"、岩画等各类遗存中，在向东、向南的传播中，对亚洲其他地区的青铜时代文化产生过广泛的影响。西藏岩画中的公鹿造型，明显地具有中亚"动物风格"的一些特征（图 4-28）。从更大的范围看，西藏岩画显示的北方草原文化因素是多样性的，绝非仅限于所谓"动物风格"，还

———————————————

　　[①]　承西藏牦牛博物馆馆长吴雨初先生邀请，笔者对该馆展示的一件"牦牛铜镜"做过较为详细的观察。这件有柄铜镜的背面近柄处有一用錾花工艺制作的"剪影式"牦牛图像。此外，1990～1992 年发掘的拉萨曲贡遗址晚期石室墓中曾出土过一件形制相同的铜镜，并且在同样位置有同样工艺、同样造型（"剪影式"）的牦牛图像，两件铜镜应属同一时期的产品。又据考古报告《拉萨曲贡》分析，出土铜镜的石室墓其年代约当中原春秋战国时期，故可认为两件铜镜应皆属西藏早期金属时代。

图 4-27　日土任姆栋岩画的动物装饰风格　　　　图 4-28　日土任姆栋岩画的公鹿图像

包括权杖头、牌饰、面具乃至车辆等图像元素[①]。

此外，西藏岩画在构图上表现为一种比较写实的叙事风格，如日土塔康巴岩画在长 8、宽 3 米的岩面上刻画了 120 多个图像，包括 8 列行走的人物，每列多者数十人，少则十余人，其间还有"巫师"、武士、部落首领、猎人、牧人等，似乎在尽可能完整地再现昔日部落生活的主要场景。

4. 西藏岩画的时代特征

岩画的时代特征是由岩画的内容呈现的。从可辨识种属的动物图像中，显示西藏岩画动物有牦牛、鹿、羚羊、岩羊、盘羊、山羊、野驴、马、骆驼、野猪、豹（虎）、鹰、犬、鸟、鱼等 20 余种，这些动物无论是野生物种还是牧养牲畜，皆为全新世以来的现生种，未见更新世的绝灭种，故可推断西藏岩画的制作时代应是全新世以来的某个时期，不会早到旧石器时代。

日土县的阿垄沟大石岩画有与石丘墓共存一处的现象，有的石丘墓是倚靠琢刻有岩画图像的大石而垒砌墓丘的，表明岩画的制作相对早于石丘墓的建造，故该处大石岩画应不晚于西藏早期金属时代。

大量的"琢击法"岩画图像及其中的弓箭、弩机、刀剑、车辆等器物图像都表明，岩画的制作已进入金属器时代，其时已有铜器甚至渗碳铁器等金属器工具，并得到较为普遍的使用，结合有关冶金考古的线索分析，西藏西北部高海拔地区使用金属器的时间可能开始于距今 3500 年前后。

岩画所表现的高原牧业是以牦牛为主、较少羊属的畜种结构，同时，驯养的动物

---

① 吕红亮:《跨喜马拉雅的文化互动:西藏西部史前考古研究》,科学出版社,2015 年,第 137～150 页。

还有骆驼、马、犬和可能驯养的鹰、鹿等。从事牧业生产的人群具备骑猎、围猎、豢养鹰/犬为辅猎工具的多种猎技，有使用车辆、马匹等交通工具转场、迁徙及进行长远距离贸易的能力，能从农耕生业地区获得一定的麦类食物……这些则表明岩画所处时代是比较成熟的牧业社会。

根据相关研究可知，双轮畜力车最早见于西亚、中亚和蒙古高原并逐渐向东、向南扩散传播。中国境内考古发现的车（实物）可早至 3000 年前的商代。西藏多处岩画中发现的车辆图像，从其形制及挽畜配置来看，可能晚于北方地区的车辆使用时间，大概不会早于距今 3000 年。

西藏岩画中的各种"神灵"和"巫术"画面及那些手持圆鼓、披挂饰物的"巫师"类人物，展示了岩画所处时代普遍存在的"万物有灵"意识，这种"巫"与"神"共存的"原始宗教"形式，相对于佛教流行的吐蕃时期及其后的历史时期，岩画反映的宗教信仰意识应更早。

综上分析，我们认为西藏岩画可大致分为早、晚两个时期，早期岩画大致处于公元前 1000 年至公元 6～7 世纪，即西藏早期金属时代；晚期岩画则属公元 6～7 世纪及其以后时期。佛教传入西藏之后，制作岩画的传统仍在延续，只是在形式和内容上趋于以表现佛教文化为主，并逐渐与佛教摩崖石刻造像等形式融为一体并最终被其完全取代。

5. 西藏岩画的地域特色

岩画在史前考古、史前史的研究中都是一种比较特殊的资料，它在形式上（图像及其组合）具有形象化和表意性的特点，但岩画所包含的历史信息并非一目了然，一些图像背后的文化信息必须依靠大量岩画资料的积累，及其跨地理区域的对比分析才能有较为深入的解读。此外，岩画就其本质而言，它仅是古代不可移动的文化遗存的一种，要对岩画蕴含的文化有所认知，还需要结合同一地域的其他考古材料（如墓葬、遗址等各类遗迹，出土遗物及其图像元素等）进行综合分析，对岩画遗存地点、分布区的历史发展脉络亦需有整体的认识。

中国岩画在版图上的分布特点，是从东北到西北、到青藏高原，再到西南、华南和东南沿海，大体形成了一个围绕中原汉地的"岩画圈"，其中各地区岩画在时代、内容、技法上既有同也有异，研究者曾将中国岩画分为多个"区域系统"，青藏高原岩画被认为属于中国"北方岩画"系统[①]，这一方面表明西藏岩画在制作技法、地理环境、生业类型等方面有着与北方岩画相同的特点，而另一方面，从日益增多的田野考古材料中可以发现，青藏高原岩画与中国北方其他省区岩画之间仍然存在着一些差异，即

---

① 参见李永宪：《西藏原始艺术》，河北教育出版社，2000 年，第 198～201 页。

青藏岩画有其自身的若干特征。

如前文已述，西藏域内岩画绝大多数分布于北纬 30° ～35°、东经 79° ～98° 的"藏西北高原区"，表现为一个东西长、南北短、高海拔、"宽带状"的分布特点。如果依北纬 32° ～35°、4000 米以上这两个地理要素向东、西两个方向延展我们的视线，不难发现西藏以东的青南高原（青海玉树藏族自治州、海西蒙古族藏族自治州、果洛藏族自治州，四川甘孜藏族自治州北部）和西端的印度河上游［印控拉达克地区至巴基斯坦的其拉斯（Chilas）一带］发现的岩画正好与西藏岩画分布带相连接，而西藏东、西两侧岩画在时代、图像风格、作画技法、内容的生业形态等方面的特征，与西藏岩画皆有着某种"同质性"。岩画作为一种不可移动遗存，在地理环境相同的印度河上游、西藏阿里 – 羌塘高原、青南高原之间体现了一种古代游牧部族的"可移动性"，表明这是青藏高原早期牧业文化东西向互动的一条通道，东西跨度逾 2000 千米的这条通道也是一条"岩画画廊"，它展现的是青藏高原早期金属时代牧业文化的诸多高原特征。

将西藏岩画置于整个高原"岩画画廊"的背景中来分析，不难发现高原早期金属时代与北方中亚草原文化的交流，应主要是通过高原西部帕米尔山结（Pamirs junction）和内亚高地走廊（Inner Asia Mountain Corridor）发生的，而这种互动并非仅有岩画中的图像元素，还包括北方中亚草原发达牧业文化的金属器具（如武器、有柄铜镜、装饰物件等）及墓葬、石构遗迹等其他文化因素。简而言之，西藏岩画中北方草原文化的种种因素都可视为青藏高原早期牧业文化与北方草原牧业文化交流互动的结果。

西藏的早期金属时代，是畜牧 / 游牧生业对高原文明进程产生过重要推动作用的时期。在相对隔绝的高原地理环境中，古代牧业人群特别是游牧人群的活动在远程贸易、信息传播、人群往来、技术转移等方面都可发挥比低海拔农业人群更大的作用。藏文文献中有关"古象雄"有里、中、外地域之分的描述，应是与高原古代游牧部落活动范围的广度有关，而有关本教发源地"沃摩隆仁"的认知，则有学者认为"是藏族先民对中亚历史地理的整体记忆"[①]。或可以说，有关西藏早期金属时代疆域、属地、族群等种种与地理概念有关的意识，都与其时游牧人群长远距离的迁移和互动密不可分。

西藏岩画是"高原部族"在"高原地理"环境中的文化遗存，西藏岩画的文化地域性并不限于现今青、藏两省区，它体现了整个青藏高原历史文化变迁的区域性特色。在佛教盛行之后的历史时期中，青藏高原岩画续行了一条与众不同的发展之路，随着时间的推移，源于佛教经典的"摩崖石刻"神佛造像和源于文化传统的"六字真言"最终成为青藏高原石刻文化的主体并一直延存至今。这种从早期岩画到晚期宗教造像的转换，从不可移动的岩面刻绘到可移动的"玛尼石刻"的变化，成为高原民族千年

---

① 才让太：《再探古老的象雄文明》，《中国藏学》2005 年第 1 期，第 18～23 页。

来不曾间断的文化传统与技艺传统，也是青藏高原岩面造像的独特之处。

（二）西藏"石构遗迹"考古概况

1. "石构遗迹"的早期记录

有关西藏的"石构遗迹"遗存的文献记录，藏、汉文古籍中均难觅线索，先前的记述主要见于一些西方学者的著述中，如早年的法国学者巴考（J. Bacot）、德国学者弗兰克、俄国学者罗列赫、意大利学者图齐等都曾提及或讨论过西藏的此类遗迹。后期的美国学者贝勒沙（J. V. Bellezza）则记录了 20 世纪 90 年代以来他与中国学者合作在藏北调查发现的多处"石构遗迹"[①]。图齐在《西藏考古》中曾写道："我们在西藏的许多遗址上都发现地上摆着巨大的石块。或是一堆，或是成堆的石块。它们有时摆成圆形，有时则为方形排成直线。一堆石块中往往有一块或三块较高地矗立着的石柱。这些石柱仍然保留着未经雕琢的自然形态。"[②] 在图齐的记述中，他认为西藏"石构遗迹"可分为以下三种。

（1）平面呈封闭的石圈遗迹。即用石柱（直立的条形石）和石块（包括砾石）在地面上围建成平面呈圆形、方形的遗迹。这些地点有夏布格丁（Shab dge sding）、多扎宗（Dopta dsong）和去往萨迦路上的几处遗迹，以及西部的普（Spu）和冈底斯山的卓玛拉山口（Sgvol ma）、藏北当热雍错附近（Dan rva yu mtsho）的几处地点。

（2）独立石柱或由数根石柱构成的遗迹，有的石柱周围也用石块铺砌成小石圈。主要地点有西部的萨嘎（Saga）附近、通往斯不提（现境外的象泉河支流河谷）地区的坎夏姆山口（Kanzan）、玛旁雍错附近的吉乌（Byi'u）和嘎尔羌（Garbyang）等地点。

（3）成排或成片的立石遗迹。例如，日土班公湖南岸的某个地点，由 18 根整齐排列的立石构成，每排立石末端皆连一个大砾石围成的圆圈。

中亚考察队的罗列赫（J. N. Roerich）在《藏北游牧部落的动物纹风格》（*The Animal Style among the Nomad Tribes of Northern Tibet*）中记载了发现于多仁（Doring）、昂孜错（尼玛县）附近的拉蒂（Rati）、冈底斯山地区的勒布琼（Lap chung）和措勤（Tsu kchung）等多处"石构遗迹"[③]。

罗列赫也将其记述的"石构遗迹"分为三种：其一为 menhirs（大石柱，即在地面

---

① 参见吕红亮：《西喜马拉雅地区立石遗迹初论》，《考古与文物》2010 年第 5 期，第 35～43 页。
② 〔意〕G. 杜齐著，向红笳译：《西藏考古》，西藏人民出版社，1987 年，第 13～21 页。
③ J. N. Roerich, *The Animal Style among the Nomad Tribes of Northern Tibet*, Prague: Seminarium Kondakovianum, 1930, pp.3-4.

构筑的条形立石），其二为 cromlechs（石圈，包括中央有立石的、用石块或砾石围砌的圆形石圈），其三为 alinement（石阵，即由多块较短小的立石插埋在地面，呈多行排列的石构遗迹）。图齐、罗列赫二人对西藏"石构遗迹"的分类基本一致，简言之，可概称为"石圈""石阵""石柱"，它们的集中发现地是西藏北部和西部的高海拔地区。

图齐认为，集中发现于西藏西部、北部的"石构遗迹"可能包括两类不同的遗迹，一种可能与古代游牧部落的墓葬有关，另一种则与宗教祭祀礼仪有关（图 4-29、图 4-30）。在文化性质方面，图齐认为西藏"石构遗迹"与北方草原的游牧文化有着密切的关联，代表着在早期的新石器文化基础上发展起来的一种原始文化[1]，而罗列赫则推断西藏"石构遗迹"与流行动物纹式风格的早期游牧人群及本教信仰有关，其时代约为青铜时代[2]。

图 4-29　图齐记录的西藏"石构遗迹"

（据〔意〕G. 杜齐著，向红笳译：《西藏考古》，西藏人民出版社，1987 年，图 38、图 40 改绘）

2. 考古发现的"石构遗迹"

1990 年以来的田野考古调查在西藏多个地区都有"大石遗迹"发现，其主要分布地域与早年图齐、罗列赫的记述基本相同，即集中分布于西部、北部的高海拔区，包括那曲地区、阿里地区、日喀则地区的西部、山南地区的西南部等。经科学记录的主要有以下地点。

（1）萨嘎独石遗迹[3]

独石遗迹位于萨嘎宗原驻地（即萨嘎"老县城"）东侧的"朵让曲"（藏语"独石之河"）东岸，地处海拔 4600 米。据现场调查，独石原高约 4 米，呈青灰色，周围地面有石英岩块石围成的圆圈，石圈直径约 3 米。此独石北侧 10 余米处原有另一褐色独

---

① 〔意〕G. 杜齐著，向红笳译：《西藏考古》，西藏人民出版社，1987 年，第 20～22 页。

② 转引自童恩正：《西藏考古综述》，《文物》1985 年第 9 期，第 14 页。

③ 参见霍巍、李永宪：《雅鲁藏布江中上游流域的原始文化——西藏考古新发现及其相关问题初论》，《西藏研究》1991 年第 3 期，第 136～144 页。

石，石高 1.24、宽约 1.3 米。该处独石遗迹在罗列赫、图齐早年的著述中均有提及，惜 20 世纪 60 年代因当地修建公路被毁已不存。

图 4-30　冈底斯山主峰冈仁波齐东侧立石遗迹
（网络图片）

（2）昂仁石圈遗迹[①]

遗迹位于昂仁县亚木乡境内的梅曲藏布河西岸，地处海拔 4200 米。遗迹范围南北长约 850、东西宽约 450 米，占地面积有 38 万多平方米。整个遗迹群包括石圆圈、凸字形的石"祭坛"及堤状石墙等几部分，均用较大的砾石砌筑而成。"祭坛"居西北角，残高 0.2～1、最长边 35 米，底部有呈坡状的石砌基础。石圈位于遗迹群的西侧及南侧，平面略呈品字形分布，平面结构有圆圈、同心圆形、不封闭的螺旋形等三种。堤状石墙主要分布于遗迹群的东南、东北侧，呈条形或不规则形，残高约 1 米（图 4-31）。昂仁亚木乡石圈遗迹与罗列赫提及的"多仁"地点集石圈、立石及"箭头"形祭坛为一体的遗迹群相似，两地点相距不远，其性质可能相同。

（3）措美石圈遗迹[②]

该处遗迹位于措美县北部哲古草原，地处海拔 4500 米的查扎河河谷平原。石圈遗迹用大砾石构筑，平面呈等距的同心圆形，外圈直径 36 米，在西北侧有一平面呈长方形的凸出部分；内圈直径 26 米，呈封闭的圆圈形。内外石圈圈体的砾石砌筑宽度为

　　① 索朗旺堆主编，李永宪、霍巍、尼玛编写：《昂仁县文物志》，西藏人民出版社，1992 年，第 28～32 页。

　　② 何强：《"拉萨朵仁"吐蕃祭坛与墓葬的调查及分析》，《文物》1995 年第 1 期，第 32～36 页。

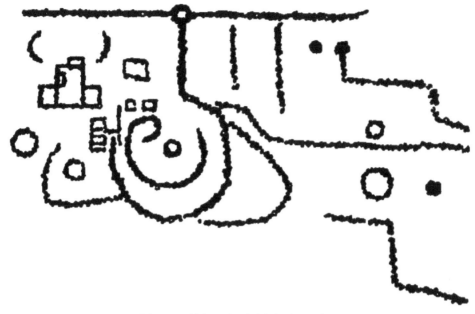

图 4-31　昂仁亚木石圈遗迹平面示意图

（据索朗旺堆主编，李永宪、霍巍、更堆编写：《昂仁县文物志》，西藏人民出版社，1992 年，图 1-15 改绘）

2.5 米，两者间距约 5 米。内圈中央立高 1.9、直径 0.2 米的独立石柱，东北边缘有一长方形的石砌平台，长 7、宽 3、高 0.2 米；内圈中央石柱与长方形石台之间有两个直径 0.8 米的圆形石堆（图 4-32）。据调查，该处石圈遗迹被当地人称为"拉萨朵仁"，意为"神圣立石"，石圈遗迹附近发现了吐蕃时期墓葬，推测石圈遗迹可能与古代"墓祭"有关。从平面结构看，措美石圈遗迹与罗列赫记述的中央立石柱的同心圆石圈较为相似。

（4）浪卡子大石遗迹 [①]

该处遗迹地处于浪卡子县多却乡境内的羊卓雍湖南岸缓坡地带，海拔 4600 米。列

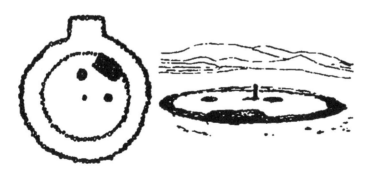

图 4-32　措美哲古石圈遗迹平面及写生图

（据何强：《"拉萨朵仁"吐蕃祭坛与墓葬的调查及分析》，《文物》1995 年第 1 期，图一、图二改绘）

---

① 何强：《西藏浪卡子县柔扎大石遗迹调查简报》（西藏自治区文物管理委员会文物普查队 1991 年山南普查组普查资料）。

石遗迹由东、西两列南北一线排列的大石组成，两列大石相距 40 米，但每列大石在数量上并不相等。由南（湖滨方向）向北（山体方向），东、西两行大石的第一块体积最大，与其后（南侧）第二块大石之间相距 150 米，第三块及其以后大石的间距依次递减，多为 30～50 米，且体积都小于第一块大石，其边长（或直径）一般在 2 米左右，地面以上部分高 1～2 米，顶部相对平整。所有大石均为自然形态的绿灰色花岗岩，但与附近山体出露的岩石不同，故推断应是人工搬运至此。在该列石遗迹附近地面曾采集到数件经打制或磨制的石器，器形有磨制的条形石斧、小石锛，打制的砍砸器、犁形器和石球等，其中一件椭圆形砍砸器刃部遗有红色颜料残痕。

（5）双湖帕度错石构遗迹[1]

该遗迹发现于双湖县扎桑乡的帕度错湖岸，海拔约 4600 米，地处平坦的湖滨平原。石构遗迹为平面呈长方形的石围，长边 12、短边 7 米，石围用大小不一的岩块垒砌，地面以上部分残高 0.2～0.5 米，长方形石围周边砌宽约 1 米的墙体基础，石围短边正中立数根高低不一的石柱（条形立石），立石柱的石围短边朝向湖岸山体的方向，相对的另一个短边朝向湖面方向，推测该石围应为祭坛，可能与古代"湖祭"活动有关。

（6）札达东嘎丁东立石遗迹[2]

丁东立石遗迹发现于皮央·东嘎遗址群的东嘎Ⅴ区的居屋遗迹区，海拔约 4100 米，位于居屋遗迹北侧的坡地前缘。立石略呈下端宽、上端窄的长三角形，横截面呈梯形，发现时已倒伏于地面。通高 1.75、底宽 0.6、顶宽 0.28、厚 0.18 米，底面较平整，顶端稍残，一面遗有鱼鳞状凹痕，似为修整所致。伏倒在地的立石被 40 余块石块环绕，形成一个椭圆形的小石圈，其最大径约 7 米，石圈内经清理发现了少量的炭粒和炭化青稞粒（图 4-33）。

（7）札达皮央格林塘石圈遗迹[3]

该石圈遗迹发现于皮央·东嘎遗址群的皮央格林塘墓地北部，南距格林塘 M2 约 40 米，地处海拔 4050 米。遗迹由一方形的石圈和其南、东侧的围石圈（残段）构成。方形石圈由 10 余条由石块铺设的"线条"形成"向内回旋折绕"的"迷宫"状。铺设方形石圈和围圈的块石（及砾石）不大，其长边或直径在 10 厘米左右，构成的"石块线条"最宽处 20 余厘米，高 10 余厘米，整个遗迹东西通长 6.7、南北宽 4.3 米，发掘者推测可能与格林塘墓地祭礼活动有关（图 4-34）。

---

① 西藏自治区文物管理委员会文物普查队 1992 年藏北文物普查组调查资料。

② 四川大学中国藏学研究所、四川大学历史文化学院考古学系、西藏自治区文物事业管理局：《皮央·东嘎遗址考古报告》，四川人民出版社，2008 年，第 239、240 页。

③ 四川大学中国藏学研究所、四川大学历史文化学院考古学系、西藏自治区文物事业管理局：《皮央·东嘎遗址考古报告》，四川人民出版社，2008 年，第 219、220 页。

（8）噶尔泽蚌石构遗迹[①]

该石构遗迹位于噶尔县门士乡门士村四组，地理坐标为东经80°38′57″、北纬31°08′48″，海拔4300米。遗迹所在的泽蚌遗址地处曲那河西岸一级阶地，遗址东端紧邻曲那河的阶地前缘即为石块构筑的"祭坛"遗迹。遗迹整体平面为东北—西南向的近长方形石框，石框长边约15、短边约12米，框内中部有一条纵贯东西的石墙，故构成曰字形框体，石框内东北、西南隅又各有一方形石台。石框西南角及西侧边框立石柱（条形石）5根，大部已残断，其中有两根立石的长度超过1米（图4-35）。该遗迹西南约100米处即为泽蚌遗址的大型建筑群遗址，故推测可能与遗址人群的公共祭礼活动有关。

（9）札达布曲拉山口石构遗迹[②]

该遗迹位于札达县达巴乡曲龙村的布曲拉山口北侧坡麓地带，地处海拔4500米。

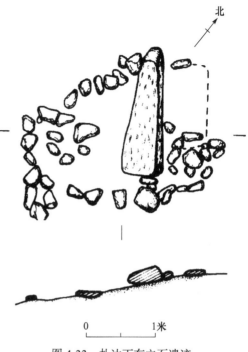

图 4-33　札达丁东立石遗迹

（采自四川大学中国藏学研究所、四川大学历史文化学院考古学系、西藏自治区文物事业管理局：《皮央·东嘎遗址考古报告》，四川人民出版社，2008年，图9-11）

遗迹平面为长方形石框，长边26.4、短边10.6米，石框由砾石铺砌，宽1.2～1.4米，地面以上部分高约0.3米，石框平面呈东北—西南方向，其东、南、西、北四条边框上均有立石，现存的4根立石相对集中在石框西南角和东北角，立石残高0.3～0.4、宽0.2～0.4、厚0.1～0.2米，皆为略经修整的条状石块。该遗迹的形式结构与泽蚌石构遗迹相类似，可能与象泉河流域的史前祭礼活动有关。遗迹地面及附近未发现其他遗物。

（10）札达东波朵让立石遗迹

该立石遗迹地处札达县达巴乡东波村第一组属地的河谷地带，海拔4345米。遗迹发现于高出谷底"朵让曲"河面约8米的平缓坡地上，包括一线排列的3根立石和相邻的一处石框残迹，3根立石呈一线分布，方向为北偏东40°，其中1号立石为四棱状，地面以上部分高1.83、下部宽0.27米，底部由8块砾石垒砌加固；2号立石已残

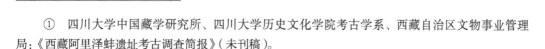

① 四川大学中国藏学研究所、四川大学历史文化学院考古学系、西藏自治区文物事业管理局：《西藏阿里泽蚌遗址考古调查简报》（未刊稿）。

② 四川大学中国藏学研究所、四川大学历史文化学院考古学系、西藏自治区文物局"2004年度象泉河流域考古调查"资料。

图 4-34　札达格林塘石圈遗迹平面图

（采自四川大学中国藏学研究所、四川大学历史文化学院考古学系、西藏自治区文物事业管理局：

《皮央·东嘎遗址考古报告》，四川人民出版社，2008 年，图 8-73）

图 4-35　噶尔泽蚌遗址石构遗迹

断，位于 1 号立石东侧 1.46 米，地面部分仅高 5 厘米，石条厚 0.14、宽 0.18 米；3 号
立石亦仅见残部，居于 2 号立石东侧，地面以上残高仅 0.17 米，宽 0.17 米，厚仅 6 厘
米。在 3 根立石西南侧 8 米处发现一处残损严重的石框，其北侧边框残长 5.55、西侧

边框残长 1.71、东侧边框残长 3.4 米，南侧边框已不存。石框内近北侧边框处地面有一边长 1.35 米的方形砾石堆。据现场观察，该遗迹应是一组立石与一个长方形（或方形）石框组成的祭礼活动场所。

3. 西藏"石构遗迹"分类及其文化意义

西藏境内与上述各处"石构遗迹"相同或相似遗迹，根据粗略估计目前已知地点应超过 200 处[①]，它们集中发现于西藏北部、西部的高海拔地区，其分布地域据已有报道或记录看，依稀呈现为东西向的北、南两大分布带，北部由西部日土、革吉、改则、措勤至尼玛、申札、班戈、安多、那曲一线，南部则主要发现于札达、普兰、仲巴、萨嘎、昂仁一线。绝大多数"石构遗迹"地点海拔在 4200 米以上，生态环境多属古今畜牧生业区，地貌类型多属平缓的河谷开阔地带或湖盆平原，大多数遗存地点与历史上或现当代居民点都有较远距离。

有关西藏"石构遗迹"的年代，先前的研究皆无确切的时间认定，比较明确的年代分析见于吕红亮的研究，他根据个别地点的测年数据并参考境外喜马拉雅山区和蒙古高原的相关材料综合分析后提出，西藏"石构遗迹"的年代不早于公元前一千纪，即主要流行的时段可能在公元前 1000 年到公元初期的几个世纪，这些"大石遗迹代表的是一种与不发达的金属器、石墙建筑、石构遗迹相联系的早期金属时代的山地史前文化"[②]。

针对西藏"石构遗迹"类型的分析，中外研究者有着不尽相同的观点，根据最基本的结构和形式、分布环境，以及可能的功能与构造用意，可考虑将西藏"石构遗迹"分为三大类：即"立石类""石阵类""石圈类"。

（1）"立石类"：代表特征是直立条石（石柱）有一定高度，其高度均在 1 米以上，高者有 3~4 米。"立石"包括两种形式，一是单独的一根立石或数根立石集中在一起的"立石遗迹"，在日土、普兰、札达等西部发现较多；二是与方形、长方形的"石框遗迹"组成的复合型石构遗迹，如泽蚌、帕度错、布曲拉山口等地点的"立石祭坛"遗迹。

（2）"石阵类"：也称为"列石"（alinement），代表特征是地面石块排列整齐，一般呈长方形的"片状分布"。插埋于地面的石块或石片高度很低（多在 0.5 米以下）且密集（间距 0.2~0.5 米），立石总数多在 100 块以上，每排（列）石块在 10 块以上，一般为 9 排（行）或更多。例如，罗列赫记述的藏北"多仁"（rdo ring）地点有 18 排列石[③]，近年调查发现的日土帕玛则钦石阵遗迹平面长 20、宽 6 米，共有 9 排（列）列

① 参见夏格旺堆、普智：《西藏考古工作 40 年》，《中国藏学》2005 年第 3 期，第 201~212 页。

② 吕红亮：《西喜马拉雅地区立石遗迹初论》，《考古与文物》2010 年第 5 期，第 41 页。

③ J. N. Roerich, *The Animal Style among the Nomad Tribes of Northern Tibet*, Prague:Seminarium Kondakovianum, 1930, p.16.

石①，在整齐的石阵一端有的连接半圆形或圆形的石"祭台"。

（3）"石圈类"：石圈类遗迹的情况比较复杂，代表特征是均为地面铺石（石块或砾石），其间一般没有代表"向上"的立石。石圈的结构形式有圆形、方形、较复杂的不规则形等多种，其中仅一例发现石圈中央有立石（措美"石坛遗迹"），因此"石圈类"遗迹与前两类石构遗迹在形式上差异较大。

从结构和形式上看，西藏这三类遗迹都与所谓"巨石文化"的典型遗迹不完全相同，同时也难以从形式上统一其名称，故西藏考古学者也常使用"石构遗迹"来概括上述三类遗迹及与之相类者。从遗存环境和遗存形式看，三大类石构遗迹虽有一定的共性，如皆处于平缓开阔的河流宽谷或湖盆平原等高海拔旷野，但"立石类"遗迹的分布存在所谓"聚落型"和"家户型"的特点②，"石阵类"遗迹则全部见于旷野地带，而"石圈类"遗迹分布则有与墓地相邻或同处的现象（如皮央格林塘方形石圈、措美同心圆石圈等），因此如果说西藏高原"石构遗迹"可能与史前祭礼活动有关的话，那么"立石类"和"石阵类"遗迹可能主要表现了一种与高度和广度有关的神灵崇拜，它们更多是与牧业人群生活、生产活动祭祀的对象有关，而"石圈类"遗迹则可能与墓地特定的祭礼对象有关。

先前已有研究者指出，西藏的"石构遗迹"与石丘墓及动物纹饰"三者都是北方草原文化的特征"③，它们属于西藏早期金属时代广泛分布于高海拔地区以牧业为主的文化，而石构遗迹作为该类文化中的"建筑遗存"，有着与居址、聚落、墓葬等生活类或生产类建筑完全不同的意义。本质上石构遗迹是一种精神化与意念化的构造物，是西藏历史上可能最早脱离"功利性"的石材建筑形式，在高原早期人群精神活动研究中具有独特的意义。

---

① 四川大学中国藏学研究所、四川大学历史文化学院考古学系"2018 年高原丝路南亚廊道考古调查"资料。

② 参见吕红亮：《西喜马拉雅地区立石遗迹初论》，《考古与文物》2010 年第 5 期，第 41 页。

③ 童恩正：《西藏考古综述》，《文物》1985 年第 9 期，第 14、15 页。

主要参考文献

一、工具书、专著

［1］〔美〕埃里奇·伊萨克著，葛以德译：《驯化地理学》，商务印书馆，1987 年。

［2］施雅风、李吉均、李炳元主编：《青藏高原晚新生代隆升与环境变化》，广东科技出版社，1998 年。

［3］徐华鑫编著：《西藏自治区地理》，西藏人民出版社，1986 年。

［4］中国科学院地理研究所主编：《青藏高原地图集》，科学出版社，1990 年。

［5］中国科学院青藏高原综合科学考察队：《西藏自然地理》，科学出版社，1986 年。

［6］国家文物局主编：《中国文物地图册·西藏自治区分册》，文物出版社，2010 年。

［7］索朗旺堆主编，李永宪、霍巍、更堆编写：《阿里地区文物志》，西藏人民出版社，1993 年。

［8］索朗旺堆主编，李永宪、霍巍、尼玛编写：《昂仁县文物志》，西藏人民出版社，1992 年。

［9］中国大百科全书总编辑委员会《考古学》编辑委员会、中国大百科全书出版社编辑部编：《中国大百科全书·考古学》，中国大百科全书出版社，1986 年。

［10］索南坚赞著，刘立千译注：《西藏王统记》，西藏人民出版社，1985 年。

［11］〔巴〕A. H. 丹尼、〔俄〕V. M. 马松主编，芮传明译：《中亚文明史》（第一卷），中国对外翻译出版公司，2002 年。

［12］〔意〕G. 杜齐著，向红笳译：《西藏考古》，西藏人民出版社，1987 年。

［13］J. N. Roerich, *The Animal Style among the Nomad Tribes of Northern Tibet*, Prague: Seminarium Kondakovianum, 1930.

［14］李扬汉：《禾本科作物的形态与解剖》，上海科学技术出版社，1979 年。

［15］李永宪：《西藏原始艺术》，河北教育出版社，2000 年。

［16］〔澳〕刘莉著，陈星灿、乔玉、马萧林等译：《中国新石器时代：迈向早期国家之路》，文物出版社，2007 年。

［17］吕红亮：《跨喜马拉雅的文化互动：西藏西部史前考古研究》，科学出版社，

2015 年。

[18] 王明珂:《华夏边缘——历史记忆与族群认同》,台湾允晨文化实业股份有限公司,1997 年。

[19] 赵志军:《植物考古学:理论、方法和实践》,科学出版社,2010 年。

二、发掘报告、简报

[1] 安志敏、尹泽生、李炳元:《藏北申扎、双湖的旧石器和细石器》,《考古》1979 年第 6 期。

[2] 戴尔俭:《西藏聂拉木县发现的石器》,《考古》1972 年第 1 期。

[3] 戴尔俭:《西藏聂拉木县发现的石器》,《珠穆朗玛峰地区科学考察报告(1966—1968):第四纪地质》,科学出版社,1976 年。

[4] 丹扎:《林芝都普古遗址首次发掘石棺葬》,《西藏研究》1990 年第 4 期。

[5] 盖培、王国道:《黄河上游拉乙亥中石器时代遗址发掘报告》,《人类学学报》1983 年第 2 卷第 1 期。

[6] 哈比布:《古水水电站西藏境内淹没区考古调查简报》,《西藏研究》2010 年第 2 期。

[7] 何强:《"拉萨朵仁"吐蕃祭坛与墓葬的调查及分析》,《文物》1995 年第 1 期。

[8] 何强:《西藏贡嘎县昌果沟新石器时代遗存调查报告》,《西藏考古》(第一辑),四川大学出版社,1994 年。

[9] 霍巍、李永宪:《揭开古老象雄文明的神秘面纱——象泉河流域的考古调查》,《中国西藏》2005 年第 1 期。

[10] 李永宪、霍巍:《西藏仲巴县城北石器地点》,《考古》1994 年第 7 期。

[11] 刘泽纯、王富葆、蒋赞初等:《西藏高原多格则和扎布地点的旧石器——兼论高原古环境对石器文化分布的影响》,《考古》1986 年第 4 期。

[12] 刘泽纯、王富葆、蒋赞初等:《西藏高原马法木湖东北岸等三个地点的细石器》,《南京大学学报》(哲社版)1981 年第 4 期。

[13] 青海省文物管理处考古队、中国社会科学院考古研究所:《青海柳湾:乐都柳湾原始社会墓地》,文物出版社,1984 年。

[14] 青海省文物管理处、海南州民族博物馆:《青海同德县宗日遗址发掘简报》,《考古》1998 年第 5 期。

[15] 尚坚、江华、兆林:《西藏墨脱县又发现一批新石器时代遗物》,《考古》1978 年第 2 期。

[16] 四川大学中国藏学研究所、四川大学考古学系、西藏自治区文物局:《西藏阿里

地区丁东居住遗址发掘简报》，《考古》2007 年第 11 期。

［17］　四川大学中国藏学研究所、四川大学考古学系、西藏自治区文物局：《西藏札达县皮央·东嘎遗址古墓群试掘简报》，《考古》2001 年第 6 期。

［18］　四川大学中国藏学研究所、四川大学考古学系、西藏自治区文物局等：《西藏札达县格布赛鲁墓地调查简报》，《考古》2001 年第 6 期。

［19］　四川大学中国藏学研究所、四川大学历史文化学院考古学系、西藏自治区文物事业管理局：《皮央·东嘎遗址考古报告》，四川人民出版社，2008 年。

［20］　宿白：《藏传佛教寺院考古》，文物出版社，1996 年。

［21］　索朗旺堆、侯石柱：《西藏朗县列山墓地的调查与试掘》，《文物》1985 年第 9 期。

［22］　童恩正、冷健：《西藏昌都卡若新石器时代遗址的发掘及其相关问题》，《民族研究》1983 年第 1 期。

［23］　王恒杰：《西藏自治区林芝县发现的新石器时代遗址》，《考古》1975 年第 5 期。

［24］　王恒杰：《西藏林芝地区的古人类骨骸和墓葬》，《西藏研究》1983 年第 2 期。

［25］　西藏山南地区文管会：《西藏扎囊县结色沟墓群调查简报》，《西藏考古》（第一辑），四川大学出版社，1994 年。

［26］　西藏文管会普查队：《西藏贡觉县发现的石板墓》，《文博》1992 年第 6 期。

［27］　西藏文管会文物普查队：《拉萨曲贡村遗址调查试掘简报》，《文物》1985 年第 9 期。

［28］　西藏文管会文物普查队：《西藏昂仁县古墓群的调查与试掘》，《南方民族考古》（第四辑），四川科学技术出版社，1992 年。

［29］　西藏文管会文物普查队：《西藏贡觉县香贝石棺墓葬清理简报》，《考古与文物》1989 年第 6 期。

［30］　西藏文管会文物普查队：《西藏林芝县多布石棺墓清理简报》，《考古》1994 年第 7 期。

［31］　西藏文管会文物普查队：《西藏日土县古代岩画调查简报》，《文物》1987 年第 2 期。

［32］　西藏文管会文物普查队：《西藏小恩达新石器时代遗址试掘简报》，《考古与文物》1990 年第 1 期。

［33］　西藏自治区山南地区文物局：《西藏浪卡子县查加沟古墓葬的清理》，《考古》2001 年第 6 期。

［34］　西藏自治区文管会文物普查队：《西藏山南隆子县石棺墓的调查与清理》，《考古》1994 年第 7 期。

［35］　西藏自治区文物保护研究所、四川大学考古学系、山南市文物局：《西藏琼结县邦嘎遗址 2015 年的发掘》，《考古》2020 年第 1 期。

［36］ 西藏自治区文物管理委员会：《西藏昌都卡若遗址试掘简报》，《文物》1979 年第
　　　 9 期。

［37］ 西藏自治区文物管理委员会：《西藏拉萨澎波农场洞穴坑清理简报》，《考古》
　　　 1964 年第 5 期。

［38］ 西藏自治区文物管理委员会编：《古格故城》，文物出版社，1991 年。

［39］ 西藏自治区文物管理委员会、四川大学历史系：《昌都卡若》，文物出版社，
　　　 1985 年。

［40］ 西藏自治区文物局、四川大学考古系、陕西省考古研究所：《青藏铁路西藏段田
　　　 野考古报告》，科学出版社，2005 年。

［41］ 夏格旺堆：《西藏堆龙德庆县昌东村发现一处史前遗址》，《西藏研究》2007 年第
　　　 4 期。

［42］ 夏格旺堆：《西藏拉孜县发现新石器时代晚期遗址》，《西藏大学学报》（社会科
　　　 学版）2014 年第 3 期。

［43］ 新安：《西藏墨脱县马尼翁发现磨制石锛》，《考古》1975 年第 5 期。

［44］ 张森水：《西藏定日新发现的旧石器》，《珠穆朗玛峰地区科学考察报告（1966—
　　　 1968）：第四纪地质》，科学出版社，1976 年。

［45］ 中国社会科学院考古研究所、西藏自治区文物保护研究所：《西藏阿里地区噶尔
　　　 县故如甲木墓地 2012 年发掘报告》，《考古学报》2014 年第 4 期。

［46］ 中国社会科学院考古研究所、西藏自治区文物保护研究所、阿里地区文物局
　　　 等：《西藏阿里地区故如甲木墓地和曲踏墓地》，《考古》2015 年第 7 期。

［47］ 中国社会科学院考古研究所、西藏自治区文物局：《拉萨曲贡》，中国大百科全
　　　 书出版社，1999 年。

［48］ 中国社会科学院考古研究所西藏工作队、西藏自治区文物管理委员会：《西藏贡
　　　 嘎县昌果沟新石器时代遗址》，《考古》1999 年第 4 期。

［49］ 中国社会科学院考古研究所西藏工作队、西藏自治区文物管理委员会：《西藏拉
　　　 萨市曲贡村新石器时代遗址第一次发掘简报》，《考古》1991 年第 10 期。

三、研　究　论　文

［1］ 安家瑗、陈洪海：《宗日文化遗址动物骨骼的研究》，《动物考古》（第 1 辑），文
　　　 物出版社，2010 年。

［2］ 才让太：《再探古老的象雄文明》，《中国藏学》2005 年第 1 期。

［3］ 陈洪海：《环境变迁与宗日遗存的关系》，《中国史前考古学研究——祝贺石兴邦
　　　 先生考古半世纪暨八秩华诞文集》，三秦出版社，2003 年。

［4］ 陈洪海、格桑本、李国林：《试论宗日遗址的文化性质》，《考古》1998 年第 5 期。

［5］ 陈靓：《宗日遗址墓葬出土人骨的研究》，《西部考古》（第一辑），三秦出版社，2006 年。

［6］ 陈万勇：《西藏林芝盆地新生代晚期的自然环境》，《古脊椎动物与古人类》1980 年第 1 期。

［7］ 高星、周振宇、关莹：《青藏高原边缘地区晚更新世人类遗存与生存模式》，《第四纪研究》2008 年第 6 期。

［8］ 韩芳、蔡林海、杜玮等：《青南高原登额曲流域的细石叶工艺》，《人类学学报》2018 年第 37 卷第 1 期。

［9］ 韩建业：《5000 年前的中西文化交流南道》，《社会科学战线》2012 年第 6 期。

［10］ 侯光良、许长军、樊启顺：《史前人类向青藏高原东北缘的三次扩张与环境演变》，《地理学报》2010 年第 1 期。

［11］ 霍巍：《近十年西藏考古的发现与研究》，《文物》2000 年第 3 期。

［12］ 霍巍：《论卡若遗址经济文化类型的发展演变》，《中国藏学》1993 年第 3 期。

［13］ 霍巍：《西藏史前考古若干重大问题的思考》，《中国藏学》2018 年第 2 期。

［14］ 霍巍：《西藏文物考古事业的奠基之举与历史性转折——西藏全区文物普查工作的回顾与展望》，《西藏大学学报》2008 年第 1 期。

［15］ 霍巍：《西藏文物考古事业的历史性转折——为西藏自治区成立 40 周年而作》，《中国藏学》2005 年第 3 期。

［16］ 霍巍：《喜马拉雅山南麓与澜沧江流域的新石器时代农业村落——兼论克什米尔布鲁扎霍姆遗址与我国西南地区新石器时代农业文化的联系》，《农业考古》1990 年第 2 期。

［17］ 霍巍、李永宪：《雅鲁藏布江中上游流域的原始文化——西藏考古新发现及其相关问题初论》，《西藏研究》1991 年第 3 期。

［18］ 甲央、霍巍：《20 世纪西藏考古的回顾与思考》，《考古》2001 年第 6 期。

［19］ 李国强：《北方距今八千年前后粟、黍的传播及磁山遗址在太行山东线的中转特征》，《南方文物》2018 年第 1 期。

［20］ 李吉均、文世宣、张青松等：《青藏高原隆起的时代、幅度和形式的探讨》，《中国科学》1979 年第 6 期。

［21］ 李凯：《先秦时代的"海贝之路"》，《青海社会科学》2010 年第 1 期。

［22］ 李映福、哈比布：《西藏堆龙德庆县嘎冲村遗址冶炼遗物的发现与初步研究》，《藏学学刊》（第 10 辑），中国藏学出版社，2014 年。

［23］ 李永宪：《卡若遗址动物遗存与生业模式分析——横断山区史前农业观察之一》，《四川文物》2007 年第 5 期。

〔24〕　李永宪:《略论西藏考古发现的史前栽培作物》,《中国考古学会第十次年会论文集(1999)》,文物出版社,2008年。

〔25〕　李永宪:《西藏西部两处史前聚落遗址的考古学观察》,《青藏高原的古代文明·北京首届国际象雄文化学术研讨会论文集》,青海民族出版社,2018年。

〔26〕　李永宪:《西藏新石器时代考古学文化的几个问题》,《中国西南的古代交通与文化》,四川大学出版社,1994年。

〔27〕　李永宪:《西藏仲巴县城北石器遗存及相关问题的初步分析》,《考古》1994年第7期。

〔28〕　李永宪:《札达盆地岩画的发现及对西藏岩画的几点认识》,《藏学学刊》(第1辑),四川人民出版社,2004年。

〔29〕　李智信:《试论马家窑至卡约文化经济转变的原因及影响》,《青海考古五十年文集》,青海人民出版社,1999年。

〔30〕　吕红亮:《西喜马拉雅地区立石遗迹初论》,《考古与文物》2010年第5期。

〔31〕　吕红亮:《西藏旧石器时代的再认识——以阿里日土县夏达错东北岸地点为中心》,《考古》2011年第3期。

〔32〕　〔日〕木下尚子:《从古代中国看琉球列岛的宝贝》,《四川文物》2003年第1期。

〔33〕　〔意〕皮埃尔法兰西斯科·卡列宁著,程嘉芬译,吕红亮校:《作为考古学家的图齐》,《藏学学刊》(第8辑),四川大学出版社,2013年。

〔34〕　钱方、吴锡浩、黄慰文:《藏北高原各听石器初步观察》,《人类学学报》1988年第7卷第1期。

〔35〕　任萌、杨益民、仝涛等:《西藏阿里曲踏墓地及加嘎子墓地可见残留物的科技分析》,《考古与文物》2020年第1期。

〔36〕　石硕:《从人类起源的新观点看西藏的旧石器时代文化遗存》,《中国藏学》2008年第1期。

〔37〕　汤惠生:《青藏高原旧石器时代晚期至新石器时代初期的考古学文化及经济形态》,《考古学报》2011年第4期。

〔38〕　汤惠生、李一全:《高原考古学:青藏地区的史前研究》,《中国藏学》2012年第3期。

〔39〕　唐领余、李春海:《青藏高原全新世植被的时空分布》,《冰川冻土》2001年第4期。

〔40〕　童恩正:《西藏考古综述》,《文物》1985年第9期。

〔41〕　王华、李永宪、冯玉梅等:《西藏昌都热底垄石棺墓人骨年代的研究》,《地球学报》2003年第24卷第6期。

〔42〕　王明珂:《青藏高原的古人类活动及其遗存》,《东亚考古学的再思:张光直先生

逝世十周年纪念论文集》，"中研院"历史语言研究所，2013 年。

［43］ 王启龙、阴海燕：《60 年 "藏区" 文物考古研究成就及其走向》（上），《西南民族大学学报》（人文社会科学版）2013 年第 1 期。

［44］ 王启龙、阴海燕：《60 年 "藏区" 文物考古研究成就及其走向》（下），《西南民族大学学报》（人文社会科学版）2013 年第 2 期。

［45］ 王仁湘：《关于曲贡文化的几个问题》，《西藏考古》（第一辑），四川大学出版社，1994 年。

［46］ 王社江、张晓凌、陈祖军等：《藏北尼阿木底遗址发现的似阿舍利石器——兼论晚更新世人类向青藏高原的扩张》，《人类学学报》2018 年第 37 卷第 2 期。

［47］ 吴玉书、于浅黎、孔昭宸：《卡若遗址的孢粉分析与栽培作物的研究》，《昌都卡若》附录二，文物出版社，1985 年。

［48］ 夏格旺堆、普智：《西藏考古工作 40 年》，《中国藏学》2005 年第 3 期。

［49］ 杨清凡：《弗兰克与西部西藏历史研究——兼论西部西藏考古的发端》，《藏学学刊》（第 13 辑），中国藏学出版社，2015 年。

［50］ 杨清凡：《21 世纪以来西藏文物考古事业的发展与研究回顾》，《中国藏学》2018 年第 3 期。

［51］ 杨曦：《西藏考古 60 年（1951—2011 年）》，《西藏文物考古研究》（第 1 辑），科学出版社，2014 年。

［52］ 俞方洁、李勉：《我国西南地区与南亚新石器时代的文化联系——以卡若文化与梅尔伽赫文化为例》，《重庆师范大学学报》（社会科学版）2018 年第 6 期。

［53］ 俞伟超：《关于 "卡约文化" 与 "唐汪文化" 的新认识》，《先秦两汉考古学论集》，文物出版社，1985 年。

［54］ 张东菊、陈发虎、Bettinger R. L. 等：《甘肃大地湾遗址距今 6 万年来的考古记录与旱作农业起源》，《科学通报》2010 年第 10 期。

［55］ 张东菊、申旭科、成婷等：《青藏高原史前人类活动研究新进展》，《科学通报》2020 年第 6 期。

［56］ 张正为、吕红亮：《西藏西部阿里卡尔东遗址 2013 年试掘出土动物遗存鉴定分析》，《藏学学刊》（第 16 辑），中国藏学出版社，2017 年。

［57］ 张正为、夏格旺堆、吕红亮等：《藏北安多布塔雄曲石室墓动物遗存的鉴定分析》，《藏学学刊》（第 12 辑），中国藏学出版社，2015 年。

后　记

　　本书的写作，缘起作者多年前承担的教育部重点基地重大课题"西藏史前史研究"。在10多年的田野工作和资料收集整理中，得到西藏自治区文物局、西藏自治区文物保护研究所、西藏自治区博物馆、西藏大学、四川大学中国藏学研究所等多个机构部门及专家学者的支持，还有区内外诸多同行友人对这项研究给予了无私的帮助和支持，我们心中会有一个长长的感谢名单，我们会铭记他们的善意。本书的出版，有幸获得四川大学历史文化学院及考古学系（现考古文博学院）的资助，科学出版社柴丽丽编辑在本书的编辑审校及印刷出版的整个过程中付出了大量劳动和足够多的耐心，还有为本书绘制了大量插图的成都文物考古研究院钟雅莉女士，她们都值得我们致以最真切的谢意和敬意！

　　因写作时间仍显仓促，书中的不足与缺陷由我们负责，恳请识者批评指正。

李永宪　吕红亮

2022 年岁末于成都